国家出版基金项目
NATIONAL PUBLICATION FOUNDATION

教育强国战略研究系列书

公立教育治理之理论与实践研究

解科层为视角的美国案例研究

GONGLI JIAOYU ZHILI ZHI
LILUN YU SHIJIAN YANJIU

JIEKECENG WEI SHIJIAO DE MEIGUO ANLI YANJIU

卢海弘 著

SPM 南方出版传媒

全国优秀出版社 全国百佳图书出版单位 广东教育出版社

·广州·

图书在版编目（CIP）数据

公立教育治理之理论与实践研究／卢海弘著. —广
州：广东教育出版社，2019.8
（教育强国战略研究系列书）
ISBN 978-7-5548-2765-9

Ⅰ.①公… Ⅱ.①卢… Ⅲ.①公立学校—教育制
度—研究—中国 Ⅳ.①G522.71

中国版本图书馆CIP数据核字（2019）第048835号

责任编辑：姜树彪 严洪超
责任技编：黄 康
装帧设计：梁 杰

广 东 教 育 出 版 社 出 版 发 行
（广州市环市东路472号12—15楼）
邮政编码：510075
网址：http://www.gjs.cn
广东新华发行集团股份有限公司经销
广东鹏腾宇文化创新有限公司印刷
（广东省珠海市高新区唐家湾镇科技九路88号七号厂房）
787毫米×1092毫米 16开本 16印张 320 000字
2019年8月第1版 2019年8月第1次印刷
ISBN 978-7-5548-2765-9
定价：48.00元

质量监督电话：020-87613102 邮箱：gjs-quality@nfcb.com.cn
购书咨询电话：020-87615809

前　言

　　本书是全国教育科学"十五"规划青年专项"美国基础教育行政改革及其对我国转变基础教育行政职能的政策启示"的主要研究成果。全书以解科层为视角，以美国为案例，以当前教育管理的前沿理论动向和实践动态为基础，以为中国教育行政改革提供启示为思考点，以多元的管理主体（市场、公民社会、学校、政府）为分析单位，提出了公立教育治理的四大取向：市场取向、公民社会取向、校本取向以及政府取向。本书认为，政府在公立教育治理的政策实践中若要有效作为，需解决好政府"为何管""谁来管""管什么"等问题。在"为何管"的问题即政府在基础教育行政职能中的目标导向问题上，研究认为：政府在公立教育治理中的指导性目标是通过解科层进一步发挥政府的公共性，结束了政府教育治理指导思想的公平与效率之争、分权与集权之争；在"谁来管"的问题上，要在解科层的过程中分离出与公共教育相关的公共物品、私益物品和集体物品，分别由政府、市场和公民社会承担，为长期以来义务教育的市场化与非市场化的政策纷争提出了独到的、具有操作性的见解；在"管什么"的方面，本书提出在解科层的过程中将公立教育分解为"投资、经营与规制"三大政策领域，并再次结合政府、市场和公民社会三大主体进行了更为深入细致的分析，从公立教育治理政策本身的特点和属性出发，重点从制度安排的角度很好地回答了如何通过解科层政策来推进政府在公立教育领域实现公共性的问题；最后，本书结合公立教育的特殊性和人之主体性的普适性，将论述的落脚点放在了"人的主体性的实现"这一核心层面，从教育活动的生产性、内在利益的角度为实现人的主体性提供了一个全新的分析思路，在更深层次意义上解决了公立教育治理政策的理论与实践归宿的问题。

自20世纪80年代中后期以来，随着政府行政管理改革的大力推行，政府对公立教育的行政管理范式正发生革命性的变化，公立教育管理的传统模式——科层制管理面临前所未有的合法性危机，一种为了解决科层制问题所出现的全新管理范式——公立教育解科层治理正在公立教育管理的理论与实践领域呈现蓬勃发展之势，这在美国尤为典型。就公立教育而言，"治理"与传统科层制中的"管理"的本质区别在于：传统的政府对公立教育的"管理"是以政府为主体的，而治理主张除政府以外，其他主体（市场、公民社会乃至学校本身）在公立教育管理领域以全新的方式介入公立教育管理事务。本书认为，所谓公立教育治理即是为了解决公立教育管理的科层制问题而进行的公立教育管理主体多元化取向以及管理方式多样化改革的实践与理念，其中解科层是其基本方向，管理主体多元化是其本质特点。因此，本书以美国的多元管理主体（市场、公民社会、学校、政府）为分析单位，提出了公立教育解科层治理的四大取向：市场取向、公民社会取向、校本取向及政府取向。本书的主体部分分四章对公立教育治理的四大取向的实践及理论进行了系统、深入的研究。

第一章对美国公立教育治理的市场取向的实践与理论进行了探索，认为其实质在于通过市场力量的引进来提高公立教育的治理水平。本章分析了在实践中涌现的多样化的市场取向的形式，并对相关理论进行了探讨。

第二章探讨了美国公立教育治理的公民社会取向的实践与理论。它是公民社会介入公立教育治理领域的全新方式。书中系统地分析了其典型的实践形式——特许学校；梳理了公民社会理论及特许学校理论；同时对该取向给予了较为全面的评析。

第三章围绕公立教育治理的校本取向（校本管理）的实践与理论阐明了以下三个方面的问题：校本管理实践的产生、来源、措施与形式如何？何为校本管理的理论渊源及理论核心？如何评价校本管理的实践与理论？

第四章以美国公立教育治理的政府取向为分析对象。本书认为：教育标准运动是公立教育治理的政府取向的主要实践形式，也是一种新型的政府解科层治理的形式，本章对联邦与州政府在该运动中所担任的新角色给予了充分说明，论述了政府的后验控制理论，并深入剖析了该实践与理论。

在结语部分，笔者以前四章的分析为基础，联系中国实际，就美国的公立教育治理对我国基础教育领域如何推进教育治理现代化在理念与实际操作方面的启示进行了独到阐释。

目 录

导言

第一节 研究目的、意义与现状

一、研究目的和意义

（一）以美国为案例进行研究具有独特的学术研究价值

20世纪70年代末80年代初以来，西方各国几乎同时掀起一轮行政改革浪潮。不少学者认为，如今的政府行政管理范式正在经历"哥白尼式革命"，用现代化的话语来说，如果管理科层制的建立是政府行政管理的第一次现代化，那么今天世界各国普遍面临的变革就是政府行政管理的第二次现代化。[①] 这种行政改革的浪潮不仅在西方国家几乎同时发端，而且迅速向其他国家（包括中国在内的发展中国家）传播，最终形成了世界性的行政改革浪潮。各国行政改革之所以不约而同地背离传统的行政改革模式进行大规模变革，最根本的原因在于目前的社会技术基础发生了根本性变化——信息社会的来临。信息社会以"信息"为基础，复杂性、灵活性、多元性是其根本特征，而科层制是工业时代的产物，它的目标是达到管理的规范性、控制性和规模性，两者是格格不入的。正如美国著名学者Reich所说的"因为其（管理）成功依靠迅速判定和回应迅疾变化的环境，这种灵活制度……不允许权威的僵化的等级链"[②]。鉴于此，美国学者Joel F. Handler 亦大胆断言："巨大的公共科层制，不论在资本主义国家、社会福利国家，还是社会主义国家——不论用意是好还是坏——是20世纪的恐龙。"[③]

[①] 文森特·奥斯特罗姆. 美国公共行政的思想危机 [M]. 毛寿龙，译. 上海三联出版社，1999.

[②] Dale T. Snauwaert. Democracy, Education, and Governance: A Developmental Conception[M]. Albany: State University of New York Press, 1993:94.

[③] Joel F. Handler. Down from Bureaucracy: the Ambiguity of Privatization and Empowerment. Princeton University Press, 1996:14.

公立教育行政管理作为国家行政管理的重要组成部分，其改革动向自然亦成为世界性行政管理改革的重要一景。自20世纪80年代中后期以来，一个引人注目的趋势就是"世界的许多角落对政府的学校教育进行重建和'松绑'。这些创新措施的表现是：解构集权化的教育科层制，给予基层组织相当程度的自治，进行多种形式的校本管理……这些政策革新常常通过市场机制的引进等方式来推行"[①]。

当然，同样面对信息社会，各国政府的行政改革（包括公立教育行政改革）会因自身的特殊性而形成不同的行政管理新模式，中国亦如此。但是，剔除这些特殊性之后，政府行政改革（包括教育行政管理改革）的共性就会水落石出。而了解信息社会下政府行政改革的共性特征对各国（包括中国）有着实际价值，因为在世界日益一体化的今天，迈入信息时代只是迟早的问题，我们迟早要面临政府行政改革在信息时代的挑战，因此对其共性的了解无疑会增加我国推动教育行政向教育治理现代化方向迈进的自觉性。

美国是行政管理改革最为典型的国家，"全世界正在经历一场深刻的变革，其中包括政府的重新定位……最明显的例子是在美国，它是体现变革大趋势的一个先锋"[②]。它在教育行政管理改革方面的探索也是世界教育管理改革界最为瞩目的焦点之一。主要原因在于美国是一个信息社会成熟程度比较高的国家，相应地，传统的政府行政管理模式（包括公立教育行政管理）在美国也"已经成熟到利弊得失可以被淋漓尽致地揭示"[③]。因此，美国在教育行政管理改革的实践与理论方面的探索也应当具有前沿性。事实的确如此，美国在公立教育行政管理领域正在进行前所未有的历史性变革："择校（School Choice）"是在教育行政管理领域重建政府与市场关系的尝试；校本管理（School-based Management）思想旨在重整政府"上级部门"与作为基层单位的学校的权力配置关系等。因此，以美国为案例进行深入剖析，深刻揭示其从传统的公立教育行政管理模式向新的公立教育治理范式的转变过程的理念和运作，对于我们研究公立教育治理具有很好的合理性和相当的现实意义。

（二）为我国的基础教育行政管理改革提供重要的借鉴

我国的基础教育基本上与美国的公立教育性质相当，均为义务性、强制性、主要由政府提供的教育，因此本书中基础教育与义务教育、公立教育等术语通用。从历史上看，我国基础教育行政管理体制是在计划经济体制下建立和发展起来的，在社会转型的今天，中国的基础教育行政管理体制改革正处于方兴未艾之际。目前，我国对基础教育行政管理体制方面所进行的改革表现在："从1992年开始，各地以《中国教育改革和发展纲要》为指导，加快了改革步伐，开始试图打破传统的计划体制，在学校外部和内部重新调整各方面的利益关系，探索建立适应

---

① Geoff Whitty, Sally Power & David Halpin. Devolution and Choice in Education: the School, the State and the Market. Buckingham & Philadelphia: Open University Press, 1998:1.

② 萨瓦斯. 民营化与公司部门的伙伴关系[M]. 周志忍，译. 中国人民大学出版社，2002:349.

③ 宋世明. 美国行政改革研究[M]. 国家行政学院出版社，1999:6.

社会主义市场经济体制和符合教育规律的基础教育管理新体制。"①2010年以来，随着《国家中长期教育改革和发展规划纲要（2010—2020年）》的颁布和实施，我国基础教育管理改革取得积极成效。但当前这一改革遇到的主要问题和困境也引起了越来越多学者的关注。陈立鹏等对我国基础教育行政管理体制改革进行了比较深入的分析。他认为，随着社会主义市场经济体制的不断发展，特别是随着现代教育制度的不断确立与发展，我国基础教育行政管理体制改革面临着诸多严峻的挑战，这主要表现在以下三个方面：第一，我国教育行政管理体制存在的主要问题是权力下放的范围和限度问题。为了更好地提高管理水平和效益，充分调动各级政府和全社会办教育的积极性，我国在教育管理体制改革中一直强调简政放权，却相对忽视了其范围和限度。第二，关于改革的实现机制问题。我国基础教育体制改革缺乏有效的激励机制和监督机制。教育行政体制改革的很多问题在实践中一直未取得全局性的突破和标志性的进展。第三，关于政府管理模式转变的问题。我国的基础教育组织机构管理中，上下级之间存在严格的等级链，上级指挥下级，下级服从于上级并向上级负责，这不利于教育管理体制的创新变革。②

从根本上说，我国教育行政管理改革中所要解决的根本问题在于"政府应该做什么，不应该做什么"的问题，因为现代政府确实正处于急剧转变的时期，"无论欧美模式、东亚模式还是中国模式，对政府能力的压力和挑战都是非常大的"③。一方面，由于政府职能受现代化惯性的影响，处于不断发展的趋势，政府职能不断扩张的同时政府的综合治理能力开始下降。因此，压缩政府职能成为许多国家行政改革的一致趋势。另一方面，近年来美国（包括其他许多发达国家和发展中国家）进行的治理变革实际上就是由于政府职能超过政府能力、政府财政入不敷出所致。这两个方面在教育行政管理领域的影响就是政府在教育行政管理中的职能不断被压缩。然而，随着社会的发展，教育行政事务实际上越来越繁杂，客观上又要求提高而不是削弱政府的综合治理能力。政府在压缩职权的同时，怎样才能保障其综合治理能力提高或至少不下降呢？这是一个难题。为了解决这一难题，美国进行了多方面的探索，例如政府如何向市场和公民放权，市场和公民如何使权力为社会公共利益服务，而不是为少数利益集团和某些公民个人利益服务；政府削弱其直接治理权力之后，如何保障其宏观调控能力得到加强；政府如何对市场进行规制、发挥公民社会的监督作用、通过教育目标和教育标准强化对于教育结果的管理等。

鉴于此，美国的公立教育行政管理改革的理论和实践无疑对于我国的基础教育行政管理改革具有一定的借鉴意义。因为在中国，行政管理中政治职能的性质和实现途径都在为适应市场经济体制而转变，然而政府职能转变是一个渐进的过程，不仅需要在实现途径上有所突破，更重要的是在职能转变的指导思想、管理范围界定标准等方面有实质性突破。虽然我们不能生搬硬套美国在公立教育行政改革方面的政策选择，但是可以将其作为我们教育行政改革未来发展的"前瞻"来研究。就理论层次而言，可以对其纷繁复杂的具体改革的特殊性进行"过滤"

① 王乃信.深化基础教育管理体制改革研究[J].教育研究，1996(5):24-28.
② 陈立鹏，罗娟.我国基础教育行政管理体制改革60年评析[J].中国教育学刊，2009(7):1-4.
③ 施雪华.政府权能理论[M].浙江人民出版社，1998:303.

之后，提炼其中富有启发的理念，然后把这些理念不失时机地注入现在和将来的教育行政改革中，从而争取在教育行政现代化的曲折发展中少走弯路。美国在探究解决这些问题的途径方面积累的经验和教训必将拓宽中国基础教育行政管理改革的思路。

二、研究现状

（一）关于治理及公立教育治理的定义界定研究

1. 治理的界定

"治理"译自英文Governance（名词，其动词形式是 Govern，有时也译为"治理"或"治道"）。20世纪90年代以来，治理问题受到政治科学研究者的极大关注，而许多研究治理问题的专家从不同的角度赋予治理以不同的含义。关于治理的含义界定，我国学者俞可平、毛寿龙等对西方学者有关治理界定的相关研究进行的梳理还是比较全面的[①]。这里笔者同意毛寿龙先生的观点，他认为治理的含义"既不是指统治（Rule），也不是指行政（Administration）和管理（Management），而是指政府对公共事务进行治理，政府不直接介入公共事务，只介于负责统治的政治和负责具体事务的管理之间。因此这个概念是对于以韦伯的科层制理论为基础的传统行政的替代，意味着新公共行政或新公共管理的诞生"[②]。

要准确理解治理的含义，还需要明确治理与行政及管理的区别。因为本书主要研究的是政府对作为公共部门（Public Sector，与私有部门相对）的"公立教育"的管理改革（治理），因此这里主要从政府介入公共部门的角度来对上述三个概念进行区分。关于公共行政最典型的解释是"（公共）行政乃是为完成或为实行一个政权机关所宣布的政策而采取的一切活动"[③]"行政是国家的组织活动"[④]。因此行政的着眼点在于以政府为主体的政策的"执行"，多偏重于"服从指令和服务"[⑤]。而管理涉及的内容更广泛一些，它与行政的"词义上的基本差异在于：行政主要是"进行服务"，而管理则着重于"控制或取得结果"[⑥]。但在很多情况下，"这两个词是交替使用的，不少人干脆将两词合起来称'行政管理'"[⑦]，本文即采用这种方式，将行政、管理以及行政管理通用。

政府治理与政府管理（行政）具有本质意义上的区别。美国学者萨瓦斯认为"政府的工作是掌舵（to Steer），而不是操桨（to Row）。提供服务就是操桨，而政府并不擅长操桨"[⑧]。

① 俞可平. 治理与善治[M]. 社会科学文献出版社，2000:2-6.

② 毛寿龙等. 西方政府的治道变革[M]. 中国人民大学出版社，1998:6.

③ 彭和平. 公共行政管理[M]. 中国人民大学出版社，1995:4.

④ 中共中央马克思恩格斯列宁斯大林著作编译局. 马克思恩格斯全集（第1卷）[M]. 人民出版社，1995:479.

⑤ 欧文·休斯. 公共管理导论[M]. 彭和平，等译. 中国人民大学出版社，2001:6.

⑥ 同上.

⑦ 吴志宏. 新编教育管理学[M]. 华东师范大学出版社，2000:6.

⑧ D. Osborne and T. Gaebler. Reinventing Government. Addison-Wesley Publishing Company, 1992:23.

治理与政府管理具有根本的区别："治理从头起便须区别于传统的政府统治（管理）的概念。"①俞可平对于治理与管理作了进一步的区分：管理的主体必定是政府，而治理的主体既可以是政府，也可以是私人机构，还可以是公共机构和私立机构的合作。治理是政治国家与公民社会的合作，政府与非政府的合作，公、私立机关的合作，强制与自愿的合作。所以，"治理是一个比政府更宽泛的概念，从现代的公司到大学以及基层的社区，如果要高效而有序地运行，可以没有政府的统治，但是不能没有治理"②。由此可见，"治理"与"管理"的假设基础截然不同，它意味着政府不再是唯一的权力中心，各种得到公众认可的第三部门和私人部门等都可能成为不同层面上的权力中心。它表明国家正在将其曾经独自承担的职能转移给非政府公共机构或私人部门，政府和第三部门、私人部门之间的关系将发生革命性的变化。因此，治理是一个比管理宽泛得多的概念，治理概念的提出反映了管理思想的根本性变革，鉴于此，本书在论及管理问题时，主要使用"治理"一词。

2. 公立教育治理的界定

本书中，公立教育（Public Education）的含义是以公立学校为主体所提供的为公众服务的教育，公立学校（Public School）的基本含义是"国家和地方政府所办的学校，经费来自政府拨款或地方纳税"③。美国公立教育在性质上与我国的义务教育（基础教育）大致相当，而以前文的概念分析为基础，所谓公立教育管理即是政府对公立教育实施的教育行政管理，指"国家行政机关依法对教育事业（公立教育）实施组织领导的活动，是国家行政管理的重要组成部分"④。

然而随着国家行政管理方面从"管理"向"治理"的"哥白尼式"变革，目前公立治理研究也在蓬勃发展。鉴于这种发展势头的迅猛，有必要将治理的概念引进教育行政管理改革领域并对公立教育治理的含义给予明确界定。对于公立教育治理的含义研究，散见于教育管理改革的相关文献中，其中Paul Bauman在这方面进行了比较全面的研究。他认为可以从不同的角度去定义美国的教育治理（大意）⑤：

结构—科层制定义：指政府制度在一个合法的权力体系中运作，代表公众利益提供教育服务、分配资源和规定个体及群体的行为。这种定义有一定缺陷，政府诚然是治理的一部分，但不是公众所关注的治理中的唯一的主体。

情境性的定义：治理还常常可以依据特定的情境去定义，主要是一种教师参与式治理。教师和教育工作者可以从更好地代表他们自己的利益和事物的角度来理解治理。这里强调的是不论决策者和改革者接受与否，教师在教育治理中起到了重要作用，特别是从教师作为政策的实

① 让-皮艾尔·戈丹. 现代的治理，昨天和今天：借重法国政府政策得以明确的几点认识[J]. 国际社会科学杂志，1999.

② 俞可平. 治理与善治[M]. 社会科学文献出版社，2000:6.

③ 顾明远. 教育大辞典（第7卷）[M]. 上海教育出版社，1990:78.

④ 同上书，第275页.

⑤ Paul C. Bauman. Governing Education: Public Sector Reform or Privatization. A Simon & Schuster Company, 1996:19-33.

施者这个角度来说，教师起到的是中心性的作用。

作为政策过程的治理：治理是通过政策和法律的规范性来进行管理的结果。政策是通过程序、项目和服务形成的公共决策。对于政策过程的研究有助于解释治理系统如何运行。

此外，他还从决策过程、政治游戏、作为系统的治理等方面对治理的含义进行了界定。最后，他给出了教育治理的定义：教育治理就是"关于如何运行学校和决定如何、何时、何地运行的正式的制度和非正式的程序"①。目前，许多美国的政策学家和公众管理学家将治理定义为管理的相互作用的过程，其参与主体不仅仅是正式的政府组织，而是"一个反应了诸多行为人争夺和参与公立与私立资源分配的复杂的包容性的系统……是社区在公立和参与性的环境中解决问题和满足其成员需要的过程"②。政府只是用来达到这些目的的制度之一。

综上所述，前述学者对于治理和教育治理的研究具有开创性的意义。笔者非常赞同将治理的主体拓宽：不仅包括政府，还包括除政府之外的其他主体如私人机构、社区等。但是，Paul Bauman关于治理定义的界定过于宽泛且不容易理解。笔者以为，鉴于公立教育目前在教育领域所处的重要地位而言，不仅应该界定教育治理的含义，还应该就公立教育治理的含义进行专门界定。以前人研究为基础，结合本人的尝试性工作，公立教育治理可以界定为包括政府在内的社会机构介入公立教育管理事务的方式，它既包括传统的科层制模式的管理，也包括除政府以外的其他主体（如市场、第三部门等）和机制介入公立教育管理事务的正式和非正式的程序。公立教育治理的本质含义就是管理主体的多元化与管理方式的多样化。

（二）关于公立教育治理的相关研究

迄今为止，就笔者所接触的文献来看，与美国公立教育治理相关的研究文献很多，尤其在公立教育治理受到业界越来越广泛关注的今天，涌现了不少教育管理方面的力作。目前关于公立教育治理的相关研究可以概括为以下两个方面：一是关于政府行政改革方面的研究；二是关于公立教育治理方面的研究。由于政府行政改革方面的研究只是公立教育治理的间接研究，加之本书逻辑安排的需要，此部分放在本章第二节进行专门论述。这里梳理的只是公立教育治理方面的直接研究，可以将其综述为以下几个方面：

1. 公立教育治理的参与模式

Paul C. Bauman于1996年出版的著作《Governing Education: Public Sector Reform Or Privatization》是研究公立教育治理问题的重要参考著作。他认为美国现在正在面临教育管理体系改革的重要时期。他在前言中指出："有人认为它正在面临两个体系之间的选择：继续现在公立教育治理的（科层制）系统还是走向私有化。而私有化、学校选择和特许学校正在迅速得到公众和政治的支持。这些改革的思路就是要对政府的权力结构进行改革或者完全清除。强调

---

① Paul C. Bauman. Governing Education: Public Sector Reform or Privatization. A Simon & Schuster Company, 1996:19.

② 同上书，第29页.

6

私有化和更大的家长控制的趋势反应了美国社会对于以科层制为特征的公立制度的不信任的加剧。"[1]对此他提出了完全不同的看法。他在书中对于公立教育存在的问题、治理的定义界定、美国教育管理历史、教育管理的价值观、现代教育管理改革以及未来的教育治理方向进行了系统研究。他的主要贡献在于在指出科层制管理弊病的基础上，明确提出了公立教育系统需要民主的治理结构，不应忽视四大部门在教育治理中所起的独特作用。参与治理的四大群体包括政府机构、私有部门（如商业顾问群体）、非赢利机构（如教师—家长协会，教师工会、学校基金会、宗教团体）、媒体（电视、广播、印刷品）。这是一个多部门的、合作性的治理和领导方式。没有一个单一的个体或者组织能够有足够的权威居于主导地位。这种多部门治理环境需要与科层和等级制所不同的管理技能。他的四部门治理理论来自政治经济学者Louis Weschler提出的四部门参与的现代治理思想。[2]

2. 公立教育治理的发展式民主治理模式

此外，Dale T. Snauwaert在教育治理方面也有独到的研究。他于1993年出版了著作《民主、教育与治理：发展性理解》（Democracy, Education And Governance: A Developmental Conception）。在该书中，他首先肯定了教育治理模式对学校具有重要作用：权力分配和实施的结构会影响学校的发展从而对学生的发展产生深刻影响；然后深刻批判了现在的科层制学校管理模式：来源于进步主义时代的传统的科层制和集权化的教育管理排斥了校长、教师和家长在课程、财政、教师雇佣、教育目标等方面的决策中的发言权。这种集权化的、控制式的学校管理结构导致了糟糕的教育成绩。于是他提出了教育治理的模式——发展式民主的教育治理。他从卢梭、约翰·斯图亚特·穆勒、卡尔·马克思、约翰·杜威、拉·甘地等人关于人的发展的思想为理论基础指出："人的发展（这个发展包括智力的、精神的、道德的、体能的全面发展）"是教育治理的最终价值，要追求人的发展就要求治理应遵循以下五大原则：参与、沟通、协商、非暴力、社团。以这五大原则为指导设计的教育治理的机制就是一种复合式治理结构（Compound Structure）：以委托、审慎的民意测验、监督性陪审团为基础，提供一种高度参与性的决策制度。这种制度，以政治平等的法律为基础，为以人的发展为目的的教育治理提供了一个一般性框架。最后，他从这个框架出发，分析了当代的择校改革和校本管理，得出的结论是：就择校而言，它倡导的是用自由市场的方式来促进组织的自治，但是从民主和发展的角度来说，它容易产生社会不平等、消费者被动、排斥社区等问题，因此并不是一种可行的模式；而对于校本管理，由于现在存在校本管理的专业主义倾向和社群主义倾向的内在矛盾，虽然它貌似分权化，但实际上仍然是一种相当程度的精英控制模式。

3. 公立教育治理的市场取向模式

约翰·丘伯和泰力·默是20世纪90年代以来主张公立教育市场化的最有影响的学者。1990

---

① Paul C. Bauman. Governing Education: Public Sector Reform or Privatization. A Simon & Schuster Company, 1996.

② 同上书，第29页.

年，这两位美国斯坦福大学政治学教授在其携手之作《政治、市场和学校》中大胆预言：市场机制的引入是公立教育治理的方向。[①]此书一经面世便在教育理论界掀起轩然大波，并为研究公立教育治理的学者所广泛引证和讨论。在书中，作者以500所公立学校和私立学校为分析样本，以两万余名学生、教师和家长为分析对象，提出了鲜明的教育改革主张：要将自由市场原则引入美国教育体系，以私立学校的办学模式改革美国的公立学校。他们认为：公立学校在本质上难以提高学校工作效率，因为美国学校层级化的科层制（bureaucracy），总是把严格的规范要求强加于公立学校，使学校成为效率低下的机构，即公立教育本身存在的制度问题成为公立学校问题的症结。为此，需要跳出现有的制度框架，打破科层制的束缚，借用市场资源的配置方式和管理方式来建立一种以市场制度为基础的全新的公共教育体系，改政府各级行政机构对公立学校的直接控制为间接控制，为学校提供更多的自主权，为家长和学生提供更多的选择权。落实到公立教育治理实践，择校就是实现市场化改革的重大方案，"择校方案完全可以独立承担起改革的全部责任：它包括了所有的教育改革必需的理念和方式，完全可以实现改革者多年以来追求的改革目标……考虑择校计划就必然牵涉到长期以来不那么受欢迎的'学券制（vouchers）'——政府以学券的形式为每一个学生提供一定的资助，鼓励他们支付自主选择的公立或者私立学校的学费……择校体系可以根据改革者解决种族、宗教和资金等问题的具体学校进行调整"[②]。

4．现有研究的不足

上述学者对公立教育治理进行的研究体现了当前学者对公立教育治理的关注广度以及研究深度，为笔者进行公立教育治理的深入研究提供了坚实的基础。但是，他们的研究不可避免地存在不少问题：

首先，Paul的四部门参与治理模式固然抓住了各种力量对教育治理均施加影响的新趋势，但是并没有建立一个现实的治理机制，也难以对正在出现的教育管理改革现象做深入的分析；Dale的发展式民主治理模式固然是想建立一个现实的治理机制，然而其提出的原则和机制却又过于抽象，难以指导具体的公立教育治理实践。从理论而言，已有的研究仅涉及公立教育治理的参与主体（如四部门参与模式）或者是从治理的价值倾向性提出公立教育治理的理想模式（如发展式民主治理模式）。从实践而言，他们的研究对于公立教育目前正在进行的改革动向，并没有进行深入的分析，具有一定程度的"脱离实践"的倾向。例如，Paul提出的公立教育治理的参与主体（政府机构、私有部门、非赢利机构、媒体）虽然是多样化了，但是其治理方式似乎仍然沿袭的是科层制。可以说，他们虽然对目前公立教育行政管理改革领域的理论与实践进行了一定程度的研究，但研究显然缺乏理论与实践的贯通性。

其次，丘伯等人提出的公立教育治理的市场取向的确关注了目前公立教育治理方式的革命性变化，但他们的研究观点至今还在引起众多争议。争议的实质则在于他们的分析只是基于

---

①　John E. Chubb and Terry M. Moe. Politics, Markets, and America's Schools. Washington, D.C.: Brookings,1990.

②　约翰·丘伯，泰力·默. 政治、市场和学校[M]. 教育科学出版社，2003:227-228.

市场这个一维角度。诚然，正如作者在其著作中所一再强调的那样，运作得当的话，市场的确可以解决某些问题，例如效率问题。但笔者以为，公立教育治理并非仅以经济效率为目标，它还需要满足社会民主发展和个体全面发展的需要，而这不是仅依靠市场就能达到的。更值得质疑的是，作者所研究的私立学校其实并非均以市场为运作原则，因为美国大部分私立学校为教会学校，教会学校更多表现的是一种不以营利为目的的公民社会治理的性质而非市场取向的性质。因此，他们的研究对于解决公立教育治理问题来说显然是不足的。笔者认为，上述研究依然没有很好地回答关于公立教育治理的两个根本性问题：谁来治理（即治理的主体究竟是谁？如果是政府、市场、非营利机构和学校，它们之间的关系是什么）？它们究竟是如何进行治理的（治理方式是什么）？

基于此，若要对目前美国公立教育治理的实践与理论进行系统研究，前人的研究工作固然是基础，但需找到一个更加合理的视角才能推动研究工作的深入展开，否则这种研究也只能停留在"仁者见仁，智者见智"的层次。有鉴于此，笔者认为：解科层是一个很好的视角，下文将对此进行进一步分析。

第二节 研究视角——解科层

解科层（de-bureaucracy或anti-bureaucracy）源自英文Bureaucratic System（又译为"官僚制"），是对于科层制的"反方向运动"或"解构"，它是指针对工业时代产生的传统的行政管理体制——科层制而进行改革的实践与理念。科层制的模式及理念的提出主要来自韦伯关于工业社会时代行政组织的研究，科层制与泰勒的科学管理思想（scientific management）具有密切关系，科学管理提供了政府中科层制组织形式的运作方式，因此泰勒及其追随者是科层制模式的重要传播者。韦伯认为科层制的主要特点是：根据法律或行政的规则，组织内部的各单位及个人都有固定不变、明确规定的工作范围；存在一个等级制的权力体系，上级监督下级的工作；通过书面文件来实施严格的现代化管理；组织雇佣经过专业训练的职员，这些人懂得规章制度并在工作中不掺杂个人情感因素；职员的工作时间是有限定的，但工作要求他们贡献出全部能力；职员的位置由上级官员任命，他们把组织内的工作看作是自己的终身事业，他们在工作中得以晋升，在退休后有工作保障。[①]这种科层制组织形式的优点是：内部行动的一致，提高了工作效率，降低了开支，保存了完善的档案，保证了人员更换后工作的连续性等。正因为如此，韦伯认为"充分发展的科层制组织与其他形式相比，就如同把机器生产与手工劳动的生产方式相比较一样"[②]，因此是当时时代的必然选择。正如研究政府治理体系创新的学者杨冠琼在研究了马克思、恩格斯的相关理论后所确认的："科层制组织在有效利用社会稀缺资源、合理运用社会劳动分工的比较优势、促进人类福利不断提高方面，做出了巨大的贡献，成为人

---

① Gerth, H. H. and C. W. Mills. From Max Weber[J]. New York: Oxford University Press, 1946:196-203.

② 同上.

9

类幸福的组织源泉。"①但是随着信息时代的到来，这种与"过去"的时代相契合的科层制模式却日益失去其合法性（Legitimacy）。笔者认为解科层即是对传统的科层制模式的替代：解科层虽然不是要把整个科层制系统全部击垮，却"敞开了（系统内的成分的）排列与集合的可能性"②。

本书拟从解科层的视角对美国的公立教育治理进行研究。本节主要解决两个关键性问题：为何从解科层视角进行研究（解科层视角的必然性）？是否有可能从解科层视角进行研究（解科层视角的现实性）？至于"如何从解科层视角进行研究"这个问题将放在本章第三节给予专门的说明。

一、为何从解科层的视角进行研究

本书之所以选取解科层这一独特的视角对公立教育治理进行研究，不仅因为前人对美国公立教育治理的研究存在诸多不足，主要还源于美国公立教育管理的科层制及其存在的问题。

（一）美国公立教育科层制的表现

美国的公立教育管理正是科层制的典型体现，研究教育管理的许多学者都注意到了美国公立教育管理的科层制性质。正如葆曼所说，"公立教育是最大的科层制部门"③，戴尔的观点与葆曼如出一辙，"现在学校的管理结构……是高度科层制的"④。

美国目前公立教育的"科层制"管理模式源于1830—1860年的公共学校"Common School"运动时期。当时，以Horace Mann和Henry Barnard等"教育界友人"为首的人士领导了这项运动。它一改以往国家对于教育不予问津的历史，对公立教育进行了政府干预，表现在：教师要经过州的认可，课程和教学方法走向标准化，由全日制管理者（校长、学监）监督（他们也要经过州的认可），学生分年级，由公共税收来支持学校的运行，学龄儿童上学是义务性、强迫性的。自此，这种科层制方式迅速成为官方模式，在公立教育的产生和发展当中起了相当重要的作用。

科层制管理模式一直延续至今，其主要架构是地方、州和联邦三级教育管理⑤：在政府部门中，教育的政治权力在政府的三级间进行分配。地方一级，学区是提供小学和中学教育的中心组织结构。州政府负责建立州范围的政策，特别是学校的财政系统和税收政策。联邦政府是教育治理的第三级，主要是通过教育部的有关国会政策和进行联邦项目的推动来参与教育治理。

---

① 杨冠琼. 政府治理体系创新[M]. 经济管理出版社，2000:329.

② 常士阍. 政治现代性的解构：后现代多元主义政治思想分析[M]. 天津人民出版社，2001:69.

③ Paul C. Bauman. Governing Education: Public Sector Reform or Privatization. A Simon & Schuster Company,1996:1.

④ Dale T. Snauwaert. Democracy, Education, and Governance: A Developmental Conception. State University of New York Press,1993:2.

⑤ Paul C. Bauman. Governing Education: Public Sector Reform or Privatization. A Simon & Schuster Company,1996:61-79.

在美国的政治制度中，以制衡原则为基础的政府的三个职能部门的分工在公立教育部门中也得到体现。行政部门与学区和教育管理部门相联系；代议制民主和地方控制在地方学校董事会的创立中（相当于政府的立法部门）体现出来；司法部门监督其是否做到为所有的学生提供平等的教育机会的目标和保护个体在学校中享有为宪法所规定的权利。当然，这三个部门也有权力和责任的交叉。

1．地方一级的管理

学区是进行地方教育管理的基本的政府机构。它是政府部门，由州立法机构所创建并且由州所授权来管理学校系统。从传统和实践来看，尽管近20年州和国家权力有所加强，但是约15 000个地方学区仍然产生了相当的多样性。

在政府管理的环境下，学区是作为行政、立法和司法权威的复杂的系统来运作的。作为一个组织，学区从设计上来说具有科层性，具有广泛的法律控制权。学校董事会成员、学区管理者和教师担当相对明晰的角色，受科层制的限制。管理权威在这个结构中因学区内的问题和情况不同而略有不同。如，某个学区的学校董事会可以把权威委托给"一个强有力的学监"，而在另外的学区学校董事会成员则可能会直接参与管理决策。相反，一个选举产生的学监也可以代表行政与立法部门行使权力。

2．州一级的管理

州一级的管理主要是支持、规定和评价地方学校的运作。州政府在教育管理中起到重要作用，因为美国的宪法条款授权州建立公立学校教育系统。尽管在行政和立法权威方面各州有所不同，但是州政府的三个部门均参与教育管理。行政部门包括州长、主要的州学校官员（它是州学监、州行政长官和其他州政府官员的通称）、州教育董事会、州教育部工作人员以及其他的州机构。

州立法机构是政府的立法部门，同时也体现了向公民作出回应和负责的政治价值观。州立法机关在与其他的各级各类政府部门的关系中起到更加活跃的作用，因此它们被描述为"大学校董事会"。在州机构和特殊利益游说者的辅助下，州立法机构的下属委员会监督有关学校财政和本州范围内的操作标准方面的立法颁布。

州法庭机构代表的是司法部门，近半个世纪以来，州法庭的管理权威有加强的趋势，尤其是在20世纪60年代的反种族隔离与70年代的学校财政规章方面，该趋势更加明显。在80年代，州高级法庭判定5个州的学校财政不符合先法，而1990年，关于学校的法庭案件更是涉及25个州。

州一级的管理在学校财政和税收政策方面表现得最为明显，同时也最具有争议性。在财政资助方面，州在对学校的资助中通常有上升的趋势，而地方的税收财政份额则下降或保持不变，联邦的资助所占份额仍然较小。因为州在教育方面的资助占有较大份额，因此对于由学区来直接实施的各方面的教育管理活动有较大的权力。

3．联邦一级的管理

从正式的权力角度而言，因宪法条款把权力下放给州政府一级，因此联邦政府在教育管理中仅起到有限的作用。即使联邦政府在分类资助项目和研究以及课程发展投资方面有所增长，其投入也少于学校财政的6%。但是，联邦政府对于公立教育的影响并不仅限于财政投入，其政策影响通过强有力的行政、政治和立法机构的行为来实施。

联邦一级的执行部门包括总统、教育部长、教育部，以及联邦政府的其他部门所建立的与研究相关的机构。立法部门由国会、国会协调人员以及国会研究机构所代表。政治权力在行政和立法部门之间相互联系、相互影响，因为联邦机构管理由立法部门产生的项目和政策。

联邦政府在教育治理中的作用还通过司法部门的权威而得以加强。自20世纪50年代的反种族隔离案件、60年代的人权规定的强制实施以来，法庭在公立教育管理方面的权力进一步扩大。在最近二十年里，联邦司法机构通过最高法庭来实施的影响涉及学生、家长、教师以及管理人员等的权利。[1]美国三级三部门科层制管理模式可以列简表如下[2]：

表1　美国三级三部门科层制管理模式

政府的三级	政　府　的　三　大　部　门		
	行政	立法	司法
地方政府组织	学校和学区系统	学校董事会	城市/县的司法系统 学区的司法人员
地方政府在治理中的参与者	管理者 学监 教师/员工	学校董事会的成员	法官 律师 法律执行官员 学区法律人员
州政府组织	教育部	州教育董事会 州立法机关 立法委员会	州司法系统
州政府在治理中的参与者	州长 主要的州学校官员 部里的员工	董事会成员 立法者 选出的州学监	法官 州律师和员工 规章制定者
联邦政府组织	美国教育部 教育有关的机构和项目	美国国会	美国最高法院 联邦司法系统
联邦政府在治理中的参与者	总统 教育部长 在相关机构的管理人员	国会成员	美国最高法院的执行人 区法官 司法人员

---

① Paul C. Bauman. Governing Education: Public Sector Reform or Privatization, A Simon & Schuster Company, 1996:68.

② 同上书，第64页.

（二）美国公立教育科层制管理的特点

1．等级制（Hierarchy）

不论是公立教育的行政、立法还是司法部门，都存在"联邦、州与地方的（从高到低）的各个层次的权力、地位与责任的层级划分"[①]。等级制的实质在于"上面的人（机构）"比"下面的人"拥有更多的权力（Power），因为科层制的一个假定是认为"上级"比"下级"拥有更多的知识、能够做出更好的决策，即所谓"精英决策"。因此上级对下级的关系是控制式（通过规则与法律），下级对上级是服从式（服从上级制定的规则与法律，在上级制定的规则与法律的框架中行动）。

2．垄断性（Monopoly）

与等级制相联系的另一个特征是公立教育管理的垄断性。从公立教育管理本身而言，因为其管理采取的是精英控制的模式，因此在公立教育决策制定、人员聘用、学生入学等方面主要是精英垄断的，由精英（专家）制定决策，"下面"照章办事即可；从公立教育管理的主体而言，因为公立教育主要是政府开办、政府通过税收提供资金，因此政府的公立教育的管理也是垄断式的，不仅"下级"的权力很小，而且其他的机构例如市场、第三部门也是不能随便进入公立教育管理领域的。因此，科层制的垄断性往往导致权力中心化（或集权化，Centralization）。

3．角色划分（Role Differentiation）

在公立教育管理中，每一个层次每一个级别的人各有一定的分工与任务。学校治理的科层制的特征是"角色的明确划分，对每一个角色（教育行政人员、学监、校长和教师等）都有一套相应的明确的规则和规范"[②]。据称，之所以要进行明确的角色划分是为了要消除模糊性以及加强责任制，"功能的集中化和分化从理论上说会带来责任制——组织会显示谁负责什么事"[③]。事实上，这种划分明确的角色也同时会造成在科层制体系中的工作人员"自然地逃脱责任"——借口就是"这不是我部门的责任或这不关我事，我只是照章办事"。

4．中立性（Neutral）

处于科层制机构中的人员（教师、校长、学监、董事会成员等）的培训、招聘、提升是以个体的能力为基础，这种能力具体是指个人是否很好地完成了相关角色的技术要求、是否很好地按照规则办事、是否达到了该角色的规定目标，而不是依靠"人情关系"来决定其雇佣或者提升。因此，中立性（或者说"非人情化"）是公立教育管理的科层制的重要特征之一。

综上可知，公立教育科层制管理的实质在于：在谁来管理这个问题上，其管理的主体是政府（处于管理的垄断地位）；在如何管理的问题上，其管理的方式是规则管理（主要按照事先拟订好的规则进行管理）。正如James Marshall所说，"关于公立教育管理问题，必须明确的

---

① Barbara Benham. Hard Truths: Uncovering the Deep Structure of Schooling. Teachers College, Columbia University, 2000:42.

② 同上.

③ 同上.

是两大问题：谁来治理以及如何治理"。在传统的科层制公立教育管理中，先验性的假设就是"教育管理"理所当然是一项单一的活动以及"教育管理"理所当然是由政府（State）来实施。正是公立教育的科层制管理的上述实质产生了科层制管理等级性、垄断性、中立性以及角色划分明晰的特点。

美国公立教育科层制管理曾经起到了历史性的作用，主要表现在：

作为一个三级三部门制衡的系统，政治权力为州和地方政府追求教育的多元化提供了自由。15 000个学区和董事会代表了公民通过正式选举的部门和非正式的部门（如学校董事会等方式）参与教育管理的权力。基层学校、教师和课程能够对社区的利益作出回应，州系统的学校财政体系设计减少了地方学区之间的不平衡。"从历史上看，政府的三个层次三个部门的出现在建立自由、受法律保护的公立教育制度方面起到了重要作用。"[①]

从其理论基础来说，科层制的合理性和控制是与泰勒制的科学管理思想联系在一起的，目的是把学校设计为一个有效的组织。因此公立教育的科层制被认为是依靠技术化、中性化（理性化）、统一性、严格性，"完成大规模（教育）行政管理任务的工具"[②]。这种教育管理的科层制具有分工的专业化、教育管理的理性化程度高的组织特征，通过教育管理的程序化和规范化保证公立教育"规模"管理的效益。

（三）科层制管理存在的问题

尽管美国公立教育治理的科层制曾经起到重要的历史作用，是工业时代公立教育的必然选择，但是随着社会的发展，教育科层制结构不良的缺点在教育管理中就表现出来了，"公立教育被批评为成为一个复杂的结构"[③]。为了便于控制，教育这个科层机构已经牺牲了自由和创造性，管理者、教师和学生在这个工厂似的结构化的环境中居于被压迫的地位。这种管理结构被描述为"分裂的、科层的、效率不高的"[④]。政治权力的多层次的结构激化了矛盾、竞争。州和联邦政府对学校改革的进一步的参与有时与地方学校董事会和管理者的目标相左。改革者以及越来越多的民众认为小学和中学教育的问题是由于政府科层、联邦规定、法庭、政客和州的干预所导致的。对于作为管理组织的公立教育的综合研究的结论是"公立教育现在过于科层化、为规章所束缚、效率不高"。Terry Moe一针见血地指出："科层的问题……在于（公立教育系统）的严重科层性——过于等级化、过于规则限制、过于正规化——以致于无法允许学校运行良好所需要的自治和专业主义学校的产生。"[⑤]其问题主要表现在以下几个方面。

---

① Paul C. Bauman. Governing Education: Public sector reform or privatization. A Simon & Schuster Company, 1996:72.

② [美] 彼得·布劳，马歇尔,等著. 现代社会中的科层制[M]. 马戎，等译. 学林出版社，2001:26.

③ Michael B. Katz. Reconstructing American Education. Cambridge, Mass: Harvard University Press, 1987:109.

④ Cohen And Spillane. Policy And Practice: The Relations Between Governance And Instruction. New York: Falmer Place, 1990:39-40.

⑤ John Chubb and Terry Moe. Politics，Markets, and America's Schools. Washington, DC: Brookings, 1991:26.

1. 公立教育科层制产生了浪费和效率不高

"科层"这个术语已成为浪费和政府效率不高的同义语。当初在联邦、州和地方层次上的政治权力的有意识的分化是作为对集权化政府的不信任的反映而产生的，而分权化也需要创造多层次的政府。但随着时间的推移，教育决策的不同部门的关系变得复杂而且无效。州依靠地方来实施政策，就像任何高一级的机构依靠下面的实施机构一样。州政府会被地方所能接受的程度而限制，但州常常不顾地方的接受程度而独立行事。同样，联邦政府在教育中只有有限的宪法规定的权力。但是联邦机构却试图采用有力行动来改变州和地方的教育政策。而从学校本身来说，它被描述为"松扣式"，联系松散，而且常常效率不高，"即使政府的各级部门反映了等级制的结构，但整个系统还是保持了许多的操作独立性"。因此，这种繁冗而缺乏内在一致性的教育管理产生了牵制与独立共存的、难以把握的局面。

为何科层制会导致效率不高？不少学者认为，是因为当初科层制部门分工的缔造者的目的不仅仅是加强效益、协作和政府的功能平稳，其目的还在于创造一种制度给予每一个部门以动力和方式来防止行为的错误，防止"所有权力的累计性，即立法、行政和司法集中到一个部门手里……但是权力分离也产生了惰性的趋势。不仅部门之间相互制衡，而且也抑制了公众的政治热情"[①]。就如Terry Moe所说，"美国的科层制的设计本不是为了有效率。科层来自政治，其设计反映的是拥有政治权力的个人和团体之间的利益、策略和妥协"[②]。

2. 公立教育科层制导致了不平等的产生

政府三级间功能的分裂是教育资源不平等的主要原因：联邦政府的努力虽面向有特殊需要的人群，但对州之间地区差异的关注却有限。州的区域性战略的制订虽然是为了使学区间的财政能力平等化，但是在如何解决不利群体的特殊需要方面又关注甚少。地方一级的分配性政策不仅没能考虑学区内学生群体的不同需要（他们关注的中心点是人事分配），而且恶化了学校之间的差距。因此，"这三个层次的所谓平等的政策很大程度上并没有缩短贫穷和富有的学区之间的差距，以及学校和学校之间的差距"[③]。

公立教育科层制之所以导致不平等的产生，其深层次原因还在于民主与科层本身的内在矛盾："民主的假定是多元性和多样化，而科层需要的是统一。权力和机会的分配是民主的实质，而科层需要的是权威的等级性。命令与控制是科层的组成部分，但民主需要的是自由……在民主中，每个人都将有机会参与到过程中去，而在科层中，参与被那些处于权力上层的人所限制。民主没有开放难以存在，而科层却在隐秘和对于信息的控制中繁荣。"[④]

---

① David Resenbloom. Public Administration: Understanding Management, Politics and Law in the Public Sector. New York: Random House, 1986:224.

② Terry M. Moe. "The Politics of Bureaucratic Structure", in Can the government Govern? Washington, D. C. : The Brookings Institution, 1989: 267, 269.

③ Kenneth Wrong. "Governance Structure, Resource Allocation, And Equity Policy". in Review of Research in Education. Columbia University: Teachers College, 1994: 257−289.

④ Cayer and Weschler. Public Administration: Social Change and Adaptive Management.

3. 科层制抵制改革

由于科层制存在"反功能"的性质，这种反功能"来自于规则和规范运用中的过分刚性，过分刚性导致科层制无力回应外界发生的变化和组织的成长，因而无力满足完成任务的基本需求"[①]。因此，科层制的致命危机之一是它不仅仅是一个不能自我纠错的体系，"而且是一个过于僵硬以致没有危机便无法适应变化的体系，而变化则由于工业社会的加速演进而变得越来越势在必行和越来越经常"[②]。具体到公立教育，学校改革者同样越来越关注的是科层制治理导致了"一个抵制任何变革的系统"的产生，"学校科层制成为一个顽固的制度，避免、无视和抵制任何进行变革的努力"[③]。对于公立教育这样的科层制部门，"要作出根本的改变极为困难"[④]。Chubb和Moe在《政策、市场与美国学校》中充分描述了美国传统教育治理结构的难以改变的稳定性："今天，这个制度是如此深入地想当然被认为它直接定义了美国的民主治理公立教育的方式。其核心是学区和其民主控制（Democratic Control）的制度：学校董事会、学监和学区办公室。学校董事会是学区的立法实体，而且几乎是选出来的（有时是任命的）。学区办公室是科层机构，为实施董事会和学监的政策负责。长期以来，这种治理的制度被坚定地扎下根。"

4. 科层制存在非人性化的问题

社会学家还从人性的角度列出了科层制的病理问题。如科层制需要基层学校教师（包括校长）的高度的服从性，并通过人事规则和管理奖励结构强化。以正式的合法的权力为前提，抑制个人创造性和集体利益，因为过于追求中立和公正而导致了非人性化。

（四）以解科层为视角对公立教育治理进行研究的必然性

综上可知，在面临问题重重的教育科层制管理体系的今天，公立教育管理正在面临前所未有的严峻挑战。"教育治理的根本改变是90年代学校改革的核心。"[⑤]公立教育管理的问题何在？其根本似乎在于科层制结构，也就是说主要由政府依靠规则来进行管理的方式正在面临危机。"科层行政的广泛存在及其对社会经济生活的广泛干预，由于科层行政自身的运转特性，不论从工作效率、公益精神，还是从职能的履行效果……都与社会对政府行为能力的期望产生了巨大而且日益扩张的罅隙，引起社会的强烈不满，严重动摇和威胁着政府的权威性和合法性。"[⑥]科层制公立教育管理之所以处于岌岌可危的境地，不仅因为科层制本身所赖以生存的合法性正在缺失，还因为信息社会的来临在时代上要求构建全新的公立教育治理体系。

---

① [美]彼得·布劳,等著. 现代社会中的科层制[M]. 马戎，等译. 2001:139.

② [法]米歇尔·克罗齐埃. 科层现象[M]. 上海人民出版社，2002:242.

③ Paul C. Bauman. Governing Education: Public Sector Reform or Privatization. A Simon & Schuster Company, 1996:70.

④ 同上书，第1页.

⑤ 同上书，第8页.

⑥ 杨冠琼. 政府治理体系创新[M]. 经济管理出版社，2001:346.

如何对公立教育管理问题进行研究？笔者认为，从以上分析可知，公立教育管理中最严峻的问题莫过于科层制问题，因此其逻辑的发展（必然的趋势）无疑是解科层。"公立教育的解科层治理"在回答"谁来管理"这个问题时，摒弃由政府进行垄断式管理的传统，主张其他主体的介入；在回答"如何管理"这个问题时，一改主要由事先拟订的规则进行管理的旧有模式，主张与此不同的管理方式（后文将对此做详细分析）。基于此，本书将以解科层这一独特的视角对公立教育管理进行研究，谈谈公立教育的解科层治理。本书提出的解科层治理与传统的公立教育科层制治理的最大的区别在于公立教育治理的主体多元化以及治理方式的多样化。因此，所谓公立教育解科层治理的含义就是：为了解决公立教育科层制问题而进行的公立教育管理主体多元化取向以及管理方式多样化取向的实践与理念，其中管理主体多元化取向是其最本质的特点，管理方式多样化是管理主体多元化的必然结果与体现。它与科层制治理的区别可以通过表2表示。

表2　科层制治理与解科层治理在治理主体与治理方式上的区别

问题	科层制治理	解　科　层　治　理			
谁来治理 （治理主体）	政府	市场 取向	公民社会 取向	学校 取向	政府 取向
如何治理 （治理方式）	政府的 规则控制	政府放弃以规则控制来进行治理的主要手段，代之以放松规则控制及其他方式的控制			

上表说明：公立教育的治理不一定非要由政府来提供，其主体可以是政府、市场、公民社会以及学校本身。因此，公立教育解科层治理的实质在于提出了要解除政府对于公立教育治理的科层制垄断，以多主体、多样化的方式进行公立教育治理。

二、以解科层为视角对公立教育治理进行研究具有现实性

本书以解科层为视角对美国的公立教育治理进行研究具有现实基础，主要表现在解科层理论与实践的兴起。

（一）在行政管理改革领域解科层理论的兴起

虽然在公立教育治理领域并未出现"解科层"的明确提法，而解科层本身也不是一种系统的理论，但它是不同时期不同领域的理论家敏锐而又深邃地洞见的一种整理和综合。[①] 它强调组织应该克服科层组织的低效、等级与规则化，是为使组织更具有灵活性、能有效回应社会需求而设计的一种理念。因此解科层理念在行政管理改革领域已经悄然兴起。我们已知行政改革与公立教育治理的关系极为密切，公立教育管理改革是政府行政改革的一部分，也可以说政府行

---

① 对解科层思想做出较大贡献的学者主要有：Warren G. Bennis, Peter F. Drucker, Leanard Broom和Philip Selznick.

政改革是公立教育治理改革的政治背景，因此这方面的研究无疑为公立教育治理政策的研究提供了坚实基础。

1. 美国本土学者的研究

美国本土的学者对于政府行政改革做了大量的研究。其中最有影响是大卫·奥斯本等人提出的"企业化政府"思想和彼得斯倡导的政府治理"四模式"理论。①②

1992年，大卫·奥斯本和泰得·盖布勒出版了极富影响力的《改革政府：企业家精神如何改革着公共部门》（以下简称《重建政府》）。在本书中，作者虽然没有提出政府重建的一套理论体系，但是其理念是对20世纪80年代以来美国政府行政改革实践经验的总结，他们提出的重建政府十大原则既是美国各级政府在80年代以来行政改革的实践原则，也是作者提出的美国政府未来行政改革的实践原则。他们认为科层主义体制作为工业时代的产物，已不适应信息社会的时代要求。传统的科层主义政府治理模式已经破产，新的企业化政府治理模式正在出现。其轮廓尽管还不十分明显，但已初露端倪。如果按照以下十大原则推进政府改革，新的政府治理模式终将完全取代传统的科层主义治理模式。这十大原则是：第一，起催化作用的政府；第二，社区拥有的政府；第三，竞争性政府；第四，使命感的政府；第五，结果导向的政府；第六，顾客导向的政府；第七，有事业心的政府；第八，有预见性的政府；第九，分权的政府；第十，市场导向的政府。作者最后指出，统领这十大原则的核心就是：政府必须像企业家一样追求效率，"把企业的管理嵌入现存的公共服务的制度中也许是这一代人最重要的政治任务"③。虽然在本书中作者并没有直接提出解科层的理念，但是贯穿其整部书的一个思想却是运用"企业家"政府管理模式来代替科层制模式从而实现解科层的目的。此思想在作者时隔5年后的著作（合著）《摒弃官僚制：政府再造的五项战略》中得以体现。④ 本书的根本观点是：科层制已经面临土崩瓦解之势，政府的改革"代表着一种不可逆转的组织范式的历史性转变"。作者从核心策略、后果策略、顾客策略、控制策略、文化策略五大策略打造了解科层政府的清单。

2000年，美国著名的政治经济学家、行政学家彼得斯（B. Guy Peters）以一部《政府未来的治理模式》再次引起了行政改革研究界的瞩目。他在该书中第一次评价了席卷全国的行政改革运动，被誉为是对眼花缭乱的全球治理变革进行综合分析的基础著作，是第一部将美国的行政改革放到世界行政改革背景下的研究著作。该书在对传统治理和行政改革进行多年潜心研究的基础上，提出了政府治理的四大模式：市场式政府、参与式国家、弹性化政府、解制型政府，并对每种模式进行了深刻的比较分析。他认为解制型政府是专门针对公共部门官僚化而出现的"限制公共官僚组织制定政策的权力"的政府改革新模式，不难理解此"解制"与"解科层"

① [美]戴维·奥斯本.改革政府：企业家精神如何改革着公共部门[M].上海译文出版社，1996.
② [美]盖伊·彼得斯.政府未来的治理模式[M].中国人民大学出版社，2001.
③ David Osborne, Ted Gaebler. Reinventing Government: How the Entrepreneurial Spirit is Transforming the Public Sector. Reading, MA: Addison-wesley Publishing House.
④ [美]戴维·奥斯本，彼德·普拉斯特里克.摒弃官僚制：政府再造的五项战略[M].中国人民大学出版社，2001.

有异曲同工之处。

2．我国学者关于政府行政改革的研究

（1）我国学者关于全球政府行政改革的研究。

20世纪80年代以来，全球政府行政改革的实践与理论引起了我国学者的密切关注与研究，其中较有影响的是周志忍、杨冠琼等人。

周志忍在其主编的《当代国外行政改革比较研究》中对英国、美国、日本等国家以及第三世界的政府行政改革实践进行了比较全面的梳理，并以此为基础提出了全球行政改革面临的共同背景和使命："当代行政改革是在世纪之交和时代转型的环境下推行的。改革既是对数十年来行政管理实践的检讨和反思过程，同时也是对新时代、新环境的自觉适应过程。打破传统的行政模式，建立适应后工业社会和信息时代的'后层级制行政模式'，既是时代对改革的迫切要求，又是当代行政改革的自觉目标。"[1]他还回应了大卫·奥斯本和彼得斯等人提出的政府行政改革模式和未来的治理模式，指出企业化政府和政府的四种未来模式都是对公共管理替代模式的系统描述和总结，涉及组织结构、管理过程、决策和公共利益观念等方面。他认为当代行政改革具有普遍性和广泛性的特点，并从三个方面对当代行政改革的主要内容和措施进行了概括：第一是社会、市场管理与政府职能优化，表现在政府为了压缩与优化职能，采取了私有化、放松规制等措施；第二是社会力量的利用和公共服务社会化，表现在利用市场和社会力量，推行公共服务社会化以达到提高政府效率和管理水平的目的；第三是政府部门内部的管理体制改革，表现在组织机构改革、权责关系的调整、人事制度的改革、管理方法和技术改革等方面。然而正如作者在书的结论部分所声明的：作者无意对前几章的内容进行概括和总结，而是"从前瞻性的角度，对当代行政改革做一简要评论……目的并不是寻找答案，而是提出问题引起我国学术界的关注和追踪研究"[2]。由此可见，当代国际上政府行政改革的理念与实践纷繁复杂，难以厘清。但这并不意味着无法寻找答案，笔者以为，正如周志忍本人所提出的，未来的模式将是一种"后层级制行政模式"，此后层级制正是"解科层"的代名词。

杨冠琼则从更为理论的层面对政府的治理进行了分析，他在著作《政府治理体系创新》中首先对现代化进程中政府管理面临的困境、根源进行了分析，阐述了现代治理体系创新的必然性；然后对20世纪80年代以来逐渐兴起的各种新的政府治理的改革理论进行了批判性的论述与评估，指出适应现代政府行政改革的模式是"回应型"的，即一种以效率和效应为准则，以社会福利最大化为目标的回应型管理的基本框架；为了建立回应型的政府管理模式，需要从市场机制、政府干预及其方式等多维视角进行分析。其中，他特别提到："解科层化成为政府行政改革甚至是治理体系创新的代名词，成为改革的核心和模式转换的支点。"为此，他在比较分析前科层制、科层制和后科层制的基础上（见表3），提出了解科层化组织的核心框架就是适应信

---

[1] 周志忍. 当代国外行政改革比较研究[M]. 国家行政学院出版社，1999:564.
[2] 同上书，第591页.

息社会的行政管理组织：信息时代的组织所要求的更大的灵活性与弹性超出了科层组织方式的合理化范围。与被动的、固定的刻板程式、程序、规则、非人格化相反，信息社会要求组织更具主动性、积极性；它的灵魂是激发首创精神而不是循规蹈矩和限制行为；它的目标是更大的工作效绩而不是单单完成任务；它的合法性不是命令、控制、指挥，而是伙伴关系，是社会的评级、反应；它扩展的不是组织的权力、规模、预算，而是更大的权能。总之，这是行政组织"内在能量"的质和量的广延性的同时扩张。[①]他的解科层的主张无疑直接佐证了笔者提出的解科层的视角，尽管他的观点更多是一种学理的探讨而非实践的总结，也并没有具体到公立教育治理领域。

表3 正式组织的三种类型

项目	前科层制	科层制	后（解）科层制
目的	单一的；混淆私人利益和公共责任	明晰的、固定的、公共的；由指定的管辖权加以识别	目标导向的、灵活的
权威	传统的、神授的、松散的	按等级划分的权能范围；"正式渠道"沟通；形式合理性	工作组和特别工作组；开放型沟通；权威扩散；实质合理性
规则	无系统的	编纂的；行为的架构；关注焦点是行政规则性	从属于目的，避免对规则划界
决策	特别的；服从于个人统治的恣意和下属的无控制行为	系统的；常规化的；有限责任；假设社会领域是易于分类的要素组成的稳定的系统，并服从于规则	参与性的；以问题为中心；广泛委托与授权；假设需要和机会是不断转变的和非稳定的
职业	不稳定的、非专业的；官职可供出卖或作为兼职卖给精英	官员是专职的、专业的，并对组织负责；没有个人的选民；任人唯贤；着重资历和任职期限	任职的多样性和短暂性；通过转订契约就职；专家有自治的专业基地

（2）我国学者关于美国行政改革的研究。

中国学者对于美国政府行政改革领域日益关注。最有影响的当数宋世明教授，他的《美国行政改革研究》是中国学者关于20世纪80年代以来美国政府改革研究的第一部系统著作。[②]该书的主要贡献在于将美国行政改革定位为四个方向：美国政府功能重新定位的市场化取向，美国政府公共服务输出的市场化取向，美国政府内部管理改革的放松规制取向和美国政府间重新设计的分权化取向，并探讨了相应的小政府理论、放松规制理论、重塑政府理论的理论分析框架。同时，书中还阐述了美国行政改革对中国行政改革的理念和具体层面的启示与借鉴。他得出的一个最基本的结论就是：美国行政改革的理念与实践均显示一个取向：非官僚（科层）化取向。不难理解这个"非科层化取向"与本书中解科层的含义基本等同。

---

① 杨冠琼. 政府治理体系创新[M]. 经济管理出版社，2001：337-342.
② 宋世明. 美国行政改革研究[M]. 国家行政学院出版社，1999.

综合以上中美学者对政府行政管理改革领域所做的研究可知，虽然各自的研究角度不一，然而他们不约而同关注的一个问题即是"解科层（或非官僚、摒弃官僚）"。这应该不是偶然现象，而是恰好说明从"解科层"角度对行政管理改革（包括公立教育管理改革）进行研究是可行的。

（二）解科层公立教育治理作为一种实践运动的兴起

虽然卡尔·马克思在19世纪中叶、马克斯·韦伯在19世纪末20世纪初就预见了科层组织的局限性和被其他组织形式所替代的历史必然性，但正如马克思所指出的，一种理论在一个国家的实现程度依赖于对这种理论的需要程度。正因为如此，"探索解科层化问题直到20世纪70年代末80年代初才兴盛，并于90年代进入高潮"①。就公立教育治理而言，美国解科层实践的兴起与发展时期则大致是在80年代末90年代初。"过去的10年几乎每一项教育改革实践都涉及重建学校和治理安排（Governance Arrangements）。"②美国80年代中后期以来的择校（School Choice）、特许学校（Charter Schools）、校本管理（School-based Management）、标准本位运动（Standard-based Movement）等均为教育改革的典型形式，同时也是针对公立教育科层制管理的问题而进行的解科层的实践改革形式。虽然这几大取向的公立教育治理的实践形式与理论基础各异，然而它们都表明了一个共同的治理实践与理念：走向治理主体的多元化以及治理方式的多样化，即解科层治理。

在我国，解科层的实践虽然不如美国那么来势汹涌，但也初见端倪，诚如劳凯声所言，"大致说来，从20世纪80年代中期到整个90年代，在我国的教育领域发生了两个对教育的基本面貌具有根本性影响的变化。一个变化是就教育领域的内部关系而言的……20世纪80年代中期开始的教育体制改革的基本问题就是如何形成一个既利于政府进行统筹管理，又能调动各种社会力量参与办学积极性，学校又有较大的办学自主权这样一种新型的权力关系。这意味着政府必须转变职能，在加强宏观管理的前提下向学校放权，这势必使教育领域内部的社会关系发生质变。导致政府与学校两个主体之间的角色分化，逐步向一个多元化的利益结构过渡。尽管这种分化尚处于萌芽状态……另一个变化是就教育领域的外部关系而言……通过具有契约精神的市场对教育的有限介入向社会提供教育服务……出现了政府、市场、学校三种既相互联系又相互制约的力量"③。

基于以上原因，笔者认为从解科层的视角对公立教育进行研究不仅是可能的，而且是必要的、重要的。

---

① 杨冠琼. 政府治理体系创新[M]. 经济管理出版社，2001:332.

② Hannaway, J. Decentralization and Theories of School Management and Educational Policy, 1995: 203−222.

③ 刘复兴. 论公共教育权力的变迁与教育政策的有效性[J]. 教育研究，2003(2):10−14.

第三节 研究框架、贡献与不足

一、本书的基本框架

（一）研究框架的基础

既然公立教育解科层治理的含义在于治理主体多元化以及治理方式多样化，而治理主体多元化又是其本质特征，那么，本书将主要以公立教育治理的几大主体为基础进行分别论述与综合分析。公立教育解科层治理的主体是什么？笔者基本同意Thompson先生的观点，他认为政府没有必要独揽教育管理领域，而应该是社会几大部门协调的结果：这几大部门就是国家、市场以及除了国家与市场之外的第三部门（第三部门有时也称公民社会）。而Roger Dale先生则对此几大部门在公立教育解科层治理中的参与历史与现状做了进一步的分析：市场以及公民社会在教育体系的运作中一直起到较大作用。只是现在与过去的差异在于市场与第三部门在教育治理领域活动中的参与性大大加强，并且已经正规化了（Formalized）。

而笔者在对美国公立教育解科层治理的实践与理论倾向进行分析之后，认为除了政府、市场与第三部门以外，学校也是其中不可忽视的重要主体。因此本书将围绕四大主体分列四章来分析美国的公立教育解科层治理的实践与理论：公立教育治理的市场取向；公立教育治理的公民社会取向；公立教育治理的校本取向；公立教育治理的政府取向。它们各自从不同的角度来探索美国公立教育治理的实践与理念，构成了美国公立教育治理改革的丰富图景。简言之，公立教育治理的实质是治理主体多元化：公立教育治理的市场取向是指将市场主体引入公立教育治理领域的解科层治理方式与理念；公立教育治理的公民社会取向则是通过公民社会在公立教育治理领域发挥独特作用的实践与理论；公立教育治理的校本取向是以学校为主体的治理；公立教育治理的政府取向无疑是以政府为主体达到治理的解科层的目的。

需要说明的是，之所以称之为"取向"，主要原因在于这种治理主体多元化状态目前无论是在美国的治理实践还是治理理论领域都还只是一个过程和趋势，并非已经完全达到实然状态；此外，这几大治理之间也并非截然区分，而只是作一个大致划分，以便于分析。

（二）本书的逻辑结构

如前文所述，公立教育治理主要是针对美国公立教育治理的科层制问题而言的。就实践角度来看，为了改变美国公立教育治理的政府垄断的科层制，已经出现了多个主体介入公立教育治理领域并实行多样化治理的解科层的实践现象，主要的表现是：市场取向的解科层治理、公民社会取向的解科层治理、政府取向的解科层治理以及校本取向的解科层治理。因此本书将对几大取向的公立教育治理实践的含义、形式、特点等作系统分析，并选取较为典型的案例作为分析的基础与参考。

就理论角度而言，尽管公立教育治理的各种理论之间不具有"设计精湛、内容完整，各组成部分相互增强"的"内在一致性"①，但笔者认为，各种理论的一个共同的假设基础就是解科层的思想。解科层思想的核心，就是破除政府对于公立教育管理的垄断的科层制实质，将其他主体放入公立教育治理的视野，对新主体的角色以及其与政府的关系加以重新思考。各理论只是在引入何种主体、如何引入方面倡导不同的理念：有的主张市场的介入，有的提议公民社会的引入，还有的则想借助政府内部的改革来进行。其实质均是或者通过重塑公立教育治理领域政府与社会的关系，或者通过重塑政府间各部门之间的关系，达到解科层的目的。因此，本章就公立教育治理中重塑政府与社会关系的理论以及重塑政府间各部门的关系的理论进行分析，前者的理论具体表现为权力"外散"的公立教育治理的市场取向理论、公立教育治理的公民社会理论，后者表现为权力下放的校本管理理论和权力上移的政府后验控制理论。

实践是分析美国公立教育治理的现实基础，而公立教育解科层治理的理念是实践的反映与总结，反过来又对实践起指导作用。因此，笔者对美国公立教育治理进行研究时首先关注其实践动态与理论取向是什么。而对美国的解科层治理的实践与理论进行系统梳理不是最终目的——本文意在在实践与理论分析的基础上对其进行深入剖析：公立教育治理的理论与实践的特点是什么？优势何在？反映了什么问题？解决这些问题的思路是什么？

因此，本书将分别从实践、理论、评析三个方面对公立教育治理的市场取向、公民社会取向、校本取向以及政府取向进行论述。其最终的落脚点在于：以解科层为角度对美国的公立教育治理进行的研究能够为中国基础教育行政管理改革提供什么启示？

二、本书的主要创新与不足

（一）本书的主要创新

1. 选题具有重要的理论与实践价值

公立教育行政管理改革作为政府的公共部门管理改革的一部分，已成为一种世界性的趋势。美国作为行政管理改革的先锋，在公立教育治理改革的理论与实践方面已经具有相当的积累。中国的基础教育行政管理也正处于转型与变革的关键时期，美国在公立教育治理的理论与实践中有价值的成分能够为我们提供不可多得的经验和借鉴。因此，对美国的公立教育行政管理改革进行深入研究是一项非常有意义的探索工作。但迄今为止，虽然我国对美国的公立教育改革以及行政管理改革进行研究的文章和著作相继面世，但就美国的公立教育行政管理改革进行系统研究的著作尚未见到。本书填补了一点国内在该方面研究的空白。

2. 研究视角独特

本书对美国的公立教育行政管理改革进行了系统梳理，首次从解科层这一独特的视角对公立教育治理进行研究，是对以往以政府为主体的行政管理思想的超越；打破了以往国内外学者多把焦点放在公立教育行政管理改革中市场与政府之争、教育的公立与私立之争的二元对立的思路；有创见性地构建了公立教育治理之市场取向、公民社会取向、校本取向以及政府取向的

① 宋世明. 美国行政改革[M]. 国家行政学院出版社，1999:266.

四大模式，并归拢于解科层这个视角，对其实践动态、理论基础进行了系统、全面的评析。通过对美国这一典型个案的研究，并与中国的相关改革动向紧密结合，为系统研究公立教育行政管理改革提供了一个全新视点。

3. 对当代教育行政管理改革进行了有创见性的分析

在对美国的公立教育治理的理论与实践进行深入、独到分析的基础上，本书认为在公立教育行政管理改革方面，中美虽然存在不少差异性，然而因两国面临共同的国际大背景以及类似的国内政府困境，加之教育行政管理的发展具有普遍规律性，决定了美国公立教育治理能够为中国在基础教育管理改革的理念与实践方面提供诸多有益的启示。本书站在中美两国比较的高度，在结语部分以政府在公立教育治理中"做什么，如何做"为出发点，指出：政府在公立教育治理中的指导思想是政府公共性的发挥，结束了政府教育治理指导思想的公平与效率之争、分权与集权之争。以此为指导，本书认为，政府在公立教育治理的实践中若要有效作为，需解决好"谁来管""管什么"的基本问题：在"谁来管"的问题上，要在解科层的过程中分离出与公共教育相关的公共物品、私益物品和集体物品，分别由政府、市场和公民社会承担，为长期以来义务教育的市场化与非市场化的争论提出了独到的、具有操作性的见解；在"管什么"的方面，本书提出在解科层的过程中将公立教育分解为"投资、经营与规制"三大方面，并结合政府、市场和公民社会三大主体进行了更为深入细致的分析，从公立教育治理本身的特点和属性出发，重点从制度安排的角度很好地回答了如何通过解科层来推进政府在公立教育领域实现公共性的问题。最后，本书结合公立教育的特殊性和人之主体性的普适性，将论述的落脚点放在了"人的主体性的实现"这一关键领域，以教师为重点分析对象，从教育活动的生产性、内在利益的角度为实现人的主体性提供了一个全新的分析思路，在更深层次意义上解决了公立教育治理的理论与实践归宿的问题。

（二）本书的不足

1. 研究方法

因时间、精力、财力的限制，仅采用了文献法一种方法进行研究，文献不足自然是缺憾，而研究方法过于单一亦是问题。笔者曾设想通过电子邮件向美国本土的学者及行政人员发送问卷作为辅助性研究方法，但最终因种种原因而未能付诸实践。

2. 研究视角

本论文以解科层为研究角度固然有充分的必然性、可能性和重要性，但公立教育治理改革的广泛性、深入性和持久性可谓前所未有，改革的指导思想、措施和实际效果等诸多方面都处于探索之中，依然存在诸多尚未解决的问题，例如公立教育所涉及的物品类型的划分问题、公立教育领域人的主体性如何充分实现的问题等。本书没有也无法为公立教育治理的所有问题提供完美的答案。以解科层为视角，其意义与其说提供了一些解决问题的答案，更不如说预示了未来答案的多样性和丰富性。

3. 研究与我国国情的结合

本书虽以美国的公立教育治理为研究对象，然而着眼点却在于中国的教育行政管理改革，因此本研究力图结合我国的相关改革实践来进行。但由于我国教育行政管理改革涉及面宽广、影响深远，因此本研究难免存在深度、广度不够之处，以及分析比较粗糙和欠妥之处。而正是这些不足促使笔者常怀一颗不敢懈怠之心，在公立教育治理研究领域潜心研究。

第一章 公立教育解科层治理的市场取向之实践与理论研究

自公立教育科层制管理模式建立以来，美国的公立教育治理就是一种"大政府"假设（即假定政府具有强大的功能和优势），因此政府不仅将公立教育服务的供给方（提供公立教育服务的主体）纳入科层制体系，而且使教育服务的需求方（顾客）服从科层制管理，这样，公立教育在客观与主观上都成为政府"包揽"的形式和结果，而市场几乎被排斥于公立教育治理领域之外。公立教育解科层治理的市场取向则正是希望通过市场力量的引进来解决公立教育科层制治理的问题。

第一节　公立教育解科层治理市场取向的实践研究

公立教育治理的市场取向的实践旨在借助市场机制达到解科层的目的。公共部门（包括公立教育）的市场取向离不开构成市场机制的两个基本要素——供给和需求。"从供给的角度看，主要有两类：其一是一般的合同承包（Contract Out），其二是公私合作（Public—Private Partnership）。从需求的角度看，也主要有两类：其一是用者付费（User Fees），其二是凭券制（Voucher）。"[①]因此，市场取向的公立教育解科层治理并非存在一个统一的模式，而是可以通过不同形式进行运作。目前，美国市场取向的解科层治理在实践中的主要表现是合同承包与择校（主要通过凭券制，即教育券或学券），前者涉及教育的供给方，后者涉及教育的需求方。下文主要从供给和需求两个方面分析市场取向的解科层治理，当然这两者之间也存在许多交叉，只是为了分析起见，才分而述之。

一、从供给的角度看公立教育解科层治理的市场取向

（一）合同承包方式

所谓供给是指为公立教育提供服务的一方。传统的公立教育供给主要是政府科层制管理下的公立学校，即提供公立教育服务的主体是由税收支持、政府举办的公立学校。而解科层治理的市场取向旨在打破科层制下主要由政府举办的公立学校提供公立教育的局面，通过引进市场机制来解放公立教育服务的供给方。在实践中最主要的表现就是以一种全新的教育治理方式来提供公立教育服务，即由多个个体或者私立公司相互竞争，签订管理公立学校的合同，即合同承包的形式。合同承包的含义是指政府规定了一定的数量和质量标准，然后向私立部门或个人招标，中标的承包商按与政府签订的供给合同提供服务，政府则用纳税人的钱购买承包商生产的服务。政府的责任是确定公共服务的数量和质量并监督承包合同的执行，在公立教育治理领域比较典型的是私人公司承包的例子。这是美国20世纪90年代教育改革中出现的一种新的学校管理形式，具体称作公立学校私营管理（Private Management of Public Schools，以下简称"公校私营"）。其中，比较著名的私营公司有爱迪生学校管理集团（the Edison Schools Inc）、欧姆巴斯曼教育服务公司(Ombudsman Educational Services)等。[②]

爱迪生学校管理集团（前称为爱迪生项目，即the Edison Project）是美国规模

---

① 宋世明. 美国行政改革研究[M]. 国家行政学院出版社，1999:131.

② Simon Hakim. Restructuring Education: Innovations And Evaluations Of Alternative Systems, 2000:47-63.

最大也是运作比较成功的一家私营教育管理公司，媒体大亨Christopher F. Whitter是其主要的创建者，主要与学区和特许学校董事会签订合同管理K-12（从学前到高中）学校。从1995年开始，它与学区签订了管理4所学校大约2000名小学生的合同，自此集团迅速成长。1999—2000学年，公司管理的中小学校达79所，其中有些是新建校，有些则是现存的学校，这些学校分布在16个州36个社区，学生达37 000名。至2005—2006学年，该集团服务的公立学校的学生达330 000人，遍布美国25个州，并扩展到了英国。2008年，爱迪生学校管理集团更名为"爱迪生学习集团（Edison Learning）"，提供的服务拓宽至网上课程和混合式学习方式，并于2010年开办了第一批完全利用网络形式授课的网上中学。2011年，集团敏锐意识到学生辍学问题需要关注，为此建立了8个帮助辍学生回归学习的中心，名为"沟通逃学生学习中心（Bridgescape Learning Center）"。2012年它与"魔法强生企业集团（Magic Johnson Enterprises）"形成战略合作，"沟通逃学生学习中心"更名为"魔法强生沟通逃学生学院（Magic Johnson Bridgescape Academies）"，学院面向辍学生的学习需求设计有针对性的课程，成为全国领先的帮助辍学生回归学习的项目。项目开办以来，数千名原辍学生成为高中毕业生，毕业率达81%，超过国家平均毕业率。2012年，印第安纳州教育局委托爱迪生学习集团介入该州薄弱中学提升学生成绩，在爱迪生学习集团的不懈努力下，这些学校的学生平均成绩（Average Student Proficiency）提升了35%，毕业率提升了29%。2014年，爱迪生学习集团成为美国主流学校之外最大的教育服务提供商。2015—2016学年，集团服务的学校达350多所，学生15万人，影响面达美国、英国以及非洲部分国家。如今，该集团已吸引了数亿美元的投资，并得到数家风险投资公司的融资，来自市场的资金为其提供了强大的物质基础。其集团管理特点表现为强调使用电子技术、延长学生的学习时间和学年、课程设置丰富、向所有学生开放，集团与学区董事会或特许学校董事会签订合同后就学校的表现向学区董事会或学校董事会负责。

公立教育治理市场取向的一名非同寻常的实践者是Jim Boyle。他曾经是公立学校的教师以及助理学监，在学校时就试图尝试新的思想但未能成功。他于1975年离开公立教育系统创办了欧姆巴斯曼教育服务公司。该公司与学区签订合同，专门为在常规学校中有学习困难的孩子服务。他宣称成功率达85%，而成本仅为公立教育系统的一半。其学校的特点是依靠非常规的设施，帮助有特殊需要的孩子以个人的学习进度为基础进行学习，师生比率低。自创立以来，该公司已经为至少15万名学生成功地提供了教育机会，与美国19个州115个学区建立了合作伙伴关系，运作的学校及项目多达130个。虽然目前还没有什么证据表明，在采取合同承包的学校上学的学生必然比传统的公立学校上学的学生要出色，但是可以肯定的是，它们必将成为传统公立学校的有力竞争对手。

此外，除采取合同承包的方式允许私立机构和个人进入公立教育的供给领域外，近年来正在出现的一个市场取向的形式还直接涉足公立教育服务的核心——教学领域的合同承包："传统的结构假定各个学校的教师以及教师和学校的关系是相似的……形成等级，把教师和学生放在制度（科层制）的底层。"[①]而教学领域市场化是将涉及教学方面的教育服务交由市场来提供。美国目前还出现了推动教学领域承包的组织，最初的组织是1990年以克里斯·雅里奇为主席的美国私有实践教育者协会（American Association Of Educators In Private Practice）。克里斯曾经与米尔沃基一所高中签约，负责五个班的生物教学，并为小学生开发了一个动手科学模块，取得了一定的成功。教学领域合同承包者认为通过教学领域市场化不仅可以提高公立教育服务的效益，而且有助于提高教师的专业自治。有人提出："教师专业化有时就像教师授权一样，只不过是一个口号……何谓自治？何谓真正的专业主义带来的自由？……教学领域市场化也许是一种真正的专业主义……去除了关于教育者的陈见。"不论教师的教学市场化的利弊如何，其作为一种新现象出现已经成为事实。

（二）市场资金的介入

许多实力雄厚的私有投资者也非常关注公立教育治理的市场化取向，把它看作获得高额利润的潜在领域。田纳西州前州长Lamar Alexander现在是一家教育投资集团的老板。马萨诸塞州前州长William F. Weid在任时曾支持以营利为目的的学校教育改革，但遇到了强大的政治阻力。现在他加盟里兹公平伙伴公司（Leeds Equity Partners III），该公司已筹集到高达数亿美元的教育风险投资。这表明了近年来公立教育治理市场取向的新趋势：私有投资者不仅将教育领域视为一个巨大市场，还认为这个行业将来可能为他们带来巨大利润，不惜投以巨资。因此，来自风险投资者、投资公司、养老基金会和其他渠道的数以亿计的资金源源不断地注入公立教育领域，以营利为目的的教育风险投资呈现日益发展之势，与现有的公立教育体制形成了短兵相接的竞争。

所有这些为营利而涉足美国学校的教育公司最近才大量出现，只有极少数公司可以追溯到20世纪90年代初，因此关于这些学校的研究不多。虽然这些公司雄心勃勃，但其是否能成功还有待时间的检验，但有一点可以确信，它们的产品至少有一定的市场，并且它们正在为实现宏伟目标而奋斗。他们的运作方式与公立教育的科层制迥然有异，以其全新的做法和理念向公立教育科层制治理的教育观和组织观提出了挑战。

---

① Olson, R. A. Teacher Private Practices in a Public School Setting. In Private Sector Initiatives in Educational Reform, Proceedings of a Conference,1987:50.

二、从需求的角度看市场取向的公立教育治理

择校（School Choice），也称学校选择，在公立教育治理的市场取向中是比较典型的，"择校是解决公立中小学现存治理问题中被讨论最为广泛的方法"[①]。因此，这里选取择校这一形式进行分析。择校指为家长（及学生）提供的选择，是一种通过给学生而不是学校拨付教育经费的理念和实践形式。"改革者想根本改变教育的集体、公立教育政策的性质并把教育放在个体的手中。为了使得个体选择最大化，学生甚至可以在公立学校与私立学校之间进行选择，而选择的权利将转移到家长和社区成员手中。"[②]所以择校主要是通过赋予教育服务需求方（家长及学生）一定范围内自由选择学校的权力来达到公立教育科层制治理的根本改变。

（一）择校由来

在美国，一般采取就近入学（指公立学校）的政策，每个学区划定就学片。就学片是根据地理、行政、社会政治等各种因素确定的。它由学区教育委员会和行政部门共同划定，原则上住在同一片的学生必须在该片上学。尽管如此，择校在一定阶层一定范围内却早已存在，著名的项目如Pell Grant，G. I. 法案。[③]该法案可谓择校的教育思想和实践的早期典型形式，只是择校的群体是退伍军人，备择学校是高校。此外，有条件的家长可以通过选择合适的居住地来选择学校。研究发现，53%的公立学校的家长说他们住在现有居住地的主要原因是为了选择他们子女所上的学校。[④]因此，部分群体的某种形式的择校在美国早就存在。

迄今为止，虽然法律并没有强迫规定孩子必须上公立学校，但几百万孩子因为经济原因却没有选择学校的权利，只能就近入学。因此，没有选择权的是贫穷阶层。正如一位学者所说，"在美国……除非他们有足够的经济基础，或者不同寻常的运气和努力，否则他们无法替他们的孩子选择学校"[⑤]。而现在择校的一个新趋势就是使得学校选择成为大众阶层的权力，其与过去择校形式的主要区别是择校的群体平民化，可供选择的学校的范围亦扩大到公立中小学教育领域以及私立学校，这意味着越来越多的择校得到了政府的财政资助。截至2014年，全美共有

---

① Simon Hakim. Restructuring Education: Innovations And Evaluations Of Alternative Systems. Praeger Publishers, 2000:47.

② Paul C. Bauman. Governing Education: Public sector reform or privatization. A Simon & Schuster Company,1996:120.

③ 始于1944年，是一个为退伍军人接受高质量的高等教育而服务的法案，其最大的特点在于政府提供资金，军人自由选择高等教育机构接受教育.

④ Simon Hakim. Restructuring Education： Innovations And Evaluations Of Alternative Systems. Praeger Publishers,2000:47~63.

⑤ Chester E. Finn. Charter Schools in Action: Renewing Public Education. Princeton University Press, 2000:61.

学券项目（School Voucher Programs）21个，遍及全美18个州以及哥伦比亚特区和科罗拉多州道格拉斯县。2013—2014学年，全美有115 580名学生参与私立学校学券项目，全国学券项目总资金达12亿美元。此外，不少州政府还通过纳税抵免方式鼓励个人和企业通过捐助形式为择校做贡献，从而允许更多学生能够通过择校进入私立学校。2014年，14个州正式实施"税收抵免—资助奖学金项目"，其中半数州从2011年实施此项目。2013—2014学年，企业和个人为"税收抵免—资助奖学金"项目提供的捐助达5.5亿美元，为大约19万名学生支付了学费进行择校，就择校人数而言，是美国继特许学校之后最大的择校项目。其运作很简单：个人或企业若向奖学金颁发机构（Scholarship Granting Organizations，以下简称"SGOs"）进行捐助（奖学金颁发机构再将捐助的钱用于向符合条件的择校生以奖学金形式提供学费，学生凭此类奖学金进行择校），则州政府允许进行捐助的个人或企业获得税收抵免（抵扣额度因各州而异），该项目最突出的好处就是将孩子选择教育的权力交到了学生及家长手里。

（二）择校的含义

与择校密切相关的一个概念是学券，想要进一步理解择校的含义，还必须阐释择校与学券之间的关系。此外，不少人对择校与私有化、合同承包的区别也不是很清楚，因此笔者通过对比来进一步阐述择校的含义。

择校与学券（或称教育券）：学券一词译自英文Education Voucher, School Voucher 或Tuition Voucher，是指政府发给学生家长的票券，家长可以使用该票券在政府批准的学校中支付学费。学券是用来实施择校的一种工具，正因为如此，有不少人将择校与学券视为等同。在传统的公立教育治理中，学生入学的基本原则是"服从分配、就近入学"，家长和学生基本上没有选择的余地，而学券制则旨在改变这一传统的入学政策，由政府发给家长相当于一定金额的凭券，家长凭此凭券可以向他所选择的学校支付学费，学校再凭得到的学券从政府处兑换现金，某所学校被越多的学生选择，该校得到的资金则越多。学券制的思想即是希望通过学校之间的生源竞争来提高公立教育的质量。此外，择校除使用学券工具以外，还可以采用奖学金（Scholarship）等形式，这些形式包括（但不限于）教育储蓄账户、个人税收抵免等。例如，奖学金形式主要是指由私人机构或者非营利机构为学生提供学费供其选择学校，也有学者将此种形式归类为教育券中的私立券，即由私人机构或慈善机构提供给学生全部或部分学费供其择校。就奖学金的实质而言，仍然是为学生择校提供资金，只不过资金来源是政府之外（个人、企业或非营利组织等）的渠道，学券的资金来源则是政府。

择校、私有化与合同承包：私有化这个名词近年来使用非常频繁，但其含义却非常模糊。如不少人将私人公司承包公立教育的校舍建设、学校董事会签订合同雇佣或付费聘请法律顾问、与私人组织或机构签订合同管理公立教育等都称为私有化。但是笔者认为不应该将私有化的含义过于泛化，尤其要注意澄清合同承包与私有化的区别。多年以来，公立学区通过签订合同的方式来获得各种各样的服务。例如，公立教育的校舍建设一般都是承包给私人公司，学区常常与一些公司签订合同让公司为学校提供食品、交通等服务，越来越多的学区与公司签订合同，让其提供其他方面的服务等。与此类似的是学校可以与公司签订合同，让这些公司为学区或董事会管理学校，如爱迪生管理集团签订合同为学区运作学校。有专家指出，这种"教育领域私有化"是"一种撼动现在公立教育（管理）结构的根基的思想"①。这种方式确切地说应该都属于合同承包，而不是私有化，因为只是公立教育的部分功能转由通过私人合同的方式运作，但其性质仍然属于公立教育，因为它们受到合同的管辖，并为政府所控制。

而私有化则大不相同，它要清除或取代公立教育，完全由私人拥有和管理学校。学校可以是各种类型，如宗教学校、非宗教学校，以营利为目的、不以营利为目的，它们既不由学区运营也不受学区的合同管辖。当然，它们由某个实体所有，由代表这个实体的董事会所管理，但是它们不再处于国家科层制控制之下。

合同承包与择校都是公立教育治理市场取向的基本方式，不一样的是，前者是通过将供给方（学校）的部分功能交由市场运作而进行的，而择校则主要指通过需求方（公立学校的学生及家长）的选择来进行运作，通过政府的资助（以学券等形式）在公立教育内部或超出公立教育的范围（在私立学校或私人组织管理、运营的学校）进行选择，从而促进公立教育治理的市场化。因此，要注意它们之间的区分。

（三）择校的类型

择校的类型多种多样，从择校的范围是否受限制来看，择校一般存在两种不同的表现形式：一种是家长（和学生）对于学校的选择限于公立学校，这种选择也称为"限制性择校（Controlled Choice）"；另一种形式是家长（和学生）可以在公立学校和私立学校之间进行选择。从学生（及家长）择校的对象来说，至少可以列举七种不同的择校类型。②

整个教育系统的开放入学——允许家长把孩子送到私立学校；

学区间的开放入学——允许家长把孩子送到附近学校、本学区的其他公立教

---

① Robert G. Owens. Organizational Behavior in Education: Instructional Leadership and School Reform. Needham Heights, MA: Allyn and Bacon A Pearson Educational Company, 2001:371.

② 还有一种择校的学校对象是特许学校（Charter School），已经成为学生择校的最主要类型，因特许学校比较特殊，是美国公立学校管理创新的典型形式，但已经超出市场取向公立教育治理的范畴了，因此另列专章讲述.

育或其他学区的公立学校；

学区内的开放入学——学校选择局限在学区内的公立学校；

小型学校或校中校——教育选择是在一个特定的学校内提供；

中学后选择——允许学生在邻近的中学后机构中参加课程，而不是参加中学的最后一年的课程；

微型学券制——面向一定数量的符合条件的学生，允许他们在居住地的学校之外购买特定的和有限的服务；

第二机会或继续学校——面向从中学辍学或有可能辍学的学生，通常是学校在非传统的制度如社区中提供特殊的项目。

此外，因为择校的最大特点在于通过给予家长资助的形式来授予家长择校权，所以从资助家长的不同形式也可以对择校进行分类。如前所述，择校是消费者（家长）从需求的角度推动的公立教育市场化变革，与其所获得的学券和奖学金（以保证其对于某所学校的需求的实现）密切相关，因此根据择校的不同性质，也有不同形式的学券、奖学金或教育储蓄账户等形式。具体可以分为以下几类：

1. 学券（Voucher）

目前在美国实行的学券因州和地区而异，全美学券项目有26个，在15个州以及华盛顿特区推行。归纳起来其学券可以分为以下三种类型：

（1）通用券：这种学券适用于所有适龄学生，不受申请者收入状况、学校地理位置等因素限制，学生家长可以将所得学券用于任何一所公立学校或私立学校。

（2）有限券：这种学券虽然同样允许学生自行选择公立学校或私立学校就读，但对学券申请者或学校的收入状况、申请数量、地理位置、券额及用途等因素作了一些限制，只有符合条件者才可以享用。

（3）城镇券：这种学券主要适用于那些没有设立公立学校的城镇和地区，允许家长将学生送至其他地区（可以是州内或州外）的公立或私立学校就读。

2. 奖学金（Scholarship）

主要是指通过私立的个人或机构资助学生的形式，美国目前至少有39个州的100多个城市设有奖学金式择校项目。[①]前文说述的"纳税抵免—资助奖学金"项目就是全美最有影响的奖学金式择校项目，该项目目前数量达21个，在17个州实施，其中亚利桑那州为全美首个实施该项目的州（在学券项目被宣布为违宪之后）。

---

① 孙霄兵. 教育的公正与利益：中外教育经济政策研究[M]. 华东师范大学出版社，2005:85.

3. 教育储蓄账户（Educaiton Savings Account）

教育储蓄账户将公共资金放入政府授权的教育储蓄账户，如果家长决定孩子不上公立学校（择校），则该资金能够用于支付择校生的私立学校学杂费、网上学习项目收费、私人辅导、社区学院费用以及其他高等教育费用等。目前教育储蓄账户在 5 个州实施：亚利桑那、佛罗里达、密西西比、内华达和田纳西。

4. 个人纳税抵免（Individual Tax Credits or Individual Tax Deductions）

个人纳税抵免是指经州政府同意，家长在孩子的相关教育项目的支出（包括私立学校学费、书费、教辅材料费用、往返学校的交通费用等）可以抵扣或免除部分应缴税额。其中个人纳税抵扣（Individual Tax Credits）和个人纳税减免（Individual Tax Deductions）在操作形式上有所区别，个人纳税抵扣指在个人应缴税额中直接减去部分税，而个人纳税减免指在计算纳税基数时直接从个人收入中减去相关教育支出费用（从而减少了个人所缴税额）。目前实施个人纳税抵扣政策的有5个州：阿拉巴马、伊利诺伊、爱荷华、明尼苏达和南卡罗莱纳，其中南卡罗来纳州的个人纳税抵扣额度最大，抵扣额达每名学生10 000美元或学生选择某所学校的实际支出。实施个人纳税减免政策的有4个州：印第安纳、路易斯安那、明尼苏达和威斯康星，其中威斯康星州的个人纳税减免额度最大，高中学生为10 000美元（K-8年级为4000美元），而明尼苏达州的个人纳税减免政策实施最早（1955年），政策也最为宽松（所有有孩子上学的家庭都享有个人纳税减免）。

三、美国联邦政府关于择校的政策沿革

虽然早在20世纪80年代初美国就有了择校的尝试，但"择校运动"在美国真正受到广泛关注并形成气候是从80年代末才开始的，里根政府的"择校"思想以及社会对教育改革的关注点由"平等"转向"卓越"是择校形成气候的重要因素。90年代初，已有若干州制订了限制性择校的计划。自此，无论实施力度和具体内容如何，历届联邦政府均对择校予以了关注，并出台了相应的政策。

（一）乔治·布什执政时期的择校政策

1991年，美国政府提出了"美国2000年教育战略（America 2000：An Education Strategy）"，其中就包含了基于市场的"择校"政策，允许家长进行广泛而自由的"择校"，而且"这种选择将适用于除了立法机关认定宪法所不允许的所有学校"。[①]这就意味着私立学校有可能通过学券计划得到政府的部分补助经费，即部分公共教育经费将随着政府的这一计划而流向私立学校。这是对美国教育经费管理体制的一大突破，也引发了极大的争议，在有的地方争议甚至上升至对簿公

① 国家教育发展研究中心. 发达国家教育改革动向与趋势（第四集）[M]. 人民教育出版社，1992:563.

堂。虽然教育券计划争议颇多，但在政府的大力倡导下，到 1992年共有27个州制定了相关法规，威斯康星州和佛罗里达州等少数地方实行由公款资助的教育券计划。①

（二）克林顿执政时期的择校政策

克林顿总统就职后，于1994年颁布《2000年目标：美国教育法》（Goals 2000: Educate America Act），取代了"美国2000年教育战略"，正式将特许学校作为公立学校改革措施纳入联邦政府的教育政策。1998 年 10 月，克林顿签署《特许学校扩展法》，这是特许学校发展的一个重要里程碑。此时期虽然"择校"政策继续实施，但在强调以择校推动公立学校之间进行竞争的同时，反对通过学券方式向私立学校提供公共教育经费，并注重构建全国性的课程标准和考试制度来控制"择校"的教育产出，实际上降低了择校的力度。不过，在克林顿执政期间，"择校"获得了美国民意的广泛支持，尤其是作为学校管理的创新形式——特许学校在此期间获得了快速发展，并成为迄今为止影响最大的教育改革措施之一。然而，后文将要分析的是，特许学校虽然是择校的一种形式，但它更多表现为一种公民社会自愿参与学校教育的正规化形式，此时已不仅仅是市场力量在其中的介入了，显示了择校在实践中的发展与创新。

（三）乔治·W·布什执政时期的择校政策

乔治·W·布什（小布什）执政后，于2002年签署了《不让一个孩子落伍法》，此法又恢复了乔治· 布什关于以公共教育经费补助私立学校的学券计划，它强调赋予家长选择权，刺激学校改革，提高中小学的教育质量。以此思想为指导，紧接着美国教育部出台了《美国教育部2002—2007年战略规划》，并于2002年年底颁布了一份配套性的政策指南《公立学校选择》。该指南非常详尽地阐释了联邦政府关于择校的政策导向和基本要求，并对择校的一些争议性问题做出了回答和回应。自此，美国联邦政府致力于借助择校给予各州和各学区更多的灵活性的政策即在实践中得以大力展开。例如，政府规定：在薄弱学校限期整改之后，若学生的考试成绩仍无起色，则政府向薄弱学校的学生提供"承诺奖学金"和"机会奖学金"项目，使低收入家庭学生可以转学到私立学校、跨区转学或获得强化辅导，并且在转入新学校后仍可获得资助。此外，建立更多高质量的特许学校、增加学生获得辅导的机会以及给家长更多信息，以赋予家长对孩子教育的更多的选择权。在政府的推动下，择校成为美国教育改革中提高教育质量的重要手段之一，再一次受到了特别强调。

当然，政府的政策在实施过程中无疑会遇到很多问题。例如，面临政府赋予

① 韩娟.美国政治生态环境中的择校政策演变：从老布什到奥巴马[J].上海教育科研，2011（6）：21.

家长择校的权利，大多数家长却不愿让学生转学。如盖洛甫民意测验中心于2003年5月随机访谈了1011名成年人，结果发现只有25％的人赞成把孩子转入别的学校，而74％的人赞成对现有学校进行改进。因此，合法转校学生中只有一小部分人会提出申请。并且，即使家长提出转校申请，也很可能因为被申请学校过分拥挤而得不到批准，或是学生居住地附近没有可供选择的学校。例如，2003年纽约市大约有30万学生可合法转校，但只有8000人转入了较好的学校。芝加哥2003年有27万学生可合法转校，1.9万人提出了申请，获批准的仅1100人，只占合法学生的0.4％。亚特兰大2003年有10多万中小学学生可合法转校，实际转校的也只有800人，不到1％。①

（四）奥巴马执政时期的择校政策

2009年1月20日起，美国进入奥巴马时代。由于来自党内保守派和教师工会利益集团的强大压力，使其择校政策从激进的教育券计划退回到相对温和的特许学校计划，主张通过拨款资助优质特许学校的创办与发展。2009年11月，奥巴马政府颁布总金额达40亿美元的"竞争卓越"（Race to the Top）教育革新计划，具体改革内容包括兴建更多的"政府特许学校"，为家长及学生提供更多的教育选择机会，并鼓励学校采用全新和有效的教学方法，以最终提升美国教育水准。按照"竞争卓越"计划，那些努力推动特许学校、将教师评估建立在学生考试分数之上的州从联邦政府获得经费。②2015年12月，奥巴马签署《每一个学生成功法（Every Student Succeeds Act）》，成为一项全新的基础教育立法，正式取代《不让一个孩子落伍法》。该法的最大特点是将教育管理的权利重新从联邦政府下放给州和地方学区，并赋予家长更多的知情权和参与权，给予家长更多的择校机会，提升家长的高质量选择。其主要表现为鼓励高质量特许学校模式的推广和扩大，并优先资助基于证据的"磁石学校"项目，包括跨学区和地区的"磁石学校"项目。③由此看出，虽然法律名称有变更，但奥巴马政府的择校政策同样趋于保守。

综合以上美国联邦政府关于择校的政策沿革，可以看出，不论围绕"择校"存在什么样的问题和争论，择校成为美国联邦政府推行教育治理解科层改革的重要举措已是不争的事实。当然，需要指出的是，联邦政府的中央政策虽对地方择

---

① 余强. 美国《不让一个孩子掉队法》的实施近况和问题[J]. 世界教育信息，2004(11).

② 韩娟. 美国政治生态环境中的择校政策演变：从老布什到奥巴马[J]. 上海教育科研. 2011（6）：22-23.

③ 磁石学校是美国的特色学校之一，创建于20世纪60年代，该学校类型全部是由联邦政府、州、学区提供经费支持的公立学校。磁石学校可以依学生的兴趣特点开设丰富多彩的课程，并设有特色的教学主题以适合学生的成长和发展，以此为"磁石"吸引不同学区、不同种族的学生生源。它以促进种族融合、改进教学质量为宗旨，已经成为美国公立学校办学模式改革的重要表现形式。

校政策有指导、推动乃至一定程度的强制的作用，但联邦政府对地方择校政策及择校实践的影响依然有限。由于美国国情和文化的特殊性，择校政策会因各州和各地具体情况不同而不同，由此也导致了在实践中美国择校形式和实施范围的多样化，这也解释了虽然美国联邦政府在择校政策上出现了"钟摆现象（在激进和保守之间摇摆）"，但作为市场取向公立教育治理的择校在美国依然势头不减。

四、公立教育解科层治理市场取向的案例及分析

鉴于篇幅所限，这里选择学券项目及奖学金项目作为择校的典型案例进行分析。

案例一：米尔沃基学券项目（Milwaukee Voucher Program）

威斯康星州米尔沃基学区的学券项目是美国首个政府资助的公、私立学校间的择校项目，该项目名称为"威斯康星—米尔沃基家长学校项目（Wisconsin-Milwaukee Parental Choice Program）"，从20世纪80年代末期开始运作，并于1990年正式启动，2015—2016学年参与该项目的学生达27 619人，共117所学校参与。其最大的改革之处在于对参与项目的学校和学生而言，一改过去"就近入学，按生均拨款"的政策，给学生一定数额的学券，供其在一定范围内自由选择公立或私立学校上学，学校则凭收到的学券到政府处"兑现"。1991—2016年每年参与项目的学生人数如图1所示。

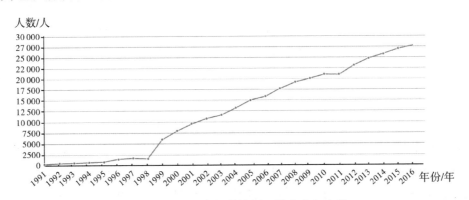

图1 米尔沃基家长学校项目学生参与人数

学生择校的条件：居住在米尔沃基，家庭收入不超过联邦贫困线300%（2016—2017年，家庭人数为四人，家庭收入72 900美元）；同时，如果学生的家长（法定监护人）结婚，家庭收入增加幅度限定在7000美元以内。往年已参加该项目且当年继续参加的学生或往年已列入择校候选人列表（但因学校学位紧张未能入学）的学生不受当年家庭收入限制，学生一旦获得一张学券则拥有该学券的持有和使用权，不会因其家庭未来收入变动而受影响。

学生资助的额度：在1996—1997年财政年度中，每位参与择校的学生选择上某所私立学校，州则给予该学校4373美元的学费，相当于州给予米尔沃基传统公立学校的生均支出。但是因为4373美元只是该学区财政支出的一半多一点（学区财政中除了州拨付一半左右，地区还要拨付另一半），因此在米尔沃基生均支出远高于4373美元。2014—2015学年学券平均面值为7366美元，最大的学券面值为公立学校生均支出的67%。2015—2016学年，8年级学券最大面值为7214美元，9~12年级为7860美元，每学年学券支付随威斯康星公立学校生均拨款的递增而递增。9~12年级学生的父母收入若高于联邦贫困线220%（2016—2017年，家庭人数为四人，家庭收入53 460美元），则在择校时除递交学券之外可能还要另缴部分学费。

择校的限定：Henig认为这项改革实践"比所有其他的项目都更接近福里德曼预想的学券模式"[①]。但该项目因其规模小而且有诸多规定的限制，可能也并非符合福氏的本意。米尔沃基项目的限制表现在：就申请学券的学生而言，只有达到一定条件的学生才可以选择退出公立学校而选择私立学校（参与学券的学生的家庭收入低于贫困线1.75倍，2005年放宽至2.2倍，后来逐渐放宽至3倍）。本人已在私立学校上学或在米尔沃基学区之外上学的学生不能参加学券项目。就加入该项目的学校而言，不是所有的学校都能列入备择学校之列，其标准是：私立学校与宗教没有联系（1998年后，政策放宽至宗教学校可以参与），要达到关于入学、家长参与和学生成绩方面的一定的标准。在选择学生方面，学校不能带有种族、宗教、性别、以往学习成绩方面的歧视。如果申请加入某一学校的学生过多，学校应该采用随机选择的办法。对于任何加入该项目的学校，择校的学生只能占49%（1995年开始则可以达到100%，即备择学校所有的学生都可以是接受学券的学生）。在米尔沃基公立学校系统中参加择校项目的学生不能超过1%（1998年开始增至15%，2003年该州又进一步取消了此限制）。

择校的成效：关于米尔沃基项目的成效，系统研究并不多，其中比较有影响的是1990—1995年间威斯康星大学的政治学家约翰·惠特（John Witte）及其同事的研究。[②]John Witte运用几种分析方法对学券项目的学生与米尔沃基传统公立学校的来自低收入家庭的学生进行对比。他采用相似特点组分析方法得出的结论是：最好的情况是择校学生与控制组学生的成绩一样好，但是他们的成绩也可能比控制组更糟糕。他还采用了回归分析等方法，得出的结论是：在控制其他因素的情况下，如家庭收入、种族等，参与择校的学生与匹配组的公立学校的学生之间的

---

① Henig, J. R. Rethinking School Choice: Limits of the Market Metaphor. Princeton, N. J.: Princeton University Press, 1994:110.

② 2006年还展开了一项针对此项目的研究，由乔治城大学公共政策所的专题研究小组——择校课题组率头，为期5年，目的在于围绕学券的诸多问题展开具有事实依据的研究.

成绩改变没有统计意义上的显著性差异。然而，尽管在成绩上没有差异，但是，他发现参与择校的家长对选择的学校的满意度一致高于对以前的米尔沃基传统公立学校的满意度。

对于米尔沃基家长选择项目的研究结论不一，有的认为其实施效果积极，有的则认为实施效果不佳。有意思的是，这些研究结论都来自John Witte研究报告的数据。对于Witte最猛烈的批评来自Peterson，Greene和Noyes。[1]他们批评的核心在于Witte的方法论策略。他们认为，Witte选择的控制组可能本来就比选择的学生成绩好，而且其统计分析方法也不正确。他们认为控制组的合理选择应该是那些申请选择学校但因人数过多而采用随机的方式被拒绝的学生，因为这种学生与实验组学生具有更大的相似性。Witte承认这种方法理论上虽合理，但是实际上不合适，因为存在磨损率的问题，从而减少了实验和控制组的规模，因此也导致统计分析中不能得出一般性的结论。

案例二：佛罗里达纳税抵扣奖学金项目

佛罗里达纳税抵扣奖学金项目（Florida Tax Credit Scholarship Program）于2001年启动，针对对象是来自低收入家庭的学生。在美国择校项目中，佛罗里达纳税抵扣奖学金项目是全美最大的项目之一，自项目启动以来参与人数逐年递增，2015—2016学年，共有78 353名学生参与（详见图2）。在家庭收入方面符合申请要求的家庭中有35%参与了该项目，参与学校达1594所。奖学金颁发组织有两个，奖学金面值平均约5367美元，奖学金面额占公立学校生均支出的64%。

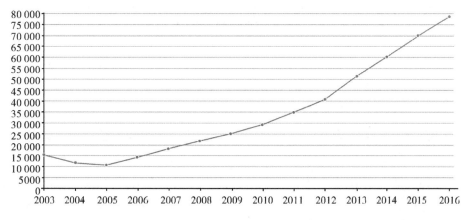

图2　佛罗里达纳税抵扣奖学金项目参与人数

资助额度：奖学金预算上限为4.47亿美元（如果奖学金已达到上限的90%，则奖学金上限提高25%），同时，如果资金来源有保障的话，每位学生的奖学金额度可逐年增长。每份奖学金面值最大为5677美元（但不会超过学生所选私立学校的学

① Peterson, P. E., J. P. Greene, C. Noyes. School Choice in Milwaukee，1996: 38-56.

费和杂费之和）。公立学校交通补助为500美元。

申请条件：具备以下条件的学生可以申请：获得免费和低价午餐的学生（2016—2017学年，家庭人数为四人，收入44 955美元）；在公立学校上学或即将进入5年级就读的学生；寄养的学生。对于已经获得奖学金的学生，如果其家庭收入提高，只要不超过联邦贫困线的230%，学生仍然可以获得全额奖学金；2016—2017学年，学生家庭收入不超过联邦贫困线260%者可以申请。但是，如果学生家庭收入在联邦贫困线的200%~260%，学生获得的年资助额度则相应减少12%~50%。此外，已经获得奖学金的学生，其兄弟姐妹只要与其同在一个家庭生活，也有资格申请，且对于已获奖学金的学生而言，其家庭收入限制将取消。寄养的学生或在其家庭以外寄养中心的学生可以随时提交奖学金申请。

对备择学校的规定：参与奖学金项目的备择学校需获得州政府许可并对获得参与奖学金项目的学生进行国家常模参照测试；学校需每年就是否符合当地和州健康及安全法规向州政府提交年度报告；学校必须遵守联邦法案有关非歧视的规定；与奖学金获得者有教学关系的教师和教工必须接受联邦对于其身世背景的检查；所有接受奖学金数额超过25万美元的学校必须向州政府提交财务报告；学校内奖学金获得者必须接受国家认可的常模参照测试或公立学校测评。若备择学校3~10年级有30名以上的学生，则必须张贴告示标准化测试分数。

第二节　公立教育解科层治理市场取向的理论研究

作为公立教育解科层治理的市场取向的理论，其基本的假定是科层的、等级的公立教育治理问题重重，问题的核心在于传统的科层化管理体制在生源上的垄断性和办学经费的无风险性成为公立学校绩效低下的根源。"一些意在改革美国公立学校教育的人士认为：应该抛弃由国家通过民主控制（科层制）来管理公立教育的传统，代之以一个全新的制度——由市场来进行间接的管理。"[①]所谓市场取向思想，即是破除公立教育管理的政府垄断的科层制理念，主张将公立教育治理的一部分功能主要交给市场去运作，"在政府公共服务输出领域引进市场机制"[②]。由此，市场取向的公立教育解科层治理理论的一个基本思想就是："就如在私立部门里作出的其他选择一样，学校政策应该建立在供给与需求的市场力

---

① Robert G. Owens. Organizational Behavior in Education: Instructional Leadership and School Reform. Needham Heights, MA: Allyn and Bacon A Pearson Educational Company, 2001:371.

② 宋世明. 美国行政改革研究[M]. 国家行政学院出版社，1999:98.

量的基础上。"①该理论认为传统的治理思想不可避免地产生了科层制，并使得民主最终成为妥协的产物以至产生了许多混乱和矛盾。因此，一方面要解放需求方（家长），给予它从供给方（学校）供给中进行选择的权利，使学校之间为吸引顾客而竞争，从而对于顾客的需要方面产生更好的回应；另一方面，在于解放供给方，解除政府对于供给方的科层式垄断，允许市场参与到教育的供给方来进行竞争。本节意在对市场取向的公立教育解科层治理的理论进行探讨。

公立教育治理的市场取向的理论渊源是"小政府理论"，即认为政府功能是有限的，市场经济能够承担的功能，政府就不应该承担，而市场经济实在不能承担的功能才由政府来承担。在公立教育治理中，应该发挥市场的作用，才能够破除政府对公立教育的科层制式的垄断，因此公立教育解科层治理的关键在于重整政府与市场的关系，利用市场在教育治理某些方面的优化配置功能，达到提高公立教育治理效率的目的。该理论的提出应该说由来已久，从亚当·斯密、约翰·斯图亚特·米尔到米尔顿·福里德曼、特利·查布等人，都对该理论做出了贡献，下文首先简述公立教育解科层治理的市场取向的思想沿革，然后对该理论的主要思想进行梳理。

一、公立教育解科层治理的市场取向理论的思想沿革

实际上，采用自由的市场机制来解决教育治理的问题并非新思想，可以追溯到亚当·斯密、托马斯·佩因等市场理论的倡导者②。通过学生而非学校来给教育拨款（择校）的思想首先是由亚当·斯密在1776年的《国富论》中提出，他虽然倡导免费的义务教育，但他认为在学校教育的经费提供方面，应该通过家长选择学校，而后由政府向学校支付教育费用的方式。如果通过政府直接向学校支付教育经费，教师会缺乏努力工作的动力，这一思想与他所提出的古典经济学对生产者行为的要求是一致的。1792年托马斯·佩因在《人类的权利》中进一步发展了亚当·斯密的思想，他在该书的第二部分提出向学生提供教育经费的数额和程序，甚至提倡应该成立一个由当时教区区长和每一个宗教派别的教长组成的机构来共同管理教育经费供给的市场化的实施。此外，托马斯·杰斐逊也是该思想的倡导者，他曾于1779年任弗吉尼亚的州长。他提议一个为期三年的学校项目，为那些支付不起学费的学生提供奖学金，其向公立学校提供经费的方式的实质类似现在的择校。1859年，约翰·斯图亚特·米尔在他的《论自由》中，首次考察了政府要求

---

① Paul C. Bauman. Governing Education: Public Sector Reform or Privatization. A Simon & Schuster Company, 1996:119.

② Simon Hakim. Restructuring Education: Innovations and Evaluations of Alternative Systems. Praeger Publishers, 2000:47-63.

公民接受最基本的教育和提供教育经费之间的关系。他认为政府在法律上保证人人享有受教育的权力并提供教育经费就可以了，而政府自身不必成为实施教育的工具（亲自来提供教育服务）。此后，还有众多学者提出了同样的思想，但在1955年以前，均未引起广泛关注。

公立教育解科层治理的市场取向理论的广泛流行主要归功于自由主义经济学家米尔顿·弗里德曼，他是目前流行的开放的市场（即不受政府干预或控制的市场）理论的先驱。1955年，他发表了《政府在教育中的作用》，为后来的择校奠定了理论基础。在该书中，他力主的观点是"就配置社会服务而言，竞争性的市场机制远胜于国家经营的科层制"①。由此，他把市场经济可能性的思路扩展到了公共政策领域，认为学校教育不应该是政府提供的服务而应该是自由的市场的一部分，明确提出了政府的作用是为教育提供经费而非提供教育服务（直接从事教育），并建议用学券来解决公立教育存在的问题。他认为应该采取公众行为来保证社会的所有成员的充分教育。而这种公众行为不应该仅限于要求家长送孩子上学，而是要为无法负担孩子教育的家庭提供补助。因此，政府教育经费提供和教育服务提供结合的做法应该而且能够分离。经费提供应该通过为家庭提供教育券的形式来购买教育服务。家长应该能够自由地花费学券并且在学券的基础上增加投资。而且，教育服务可以通过其他的组织来供给，包括营利公司和非营利机构。政府在这个过程中的角色应该限制在保证维持最低的标准。该思想的最大优势是允许教育供给者之间的竞争，为促进创新的公立学校实践提供了强大的推动力。虽然弗里德曼的提议与政治保守主义的提议明显相关，其思想亦未曾立即付诸实践，但他的思想的随后发展却逐渐为自由的政治思想者所采纳，并由许多追随者开拓了这项实践。

此外，社会学家Christopher Jencks也于1996年提出了市场取向教育治理有助于弥补内城区的公立学校困境的观点。②Jencks之所以提出市场取向的思想，是因为他观察到美国内城公立学校的糟糕状况。他认为，这些学校面临的问题来自教育系统的科层的实质，以及教师和管理者的工资太低。"这种系统其首要的信条是每个人，在每一个层次上，是无能和不负责任的。"结果，创新思想不可能从处于等级制中的下端产生，而自上而下的改革也难以实施。在如何改革内城的公立学校系统的问题上，他提出运用政府资助的教育学券或者"学费补助"，与私立学校的供给结合起来，其好处在于：第一，私立学校的参与会触及教育管理的根本问题；第二，运用学费补助能够结束就近入学的（不好的）学校的局面。这种

① 冯大鸣. 美、英、澳教育管理的前沿图景[M]. 教育科学出版社，2004:160.

② Simon Hakim. Restructuring Education: Innovations And Evaluations Of Alternative Systems. Praeger Publishers, 2000:48.

方式对现有的公立学校系统有所损害，但是"我们不能让过去的成绩阻碍我们对于未来的洞察"。在这个理论基础上，他还进行了Alum Rock实验。他比弗里德曼相对简单、直接的学券计划更为复杂，包括对申请者如何选择学校作出规定、学校如何选择申请者、在申请者过多的情况下如何进行抽签等，因此他的思想是弗里德曼关于市场取向公立教育治理的发展和具体化。

上述学者关于公立教育治理市场取向的思想理论并没有直接针对公立教育治理的整个制度，但是它们均触及了公立教育治理的重要（或者说核心）方面——教育经费的提供方式的改变，即虽然主张教育经费的主要供给主体应该是政府，但是政府供给的方式应该引入市场机制。实际上，其最根本的思想就是主张公立教育的治理应该在政府宽松管理下的市场机制中运行，从而提高公立教育资源的配置效率，这也是公立教育解科层治理的市场化取向的重要的理论渊源。

二、关于公立教育解科层治理市场取向的经济学理论[①]

公立教育治理的市场取向的理论旨在解决公立学校科层制治理的问题，其主要观点来自经济学观点："经济学的某些重要观点与市场为本的学校改革的思想是相关的。"[②]经济学是一门研究社会怎样分配稀缺资源从而更好满足相互竞争的需要的科学。从经济学视角看，公立教育治理就是一个经济问题，因为必要的资源——如教学楼、设施、设备、教师管理者等都需要资金——是稀缺的，必须和其他需求竞争。"美国人在传统上选择在民主的政治控制的框架内（即科层制）作出有关学校教育的决策，但是自由市场的提倡者选择市场也似乎是可行的。"[③]自由市场的观念还常常得到来自保守主义思想的支持，他们认为用市场的方法来解决公立教育治理的问题要优于其他方法，尤其要优于所谓"政府的方法"，主张采用市场的方法来解决公立教育治理的问题。这种经济学理论的理论基础就是鼓励竞争、减少政府干预的古典经济学，即通过市场和个人的理性选择行为来实现教育服务的生产者（提供者）的利益最大化和消费者效用的最大化，这个原则具体地说就是市场竞争的原则。

从古典经济学的角度来思考公立教育治理问题实际上是把教育作为一种消费商品，竞争可以促进资源配置的最优化并使生产者提供最好质量的产品和服务。就教育而言，政府不应该作为教育服务的直接提供者而出现，因为这样会形成对教育市场的垄断，即政府对公立学校的直接的税收支持会扭曲学校教育的消费者

---

① 李战鹰. 美国学券制理论争议探析[D]. 北京师范大学国际与比较教育研究所, 1999.

② Robert G. Owens. Organizational Behavior in Education: Instructional Leadership and School Reform. Needham Heights, MA: Allyn and Bacon A Pearson Educational Company, 2001:371.

③ 同上书，第374-375页.

和生产者的动机。消费者动机被扭曲是因为学生按照政府的规定"分片入学"，而不是随意选择该区以外的公立或者私立学校入学（选择上私立学校还要交学费）。生产者动机被扭曲是因为某区的公立学校对该区居民子女入学具有一定的垄断权力。因此，即使这些公立学校不能提供家长所期望的教育类型和质量，也仍然有稳定的生源。

从理论上说，要提高教育资源的配置效率，就要通过市场机制引起教育服务的提供者之间的相互竞争，从而消除生产者和消费者动机被扭曲的局面。一方面，通过解放教育需求方（家长），将教育经费的供给方式通过家长在市场中的选择，促进学校之间的竞争；另一方面，通过解除政府对于教育供给方（教育服务的提供者）的垄断，让其他的营利机构和非营利机构参与教育供给的竞争，这样就可以促进教育服务的有效供给和提高教育资源的使用效率。以学券制思想为例，它主张政府机构为学生家长提供学券，孩子入学时，家长把学券交给学校，学校再拿学券到政府机构去兑换现金——纳税人的公共税收。这样，学校的资金是直接由它所能招收的学生数量决定。如果某所学校没有吸引足够的学生入学，将在财政上面临困境而被迫关门，在这样一种机制下，学校想要生存，就必须对市场需求做出反应，因而这种竞争能促使其提高办学质量。

三、关于公立教育解科层治理市场取向的政治学理论

虽然公立教育治理市场取向思想的直接来源是经济学理论，但是从政治学的角度来分析公立教育治理问题的某些研究也不约而同导致了市场取向思想的倡导。其中，对该理论贡献最大的是美国政治学家查布和莫尔，他们于1990年出版的《政治、市场和美国的学校》，成为20世纪90年代以来市场取向理论探讨的中心，推动了关于公立教育治理市场取向的讨论以及后来的择校实践。当然，他们的思想也招致了诸多批评，这些批评有的质疑其理论假设，有的质疑其经验分析方法。

查布和莫尔在对公立和私立学校进行比较分析的基础上得出的结论是：教育管理会影响学校的内部组织特征从而影响学生的学习成绩。他们分三步论述了这一结论：第一，他们以前人的研究为基础进行分析后，认为学校的组织是影响学生成绩的因素之一（其他三个因素是学生入校的基础、学生家庭的社会经济水平以及学生群体的社会经济状况）；第二，在学校成功（学术成绩的提高方面）中学校组织的自治是最重要的因素，即影响学生成绩的因素并不只是学生的智商和家庭背景，更重要的是依赖于学校是如何组织的，例如强有力的领导、明确的教学目标、优秀的学习项目、教师之间的良好合作、有序的教学气氛等组织特征直接影响公立学校学生的成绩；第三，上述学校的组织特征是由管理（控制）学校

的政治制度所决定的，即学校的组织特征取决于该学校是如何被治理的——教育管理决定了学校的组织特征。科层无疑是美国学校组织运行不良的症结所在，它导致了公立学校在生产教育产品和提供教育服务方面的效率低下。科层的民主控制的制度与学校自治是相违背的，也与学校的成功相违背。如果公立学校要变得有效，对于公立学校管理（控制）的制度一定要改变。要以新的教育管理制度替代现有的教育管理制度，这种新的教育制度必须剔除集权化的科层制并把权力直接授予学校、家长和学生。

因此，为了使这种新的教育治理制度得以实施，就要根除传统的培养科层作风的教育管理体制（它扼杀了有效学校所要求的组织自治），而培育从其本质上加强有效学校所必须拥有的自治的市场。在市场中，因为消费者不会购买低效学校的产品（即教育），因此这些学校会从市场上消失，而在科层制中的低效学校无视其低效却仍能保留在这个行业中的现象将不复存在。实施这种从民主的直接控制（科层控制）转向间接的市场控制的变革的具体做法就是为每位孩子的家长提供学券，学券由公共财政部门负责兑现。家长凭学券可以在任何学校上学——不论是公立学校还是私立学校，宗教学校还是非宗教学校——只要符合各州规定的最低标准并愿意接收学生。每所学校自行制订入学标准（当然要符合各州规定的最低要求如非歧视性的规定）。凭着这个简单明了、论证有力的建议，查布和莫尔掀起了一场全国性的讨论：市场中的家长—学生选择是否能够替代在美国流行了一个多世纪、通过直接民主控制的方法对公立学校进行管理的科层制传统？

此外，Andrew Coulson力图从历史根据中证明用市场方法解决公立教育治理问题的正确性。[①] 他的研究结论是：历史事实一再说明，竞争的教育市场在公共服务方面一直比国家运行的教育体制（科层制体制）做得更好。原因在于，教育优异的四个基本因素为：家长的选择、经济职责、教育家的自由和市场动因，拥有这些特征的学校体制能够满足我们个人的教育需要和共同的教育目标。而政府运作的教育治理体制缺乏的就是这些基本因素。

上述种种理论在美国产生了重大影响，对于美国公立教育以市场力量进行解科层治理的实践取向起了推波助澜的作用，20世纪90年代以来市场取向的公立教育解科层治理在美国持续不断的实施是该理论影响的明让。

① Andrew, J. Coulson. Market Education: The Unknown History. Brunswick, NJL Transaction Publishers, 1999.

第三节　对公立教育解科层治理市场取向的评析

本章前两节对公立教育解科层治理的市场取向的实践与理论进行了梳理，然而需要进一步解决的问题是：公立教育解科层治理的市场取向实践的效果究竟如何？其理论本身是否存在问题？而这两大问题还与另外一个关键问题密切相关：成功实施公立教育解科层治理的市场取向需要什么条件？

一、对公立教育解科层治理市场取向的实践评析

如前所述，鉴于公立教育解科层治理市场取向的实践表现形式很多，又因篇幅所限，再者笔者所掌握的材料亦有限，本部分内容不准备对所有的实践形式作全面的评价，而是选取择校这一典型的形式来评析，因此下文主要是关于择校的分析。

关于择校的实践，有关方面的评价非常多，并且众说纷纭，以此为基础，笔者梳理出了目前美国公立教育治理中关于择校实践的几个重要问题的探讨与分析。[①]由于很多问题的研究只是局部性的而非全局性的，是个案性的而非普遍性的，因此这里的分析主要是结合局部样本和个案研究来进行的。

（一）就择校的支持群体而言

从政治党派的角度而言，共和党比民主党更支持择校；从不同的社会阶级层次而言，对当地学校比较满意的中产阶级、郊区家庭对择校的支持不强，对于择校的最大支持群体来自生活在中心城区的低收入、少数民族家庭。斯坦福大学教授莫尔的一项的研究显示，79%的内城区穷人支持"学券计划"，而在条件更加优越的社区居住的白人中支持择校的比例只有59%[②]。该研究与1997年"Phi Delta Kappan"所做的民意测验结果一致：72%的黑人支持学券，而总体人口的支持率只有48%[③]。

（二）就家长择校动机而言

择校提倡者认为，他们想通过给予家长在学校之间的选择而授权家长。但是批评者指出，家长（特别是来自贫困家庭的家长）并没有足够的信息作出明智的选择，即使做了选择，也不是把学术质量放在首要考虑之列。例如，教师促进卡内基基金会认为："当家长真的选择另外一所学校之时，对学术质量的关注常常并不是（他们）决定（选择某所学校）的中心问题（而更关心诸如学校纪律、地

---

①　Diane Ravitch. The Brookings Papers on Education Policy. New York: the Brooking Institution, 1999:376−390.

②　同上书，第377页.

③　同上.

理位置等问题）。"[①]

而上述观点在"克莱夫兰择校项目"中学券接受者的家长中却没有得到支持：85%进行择校的家长说，他们之所以择校是想"提高（学生的）学术质量，列在第二位的则是学校的安全，再次是学校地点、宗教以及朋友（建议）等原因"[②]。同时，据福斯对于马萨诸塞选择项目的研究以及Goldhaber所做的"国家教育纵向研究（National Educational Longitudinal Study of 1988）"的数据显示，家长对学校的选择是以学术质量为基础的。

（三）就择校对于学生的影响而言

关于这个问题的最早实验是于20世纪70年代在加利福尼亚的Alum Rock进行的，采用学券的形式为家长提供选择。研究结果认为，学券对于学生成绩的影响难以确定。但是，有研究发现家长对于选择的学校更加满意，学生的行为和态度比以前更加积极。采用经典的随机实验，对于择校的研究表明：尽管择校项目的测试分数总体而言是积极的，但择校是否能提高学生的成绩却并没有得到明确的证实。[③]如对于Cleveland的研究结果表明，择校在所有的科目中的测试分数显示出积极的结果（比择校前的成绩有所提高），但是这些结果也许是因为选择效应（而不是选择学校本身）。如择校学生有可能是不利群体，要不他们的家长为何要从公立学校中撤出呢？因此，是否是择校本身导致的测试成绩的提高还难以定论。

而关于择校对于公立学校的学生的影响问题，反对择校的卡内基基金会和美国教师联合会都认为择校对公立学校的学生不利。其观点是：一方面来自优势群体家庭的更有能力的孩子会首先离开公立学校；另一方面公立学校对于择校带来的挑战也不会做出反应。但是，这些观点却没有得到现有数据的支持。首先，家庭背景较好的孩子一般不会离开他们所上的公立学校来参加内城的选择项目。其次，影响公立学校孩子学习成绩的主要因素并不是同伴影响。因此，没有参加择校的公立学校的孩子（择校剩下的孩子）面临的主要问题不是缺乏有能力的同伴的影响，而是许多内城的学习风气不好。至于公立学校面临挑战的问题，有研究发现，如果公立学校在面对来自私立学校的压力时，公立学校学生的学习收获会更大。[④]例如Caroline发现，当公立学校面临择校而产生更大的竞争之时，家长对公立学校的参与增加了，学生成绩提高了，更多的学生能上大学等。

---

① Paul Peterson. Caroline Minter Hoxby. Analyzing School Choice Refroms Using America Traditional Froms Of Paredtal Choice, 1998:144.

② Diane Ravitch. The Brookings Papers on Education Policy. New York: the Brooking Institution, 1999:382.

③ 同上书，第390页.

④ Diane Ravitch . The Brookings Papers on Education Policy. New York: the Brooking Institution, 1999:401—402.

（四）就择校对社会的影响而言

首先，从公平性角度看，择校的社会影响是比较复杂的。在某些方面得到学券（或者奖学金）者属于教育不利群体、经济不利家庭，因此有利于社会的公平。例如，关于学校选择项目的研究发现：当择校项目严格限制在低收入家庭时，该项目能够成功地招收不利群体的子女[①]。塞纳德等人对于该项研究得出的结论是[②]：在公立学校的选择中，非洲裔美国人和西班牙裔美国人比亚洲裔美国人和白人更可能利用选择的机会，而处于更低的教育层次的家长同样也更有可能利用选择的机会。但在某些方面，奖学金的接受者并非是最不利的家庭。因为许多择校政策规定了学券受益者的条件（如家庭收入在某个标准以下），因此利用择校机会的群体有不少是不利群体，这体现了一定的公平原则，但是即使在利用择校机会的不利群体中，也还存在一定的分化，例如家长受教育程度越高，越有可能利用择校机会。因此，可能产生不利群体中受教育程度低者对择校机会的利用较低的相对不公平的问题。还有研究者指出，择校并不能带来真正的教育公平，对于很多弱势家庭来说，他们想选择优质学校还受制于两大难题：选择能力和交通障碍。弱势家庭普遍缺乏获取充分信息和合理分析信息的能力，在面对纷繁复杂的学校信息时往往不知所措；而跨区择校往往带来交通上的不便，给弱势家庭增加了交通开支和精力投入的压力，除非政府实行免费接送的政策（例如美国亚利桑那州的李县），但这样又给政府增加了财政负担。

其次，教育的目的不仅仅是数学和阅读，还要为民主社会培养公民。择校是否能够促进教育的民主化？一些研究认为，家长们倾向于选择与自己的种族/民族背景类同的学校，这种"同伴效应"可能会增加新的种族隔离和社会阶层隔离。[③]还有一些批评者认为，择校只会强化学校的分化，只有政府运作的学校能够坚持民主。普林斯顿理论学家Amy Gutmann说："公立而非私立学校的学校教育……是教育未来的公民的主要方式。"[④]相反，一些择校的支持者则指出：尽管有上述种种担心存在，但是择校的批评者并没有提供证据说择校会使美国走向分裂。研究数据表明私立学校的种族融合程度不仅不比公立学校差，而且更不可能成为极端种族隔离学校。[⑤]

最后，从消费者满意度看，根据Paul Perterson等人的研究结果，择校比公立学

---

① Diane Ravitch. The Brookings Papers on Education Policy. New York: the Brooking Institution, 1999:386.

② Schneider, B. , K. S. Schiller, J. S. Coleman. Public School Choice: Some Evidence from the National Educational Longitudinal Study of 1988. Educational Evaluation and Policy Analysis ,1996(18): 19−29.

③ 冯大鸣. 美、英、澳管理前沿图景[M]. 教育科学出版社，2004:168.

④ Amy Gutmann. Democratic Education. Princeton University Press,1987:70.

⑤ Diane Ravitch. The Brookings Papers on Education Policy. New York: The Brooking Institution,1999:398.

校更受欢迎。该研究结果得到了许多系统研究的支持。[1]因此，如果从消费者满意的角度看，消费者对于择校无疑是满意的。

总之，关于公立教育治理中择校实践的几个重要方面的探讨涉及政党、家长、学生、不利群体、传统的公立学校、社会等各个方面，虽然很多问题尚无定论，而且不论是个体的还是团体的研究，其研究结果尚未为市场取向公立教育治理的效果提供有用的分析方法。但有关这些问题的讨论对于我们分析市场取向的公立教育解科层治理无疑具有重要的意义。在所有的研究中，一个一致的结果就是市场取向公立教育治理带来了更大程度的家长参与。但是，这可能仅仅是市场取向公立教育治理项目的要求，或者是自我选择的结果，而不一定是市场取向公立教育治理方法必然的结果。虽然有一些研究显示学生成绩在市场取向公立教育治理环境下提高了，但是这些研究结果还受到了采用其他分析方法对同一市场取向公立教育治理项目进行分析的其他研究者的质疑。因此，表明市场取向公立教育治理中学生成绩提高的结果也只是尝试性的。

截至目前，从公立教育治理角度看，择校这一实践形式所取得的效果也并没有显示公立教育治理的市场化取向是一剂"灵丹妙药"，能够有效解决公立教育治理的科层制问题。但有一点可以肯定的是，它的确是美国公立教育治理的创新形式——借助市场力量来实现解科层的目的，从而对于如何重新思考美国公立教育治理具有重要的启发。正因为如此，哥伦比亚大学教师学院的院长Arthur Levine虽然对学券项目持反对态度，但也"勉强承认"："一定的学券项目对于上最糟糕的公立学校的最贫困的美国人来说是重要的"。[2]但择校在何种范围何种程度上如何进行仍然是亟待解决的实践问题。

二、对公立教育解科层治理市场取向的理论探讨

虽然关于市场取向公立教育治理思想的本身存在许多分歧，但关于市场取向公立教育治理的争论从实质上说却是大致相似的。这里从理论上分析公立教育解科层治理市场取向的利弊，并大致从教育供给方（学校及其相关的组织）以及教育需求方（学生及其家长）两个方面来探讨。

（一）公立教育解科层治理市场取向之利

从教育供给方即学校的角度说，市场取向公立教育治理的思想认为市场机制对于作为组织的学校具有有益的影响，传统的公立学校系统的弊病在于过于为科层制规则所束缚、过于单一化。因此，学校领导大量的时间和精力都花在满足科

---

[1] Diane Ravitch. The Brookings Papers on Education Policy. New York: The Brooking Institution,1999:883.

[2] Arthur Levine. Why I An Reluctantly Backing Vouchers. Wall Street Journal June 15, 1998: 28.

层的上级规定而不是放在提高他们为顾客（学生）提供的教育服务上。一旦解除教育供给由政府垄断的状态（达到解科层的状态），允许个人或者私有公司进入公立教育供给的行列，会引起教育供给方之间的竞争并提高教育供给的质量。

同时，市场取向公立教育治理制度将有望促进学校对于学生的回应性。因为学校财政将以他们所拥有（吸引）的学生数量为基础，这样他们就必须对学生的需要给出回应。而且，这种市场的动力将与学校的科层制管理相抗衡，因为学校要对顾客具有回应性就必须在教学实践、课程内容、教师雇佣等方面拥有更大程度的自治。因此，满足学生需要的动力和减少来自政府科层制的规则控制，将带来比传统公立学校更多的创新，并推动教育服务效益的改进。

从需求方即学生和家长的角度来说，市场取向公立教育治理承诺的是打破现有的以地理界限为基础的学生被分配就近入学的科层制，这会带来学生与学校之间更好的配置。如果一所学校不能满足某位学生的需要，他可以转校，这样的政策给予了学生和家长更大的自由，不仅提高了家长的参与，还具有公平的意义。因此，市场取向公立教育治理的倡导者提出市场取向公立教育治理会促进公平，因为来自低收入家庭的学生将再也不受就近入学的限制。而且，打破地域限制还会提高学校人口的多样化程度。最后，政府能够直接运用这种与市场取向公立教育治理相关联的财政机制来解决公平问题，如可以为不利群体学生提供更大额度的补助。

（二）公立教育解科层治理市场取向之弊

但是，公立教育解科层治理市场取向也遇到了很大的阻力，阻力一方面来自理论本身存在的问题，另一方面在于现有公立学校教育的制度并非没有一点优势，甚至有人还提出公立教育的问题并非内在制度性的，而是可以在公立学校内部解决的。

从供给方（学校）角度来说，市场取向公立教育治理制度有可能导致现有的学校系统的分裂。而学校教育质量的提高在深层次和根本性的改进更多要依靠校内和谐团结的、专业性的共同体的建设。特别是在美国这样一个高度多元化的社会中，需要的是促进社会凝聚力的共同价值的传输，市场取向公立教育治理可能会减少学校的一致性，破坏共同价值的传授。[①]而且，即使多元化是教育目标之一，但它也可以在现有的制度中得以实现。事实上，许多人认为现有的制度是高度多元化的。

此外，在现有的公立学校制度中，学生需要与学校之间的配置是比较合理的。提供更大的选择性的市场配置将会使学校选择学生，发生"掐尖现象Cream-

---

① Henig, J. R. Rethinking School Choice: Limits of the Market Metaphor. Princeton: Princeton University Press, 1994.

Skimming，指有选择权的学校把好的学生挑走）"。这样不但没有解决公平问题，反而还加剧了现在的不公平。因此，公立教育解科层治理市场取向可能带来不公平的问题不容忽视。一系列经验和历史事实表明，不同的社会种族和阶层对不同的资源的获得存在内在的不平等性，这样严重影响了选择的自由，而自由市场的建立对于不利群体的需要是漠不关心的。这样，如果没有一定的规定来保证平等，自由市场的解决方式会加剧本来已存在的教育机会的不平等现象。[①]

同时，从效益—成本角度看，引进市场取向公立教育治理的花费——如向家长提供关于学校的信息所花费的成本、接送学生到学校的交通费用——是相当大的，这些花费如果节省下来可以运用到更有效的地方去。[②] 同时，市场取向公立教育治理并不必然带来教育效率的提高，还可能因学校学生人口组成变化与学校面临的财政不稳定而影响学生的学习。

从需求方学生及家长角度来说，市场取向公立教育治理也会带来一些潜在的问题。以美国学者对择校的分析为例：从择校的范围看，与其让家长在现有的糟糕的学校之间进行选择，还不如努力提高所有学校的质量；从有特殊需要的学生看，有特殊需要的学生会因为市场取向公立教育治理而受到损失，因为学校出于学校基础设施、教师需要以及其他学生的需要等问题，会不愿意接收有特殊需要的学生；从择校原因看，在市场取向公立教育治理中，家长和学生可能会因为非学术的原因而选择学校；从公平角度看，家长如果要做出恰当的选择还需要高效的信息[③]，这导致来自较低层次社会经济背景的家庭做出合理择校决定的能力将不敌处于相对更高层次的家庭，这样就产生了不公平；最后，从选择的性质看，家长（及学生）在自由市场的选择系统中的参与降为仅仅是消费者对于预先规定的项目的参与。其参与是被迫在他没有参与过程制订的项目中进行选择，因此这种选择是没有主权性的。其结果是消费者的一种消极的自由，而不是一种积极的、自我决定的选择。[④]

因此，市场取向公立教育治理的核心问题在于市场取向公立教育治理是否能够促进供给方（学校）的组织有效性（效益）：这种市场化的方式究竟是能够促进学校的竞争性和回应性，还是会导致公立学校由于竞争而走向原子化（分裂

---

① Dale T. Snauwaert. Democracy, Education, and Governance: A Developmental Conception. Albany. State University of New York Press, 1993:89.

② Wells A. S. Time To Choose：America at the Crossroads of School Choice Policy. New York： Hill And Wang,1993.

③ Bryk A. S. , V. E. Lee. Is Politics and Problem and Markets the Answer? Economics of Education Review, 1992, 11(4): 439-451.

④ Dale T. Snauwaert. Democracy, Education, and Governance: A Developmental Conception. Albany. State University of New York Press, 1993:89.

51

化）？市场取向公立教育治理是促进了需求方（学生及家长）之间的公平还是加剧了学生之间的不平等？实际上这两个问题又可以归结为一个问题：市场取向公立教育治理是否促进了（学校的）效益和（学生的）公平？笔者认为不能简单地断定市场取向公立教育治理一定促进了教育的效益和公平或者阻碍了效益和公平。在一定条件下，市场取向公立教育治理的确促进了教育的效益与公平，而在有的情况下，却导致了相反的效果，这是因为公立教育解科层治理市场取向的成功实施还依赖于许多条件。

三、成功实施公立教育解科层治理市场取向的条件

前文已述，无论从实践还是理论角度看，市场取向公立教育治理的确是针对公立学校传统科层治理方式的一种变革，其实质在于通过市场力量的引进来解决公立教育治理的问题，从而达到解科层的目的，但其在实践中的影响究竟是好是坏仍存在很大争议，其理论究竟是否站得住脚还有待验证。这只能说明一个问题：市场取向公立教育治理并非公立教育解科层治理的万灵药，要成功贯彻市场取向公立教育治理理念、有效实施市场取向公立教育治理的实践，取决于一些前提条件。

（一）信息问题

信息是公立教育解科层治理市场取向的一个重要基础，如果市场中的家长在进行决策时对于信息的把握不完全，则容易导致选择（如择校）行为的失误（即出现所谓信息不对称的问题）。如何解决公立教育治理市场取向中的信息问题？这里至少有两个方面可以提供参考：

第一，根据微观经济学理论，市场是为边缘性消费者的行为所驱动的。只要至少有一些消费者参与市场，那么就会产生"金钱外在性"，即拥有信息的消费者保护没有拥有信息的消费者不受生产者的剥削[①]。这样，即使只有一小部分学生（消费者）对于广大学校的产品的质量拥有高效的信息，教育市场要运作良好以及提高所有学校的总体水平还是可能的，这就为解决信息不对称问题提供了一条思路：最重要的是有关学校质量的信息应该真实，客观是解决信息问题的前提，如果学校的信息真实、客观，即使只有一小部分人充分知晓信息，市场的动机也会促使这种信息传播。

第二，如何保证学校质量的信息真实？对于消费者来说，关于学校质量的信息很难评估。但是因为学校教育的特殊性，常常会出现第二派信息源（除学校之

---

① Schwartz, A., and L. L. Wilde. Intervening in Markets on the Basis of Imperfect Information: A Legal and Economic Analysis. University of Pennsylvania Law Review, 1979, 127(3): 630-682.

外的信息来源，例如家长和社会对于学校的非正式的评价）——在市场取向公立教育治理环境中，第二派信息源除了来自评价和报告学校质量的政府组织外，还可能来自非政府组织，因此在保证学校信息的真实性中如何运用正式评估与非正式评估产生和传播信息是一个重要问题。所以要保证有关学校的信息真实、高质量，还需要家长与公民社会的参与，发挥第二派信息的作用。此外，在市场取向的教育治理制度安排中，学校本身有更强的动机去参与信息传播过程来为他们的产品（教育服务）做广告，因此政府如何进行合理规制让学校参与信息发布是一个新挑战。

（二）成本效益问题

成本效益问题也是市场取向公立教育治理讨论常涉及的问题。就教育而言，效益指的是这样一种状态：同样的成本支出产生更高的学生成绩，或者学生的成绩以更低的成本产生（成绩测量可以从广义上定义为不仅仅是测试分数而且还包括学生入学率、毕业率，以及向高等教育的输送率）。一些经济学家指出，虽然随着时间的推移公立教育投入的资源更多，但是对于成绩的测试却没有加强，甚至还下降了。[1]实际花费的提高却没有相应的成绩测量的加强，意味着资源利用的效率不高。一项数据表明，1990年比1960年的生均实际花费提高了172%（而学生成绩却并无显著提高）。[2]据此有人提出教育物品的非公立的供给也许能解决公立部门效率不高的问题[3]。于是市场取向公立教育治理的支持者认为市场取向公立教育治理改革会促进教育产品的效益，但是目前为止的研究尚未表明公立教育治理的市场取向真正提高了公立教育服务的效益。

市场取向公立教育治理是否能够提高公立学校的效益，从而达到良好的成本效益状态仍然是一个关系公立教育解科层市场取向如何成功实施的关键性问题。因此，政府应该组织专家对此进行专门的研究。该研究不仅应该直接关注市场取向公立教育治理方面，还应该关注私立学校的研究，不仅因为私立学校"有时与公立学校市场化研究……相互交叉"[4]，而且还因为它是目前存在了很长一段历史的市场取向治理的实践形式（只不过不是公立教育系统内的市场取向）。因此在成本效益研究中一方面是加大研究的深度，另一方面是拓宽研究的广度。

---

① Simon Hakim, Daniel J. Ryan, Judith C. Stull. Restructuring Education: Innovations and Evaluations of Alternative Systems. Praeger Publishers, 2000:136.

② National Center for Education Statistics. Digest of Education Statistic. Washington, D. C. : U. S. Department of Education, 1995:82.

③ Baumol W. J. Health Care, Education and the Cost Disease: A looming Crisis for Public Choice. Public Choice, 1993, 77(1):17-28.

④ Henig J. R. Rethinking School Choice: Limits of the Market Metaphor. Princeton, N. J. : Princeton University Press, 1994.

（三）评估问题

1. 评估问题的表现

目前，美国已经进行了不少市场取向公立教育治理的实验，但是迄今为止的经验研究既非一致支持加强市场取向公立教育治理，也非放弃市场取向公立教育治理，而是各执一词。因此，加强对教育市场取向的现有实践形式的评估也是保证公立教育解科层治理成功实施的重要条件。在关于评估问题的讨论中，应该注意的问题是：第一，不可能产生一种一次性能够评估所有市场取向公立教育治理的评估。第二，目前关于公立教育市场取向实践形式的评估提供的一些信息，虽然有一定作用，但却不是系统的信息而只是相互零散的信息。第三，对于市场取向公立教育治理的评估会受到政治矛盾的影响，很难有一个中立的评估机构。

2. 评估问题的解决

从理论上说，要对市场取向公立教育治理进行有科学意义的评估是可能的，但得依靠教育工作者的进一步研究。研究可以采取经典的社会实验方式：随机把学生分配到"实验组"与"控制组"，并制订对结果的合理评价体系。但是，要进行这种科学实验需要充分的时间、条件以及市场取向公立教育治理的规模，这在现实中难以做到。其原因很多，主要表现在：（1）这些实践项目的时间都不长，只有有限的实践项目供学者进行系统的研究。（2）就目前已经进行的研究来说，还没有多少采用控制组研究，因此很难确定所观察到的家长和学生行为改变的原因。该原因可能来自市场取向公立教育治理改革之外而不是市场取向治理改革本身。

这就为如何进行实际的、具有操作性的评估提供了方向：评估者可以最大限度地利用现有的"自然实验"。这些实验不可能有上述实验需要的理想效度，也许还会存在"选择偏向"。实验的积极和消极层面都有可能出现，对于同一项市场取向公立教育治理项目的解释可能截然不同。但是，"自然实验"仍然是研究的重要方向。此外，进行真正科学的实验和评估会遇到许多现实障碍和政治障碍，这就需要政府、研究专家以及学校之间的配合，一方面要加强对现有市场取向的教育实践形式的研究，另一方面要尽可能创造实验条件进行科学评估。

四、解科层治理市场取向的实践与理论对我国公立教育治理的启发

在对于公立教育解科层治理市场取向的实践与理论进行评析之后，可以肯定的一点是，在公立教育治理中，人们对于运用市场力量进行公立教育解科层治理的兴趣会继续存在，表现在以下几种趋势中：

（1）继续倡导市场取向公立教育治理的思想将会加强教育管理改革的压力。

因为教育占有美国地方和州财政的相当份额，对于这样一项规模宏大、日益重要的"工程"如何进行更有效的教育管理始终是改革者关注的领域和目标。对于我国基础教育行政管理改革而言，同样如此。正如美国目前公立教育治理的现状及改革趋势所显示的那样，虽然公立教育完全市场化暂时不能实现，然而教育治理在某些方面的市场取向却为教育行政管理改革提出了全新挑战。

（2）人们越来越意识到受过良好培训、能够适应变化着的社会的劳动力的重要性，这将很可能促进教育管理的改革。个体如果要形成良好的知识功底和技能基础，就必须要接受高质量的学校教育。对于现在许多公立学校效率低下的失望将导致个体对于改革的谨慎选择。在解决这些问题时，对于加强市场取向公立教育治理的支持将会使教育的学术界和实践领域很难抛弃这一思想。因此，在我国的基础教育领域，一些以市场为动力的私立学校的出现并不是偶然的，这种现象即使在一些经济发展水平并不高的农村也同样存在（见背景资料1），它表明了社会对选择较高质量的教育需求的存在，这对于传统的科层制下由政府统一提供公立教育的治理模式提出了一定的挑战。

背景资料1

苍山县隶属山东临沂市。在苍山，私立学校发展迅速，一个兰陵镇就有3所规模很大的私立学校。一方面，一些年轻优秀的教师纷纷加盟；另一方面，很多家庭条件好的农民也把孩子转入私立学校。在湖北罗田县，我们发现虽然当地经济不甚发达，但是依然存在一般农村很少见的私立学校。根据当地学生及家长反映，私立学校不但硬件条件要远远优于公办中学，教师水平也远远高于公办学校。而这些教师的来源则主要为曾经在公办学校工作了很长时间并已小有名气的当地名师。他们之所以进入私立学校任教，主要是因为私立学校待遇要远远优于公办学校。这些曾经是公办学校骨干的教师进入私立学校后，使得公办学校软件与硬件都难与私立学校相比。进入公办学校就读的学生相当于进了当地的二流学校。由于私立学校费用比较昂贵，一般农村家庭子女很难承担起这样一笔开支，只能选择公办学校。同时，私立学校还通过对成绩特别优异的学生减免费用来吸引他们就读，从而提高生源质量。如此一来，公办学校不仅师资上落后于私立学校，就连生源质量也远不如对手，老师和学生的工作与学习热情难免会受到打击。

资料来源：郑燕峰，《长大贵贱不当老师》，文载《中国青年报》，转引自网络更新日期2006年1月16日，http://learning.sohu.com/20060116/n241459105.shtml；王永新，让每个孩子都拥有平等的教育机会——暑期赴湖北罗田社会实践心得，网络更新日期2005年，http://hustlife.bokee.com/3187124.html

（3）市场取向公立教育治理运动已经获得了相当的动力。虽然改革倡导者对于公立教育治理的市场化改革的实践感到失望，但是他们可能会继续不断地在这方面施加改革的压力。例如，许多将私立学校包括在内的学券计划在美国呈增长之势[①]，一些私立机构资助的奖学金实践项目开始发展，旨在为贫穷的孩子保证高质量的教育提供机会。而择校项目在一些大城市的势头更强，如印第安那、圣安东尼奥、纽约、米尔沃基等地的择校项目正获得更多的支持。在我国，某种形式的学券制度也曾在一些地区开展（见背景资料2）。虽然我国实施学券制度的面临环境和美国有相当的差异，但政府利用这一具备某种市场因素的驱动力在根本上试图改变传统的公立教育科层制治理模式的决心却是一样的。

背景资料2

2001年，浙江省长兴县因为采用学券而受到关注。长兴县教委为上清泉武术学校义务教育阶段的长兴籍的学生们发放了学券。学生凭券入学，可减免500元杂费。第二年开始，这一范围扩展到就读小学、初中和职业高中的本县籍的中小学生。后来又发展出义务教育阶段各类学校的扶贫助学学券、补助薄弱高中和民办高中的学券以及农民技能培训学券等品种。截至2005年，长兴县教育局共发放各类学券（包括义务教育阶段学券，但不仅限于此阶段）25 261张，计737万余元。学券制一个最直接的结果是长兴县的民办学校和职业学校得到较快发展。

长兴的学券经验很快得到推广。在浙江其他地方，学券已经开始向义务教育及其他领域拓展。例如，瑞安市自2001年开始发放"教育助学凭证"，发放对象是在校生中的孤儿、家庭最低生活保障线以下的学生和其他有特殊困难的特困生。标准从300元到2000元不等，学生到学校注册，可凭证冲抵相应的学杂费和代管费。与过去的现金资助不同，学券确保了助学资金的足额使用。2003年7月，浙江省教育厅决定对困难家庭子女接受中小学教育采取学券的方式资助，在全省推广学券（浙教计〔2003〕164号）。2005年年底，浙江省开始在全省推广助贫学券制度。此外，杭州市上城区、温州瑞安市、衢州江山市、湖州长兴县和湖北监利县、四川成都青羊区等地，都纷纷根据各自的情况推行学券。

尽管随着时间推移，长兴学券历经了一些曲折和变化，甚至有人认为它已完成主要历史使命，正在告别历史舞台，但它"正以政策转移与扩散的方式在省内外以及教育领域以外实践"[②]。因此，学券在中国基础教育行政改革方面的意义非

---

① Martinez, V. J. , R. K. Godwin, F. R. Kemerer, L. Perna. The Consequences of School Choice: Who Leaves and Who Stays in Inner City. Social Quarterly ,1995,73(3): 485—501.

② 贺武华. "中国式"教育券：政策新生及其实践再推进——基于对长兴教育券的新近考察[J]. 教育学术月刊，2010(11):37—42.

同寻常。浙江大学民办教育研究中心主任吴华教授长期关注学券在中国的发展，他认为："学券的本质是改变公共教育资源的传统配置路径，通过引入基于学生平等受教育权利的非竞争性配置环节，使学校由原来从政府手中对公共教育资源进行直接竞争转变为通过吸引学生实现的间接竞争。由于改变了政府、学校和学生（家庭）之间的制衡机制，从而引发政府、学校行为方式的深刻变革，这也是学券制度对中国教育制度创新最重要的贡献。"

然而，对于学券在中国的实施，仍然存在诸多困难和阻力。首先，是现有体制的束缚。长兴市教育局副局长刘月琴说，面临学券制，公办学校校长们提出的问题是，现在学校得到的财政拨款，一大部分是教师工资，这属于国家统一的财政专用账户，县一级的机构谁也无权动；另外还有很多拨款，有的是政府对基建欠债的补偿，有的是政府对基础薄弱学校的扶植，公办学校与政府间的关系千丝万缕——这些都怎么化成学券？其次，学券还面临在实践推行中的利益团体的阻力，例如曾经有很多城市和地区的教育主管部门邀请吴华教授去做学券的方案设计，他坦承，因为各方面的阻力，有些已经设计好的方案并没能实施。此外，中国的学券与弗里德曼意义上的学券还有很大差距，因为学券所倡导的市场竞争思想需要一定的市场条件，学券最重要的思想是倡导家长（学生）凭学券采用"用脚投票"的方式来选择学校。虽然一些义务教育阶段学生持学券能够选择上非公立学校，但目前在浙江等地实行的义务教育阶段的学券主要用来扶持贫困学生，与原来贫困学生的补助金性质类似，学生持券选择其他学校的机会很小，因为学生能够选择的学校范围本身有限，而每名学生所得到的学券代表的钱也不能让他有足够的选择权。

资料来源：教育券的中国进行时，转引自网络更新日期2004年10月，http://finance. dayoo.com/gb/content/；何忠洲：中国福利制度反思，网络更新日期2006年12月，http://www. tianyablog.com/blogger/

承上所述，美国的市场取向公立教育治理的实践虽仍处于不成熟状态，但不可否认美国借助市场力量推进公立教育解科层治理的进程值得关注。这种公立教育治理的市场取向也已经得到我国决策者和研究者的关注，为我们未来的经验研究和理论发展带来重要的机会。当然，我们需要站在对国情、历史、文化以及教育发展现状充分掌握的基础上，对市场取向治理的决策形成的政治过程进行谨慎的研究。在此过程中，我们不仅需要继续关注美国公立教育治理的市场化取向在实践中的发展以及理论上的争论，而且更要对我国基础教育行政的实践和理论进行探索，放眼他国，立足本土，必将为我们基础教育行政改革带来新气象。

第二章 公立教育解科层治理的公民社会取向之实践与理论研究

在美国，公民社会在公立教育中的介入并非全新的现象，实际上，慈善团体以及家长参与公立教育在美国具有历史渊源。但是，这种参与却只是"边缘性"的，对公立教育所起的作用也很有限，更谈不上参与公立教育管理了。而目前的公立教育解科层治理的公民社会取向却大不相同，表现为公民社会在治理领域的介入作用大大加强并走向正规化，20世纪90年代以来特许学校的建立和稳健发展就是明证。多数专家认为，特许学校的思想源于美国教师联盟（American Federation Of Teachers）当选多年的主席Albert Shanker。他在1988年的一篇文章中明确提出"特许状（Charter）"一词，并提出特许学校的思想。1989年，Ray Budde在《特许学校在行动中》里提出了同样的思想。①本章将对特许学校这一公民社会介入公立教育治理的实践新形式进行深入分析，并就相关理论进行梳理，最后在实践与理论阐述的基础上对其进行进一步剖析。

---

① Chester E. Finn, Bruno V. Manno, Gregg Vanourek. Charter Schools in Action: Renewing Public Education. Princeton University Press, 2000:18.

第一节　公立教育解科层治理的公民社会取向的实践研究

针对公立教育治理的科层制问题，美国进行了多方面的解科层改革。进入20世纪90年代，一种重要的改革形式——特许学校，成为公立教育治理中的新亮点。自明尼苏达州于1991年通过了全国第一部特许学校法律并于1992年创建第一所特许学校以来，不少州紧随其后，并得到来自政府及社会各界的支持。自此，作为特殊而充满活力的公立教育的范例，特许学校在美国呈发展之势。统计表明，自90年代以来，特许学校的数量以每年两位数的速度持续增长，平均每年增加340所（1992—2014年数量增长见图1）。2013—2014学年，特许学校约6500所，在校生超过250万，42个州和华盛顿特区颁布了特许学校立法；过去10年间，特许学校在校生数增长了225%，新开办学校数量增长了118%，部分特许学校处于供不应求的状态。从2000年至2015年，短短15年的时间，特许学校在校生数增长了六倍。2013—2014学年，加利福尼亚州是特许学校就读人数居首位的州（共513 400名学生，占该州公立学校就读总人数的8%），华盛顿特区成为特许学校学生就读人数占公立学校就读总人数比例最高的地区（高达42%）。研究表明，总体而言，公众对特许学校的需求呈上升趋势，表现在两个方面：（1）想办特许学校的人越来越多，在不少州，特许学校申请者均超过本州有关部门规定的特许学校数的上限；（2）许多特许学校都有入校者等待队伍（因为容量有限导致申请不成功而需要等待的学生）。调查发现，70%的特许学校的申请者超过它们的容量，因此得出了这样的结论："如果成功与否是由家长和学生来判断的话，特许学校处于供不应求

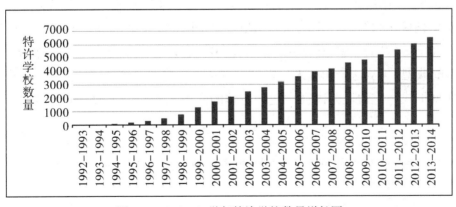

图1　1992—2014学年特许学校数量增长图

的状态。"①

特许学校的思想主要来源于对传统公立教育的批评："工厂式"的教育模式已经过时，"我们必须承认公立教育就像计划经济一样运作，在这个科层制中，每个人的角色都是事先安排好的，几乎没有创新的动力。难怪我们的学校没有进步"。为了解决公立教育治理的科层制问题，达到解科层的目的，特许学校的实践形式旨在提供"可供选择的独立的公立教育，不受规则约束但要为结果负责"②。

特许学校的性质首先是公立学校，由公共财政支持，但与传统的公立学校不同的是，它允许教师或其他人在一定的合同或特许状（Charter）规定下自行管理。只要学校遵守合同的规定，那么它就可以独立于公立教育董事会之外，能够有自己的人事权，制订自己的财政预算，并设计课程。从理论上说，特许学校是在特许状或者合同规定下、在法律上和财政方面具有自治性质的教育实体。特许状包括的条款涉及课程、成绩测试、管理和财政计划，并且是承办方（Operator）和主办方（Sponsor）之间进行协商的结果。承办方管理学校，主办方（或称审批者）监督特许状条款（的实施）。主办方因各州而异，可以是地方学校董事会、州教育董事会、大学、社区学院、学区、城市委员会或其他公立机关。就特许学校的来源来说，它既可以是现有的学校通过"转制（由政府举办转为政府之外的主体举办）"成为特许学校，也可以由现有的公立学校的一部分如"校中校"转型而来。此外，特许学校还可以是新创建的全新实体。

一、特许学校的性质——公民社会性

之所以说特许学校是公民社会取向的解科层治理，其原因在于特许学校是"公民社会的产物"。它"植根于社区（社区是公民社会重要的表现形式）。它们的本质仍然是教育的地方控制，地方自治，植根社区，为家长负责，需要通过吸引家长来维持财政……特许学校既是政府机构，又是公民社会的产物"③。特许学校是一种自愿的组织，不是强迫的也不是垄断的。它们坚定地依赖于社区得到发展，而不是依托科层机构来创办学校，事实上，它们是当代分析家称为"公民社会"的典型④。从这个角度来分析，笔者认为，特许学校是"公民社会"取向治理的典型形式，它通过公民社会这一主体的介入来实现公立教育的解科层治理，表现在：

---

① Chester E. Finn, Bruno V. Manno, Gregg Vanourek. Charter Schools in Action: Renewing Public Education. Princeton University Press, 2000:96.

② 同上书，第15页.

③ 同上书，第222页.

④ 马健生. 从特许学校运动看美国基础教育改革的发展趋势[J]. 比较教育研究，2000:75.

（1）公民的参与性。从创办主体来说，特许学校的创办主体几乎可以是任何人，如教师、家长、社区成员等，值得一提的是，许多特许学校是由家长与教师创办的，在这里作为创办者的家长与教师并非科层制中的"公务员"，也非以营利为目的的个人，因此他们同样表现出明显的公民社会性。基于此，特许学校中的教师、家长和社区成员均为公民社会成员。从资金方面来说，特许学校除了政府的资助，还可以广开渠道得到来自社会的资金。事实上，如果没有来自公民社会的资金，许多特许学校根本就无法开办。此外，从创办主体来说，许多特许学校干脆就是由公民开办的。

（2）特许学校具有自愿性，特许学校的承办者、学生、教师的最大的特点就是自愿性，这种自愿性也表明了明显的公民社会取向的性质：学生（及家长）凭兴趣选择某所特许学校，学生可进可出；而教师之所以自愿加入特许学校行列，主要原因在于特许学校的解科层性质的吸引力。国家教育协会1998年对特许学校教师的调查显示：80%的教师指出他们之所以选择特许学校是因为"不受学区规则和规定的约束"，61%的教师则是因为可以"自由地以自己的方式进行教学"[1]。

（3）非营利性。特许学校的性质是一种公立教育，它不以营利为目的。虽然目前也出现了少量由私立机构与特许学校签订合同来管理特许学校的例子，但也只是将特许学校的一部分功能交由它们运作，没有改变特许学校的实质，况且这种类型的运作也不是特许学校的主体。因此，目前为止特许学校的根本性质仍然是非营利性。

因此，特许学校的参与性、自愿性和非营利性体现出明显的公民社会性质。它与科层制下公立学校学生被分配入学、政府通过学区来具体运作学校、教师是"公务员"的治理模式相比，具有明显的解科层的性质。本节也主要从特许学校这一实践形式来分析美国公立教育解科层治理的公民社会取向，从教育治理的角度看，其实质是一种通过公民社会在治理中的参与而对抗公立教育科层制治理的政府垄断局面的解科层形式。该观点在以下对特许学校的进一步分析中会更加明确。

二、特许学校的含义

要准确理解特许学校的含义，还应澄清它与择校、公立学校和私立学校的关系。

---

[1]　Chester E. Finn, Bruno V. Manno, Gregg Vanourek. Charter Schools in Action: Renewing Public Education. Princeton University Press, 2000:88.

（一）特许学校与择校

就其实质而言，特许学校是公立教育制度中的实验学校，财政以生均支出为基础，反映学生所在学区的资金拨付模式。但是特许学校的一个明显特点是它有更大的自由来从学区以外的公民社会中筹集资金。择校则主要是一种市场化取向的治理形式，其政策重点放在解放教育需求方（学生及家长），给他们以物品选择的自由。从广义上说，特许学校也可以算是一种可供学生（及家长）选择的方式（只是特许学校旨在解放教育的供给方，使提供公立教育服务的学校解除科层制束缚），因此有不少人也将特许学校作为择校的一种。但是笔者认为，特许学校与一般择校的最大区别在于它的公民社会取向性。因此，这里主要从公民社会角度来进行分析。

（二）特许学校与公立学校的异同

作为公立学校，特许学校向所有学生开放（没有种族、宗教或学习能力的限制），以税收支持（不收学费），为结果负责（事实上，如果它要生存的话，要向主办机构负责，并对本校的学生和教师负责）。特许学校与一般公立学校的不同之处在于：（1）创办主体多元化，可以是教师、家长、社区成员等；（2）运作方式比较自主，在学校的运作上主要以自治为基础，州和地方政府对特许学校的规制相比传统的公立学校有了很大程度的放松；（3）入学的学生是择校的学生，而非如传统的公立学校那样经过"政府分派"的学生；（4）如果没有达到合同规定的结果，则面临被关闭的命运。

但是，特许学校与公立教育之间仍存在一定的关系，特许学校仍为公立教育，只是它改变了公立教育由政府主办、学监和学校董事会管理、公办教师在公立部门的科层体系中运作的传统；教育官员起到的是战略指导的作用，而不进行具体运作；政府提供资金但不直接提供学校教育服务，转而由公民社会直接提供学校教育服务。

（三）特许学校与私立学校的异同

特许学校与私立学校的相似之处在于：（1）特许学校也有较大程度的独立性，虽然它们要对"上面"的行政机构为结果而负责（比多数的私立学校为结果负责的程度高得多），但是在如何达到这些结果方面可以自由运作。像私立学校一样，它们在课程、教学、教师、财政预算、内部的组织安排等具有相当大的控制权。（2）像私立学校一样，学生都是在家长凭自己意愿选择的基础上进入特许学校，没有任何强迫的性质。

但是特许学校与私立学校的不同之处在于特许学校的实质仍然还是公立学校，接受政府的资金支持并受到政府（通过合同方式）的监督。

（四）"特许状"以及特许学校的运作过程

"特许状"本身就是一种正式的、具有法律性质的文件，是承办学校者与管理和监督这些学校的公立机构之间订立的合同，用特许学校的话语来说，前者是承办者或称创办者，后者是主办者。承办者可以是家长、教师、现有的社区组织，如医院、男孩女孩俱乐部、大学或日托中心，而在少数几个州则还可以是私有公司。传统的学校偶尔也申请创办特许学校。如一些公立学校不想受地方公立系统的约束，或者是一些原来收费的私立学校在司法审判的基础上，由学校董事会申请改为特许学校。申请必须列出申请创办特许学校的理由、特许学校的运作方式、预期结果、通过何种方式展示结果等。承办者可以与他人——包括私有公司或教育管理组织签订合同——让他们来管理学校，但是承办者仍然需要从法律上向主办者负责，主办者通常是州或地方学校董事会。在有些州，一些公立大学、县学校董事会、城市理事会也有权颁发特许状。如果主办者认可了某项申请，双方还要进一步磋商特许状中有关特许学校的期限事宜，一般为五年，但也有短至一年或长达十五年的。至此，特许学校就可以有很大的运作权了。如果一所学校成功了，自然有望续签合同，如果失败了则要关闭。若在运作过程中违反了任何它不得违反的法律或相关规定，也要提前关闭（如在1998—1999学年初有32所特许学校因为各种原因停办了）。

总之，从特许学校与公立学校、私立学校的区别及其运作过程可看出：特许学校是一种新式学校，是公立和私立学校的"杂交"。它与传统的公立教育有许多相似之处，同时又兼一些私立学校的特色，但与两者的差异也很显著。实际上，这也正是公民社会取向治理的典型特征的体现：它既具有公立学校追求教育公平的优点，又具有私立学校自愿、自由的优点。而归根结底，它是一种改变传统科层制治理、由政府制定"游戏规则"、让公民社会介入公立教育治理解科层的典型形式。

三、特许学校的特点

特许学校是在公立教育系统中的半自治学校，它是独立的实体，基本上独立于学区或州的科层制治理体系之外。因此，特许学校具有许多不同于传统科层制下公立学校的特点：

（一）就特许学校性质而言

由于美国各州情况各异，因此特许学校在各州之间的含义存在很大差别。但是，所有的州至少把特许学校界定为根据特定特许状来开办的公立教育。其主要特点是：

1. 办学自主，具有自治权

特许学校是独立的法人实体，办学自主。州授权某个或某些负责任的公立组织机构来主办特许学校，该组织机构可以是州教育委员会、公立大学、新的州代理机构或城市委员会、农村委员会等；承办者可以是教师、家长或其他社区成员。特许学校的承办者除了要遵守有关健康、安全，以及学校承办者与主办者之间签订的合同规定外，只要达到合同规定的要求，可以免受科层制规章制度的束缚，在学校的具体运作方面可以有比较大的自主权。特许学校是法人实体，有经自己选举产生的董事会。教师可以成立工会，但这种工会不受学区教师工会协商的合同限制。特许学校还可以自由地决定他们自己的工作条件和管理制度，包括选择其合作伙伴。

2. 特许学校要为结果负责

每所特许学校要与主办者签订一份为期3~5年的合同（特许状）。该合同具体规定了学生在各方面学习的程度及测评的手段和工具，并为提高学生的学业成绩负责。这些将成为决定特许学校是否在合同期满后续签合同的依据。

3. 特许学校属于择校的一种类型

特许学校面向家长和学生开放，允许他们自由选择，学生入学不受任何团体的指派，每个学生的生均经费连同其他特殊资金（如特殊教育补助金）一起，随学生转入其选择的特许学校。

4. 特许学校仍是公立教育性质

特许学校的性质仍是公立教育，理论上可以得到与公立教育相同的生均经费。它大致相当于州的生均支出费用或学生所在学区的生均支出费用（实际上，特许学校得到的公共资金支持往往少于传统的公立学校）。

5. 特许学校一般规模较小

虽然有一些特许学校开始形成多个校址的运作以及连锁形式，但是多数特许学校仍是单一校址并且规模不大，因此其学校气氛比常规学校相对来说要密切一些。

（二）就特许学校之间的比较而言

就特许学校与特许学校之间的比较而言，多元化是其最大特点。

1. 特许学校的审批机构因各州而异

特许状（Charter）本身就是一份法律合同，此合同的审批（或称特许状的授予）因各州而异。例如，在阿拉斯加、堪萨斯、新罕布什尔等州只有地方学校理事会有审批权（在州的批准下），而在密歇根，除了地方学校理事会以外，学校理事会协调机构（协调各学校董事会之间关系的机构）、社区学院、州立大学也可以授予特许状。而在亚利桑那和得克萨斯，地方理事会和州都可以授予特许状。马萨诸塞州则只有州教育理事会能颁发特许状。就全美而言，目前特许学校授予机构状况可以从表1中得到反映：

表1 美国授予特许状的机构及其比例

地方学校董事会（Local School Boards）	39%
州教育董事会（State Boards of Education）	28%
州特许学校委员会（State Charter School Commission）	12%
大学/学院（Universities/colleges）	7%
独立的州特许状颁发董事会（Independent State Charter Boards）	3%
市长/城市（Mayor/City）	1%
其他（Other/Did Not Specify）	10%

2. 特许学校承办者来源多样化

因各州的特许法几乎都不限定学校不许由教师或教育机构来组建，有权组建学校者分类很广泛，大致可以分为三类：第一类是由教师或其他教育工作者组建。作为教育方面的专家，他们中的部分人出于对传统公立教育的科层主义作风或僵化教学的不满而追求创建或者管理自己的学校。第二类创建者是家长。他们认为公立学校，甚至私立学校都不能提供令人满意的教育，因此想通过自己办学让学生接受他们认为最好的教育。第三类则由形形色色的社会机构开办，其中包括非营利公司和营利公司。

3. 教育内容与教学手段多样化

某些特许学校重视核心课程，力图使学生达到较高的学术水准；另一些学校则重视职业教育，在教学中加强学生与社区的联系。特许学校的课程可以有各种不同的重点：阅读、音乐、数学尖子、数学纠错、电脑技术、外语或针对特定人群（如非洲裔美国女孩、学习能力缺陷儿童、天才儿童、纪律问题学生、有辍学倾向的儿童等）的需要。在教学手段方面，一些学校以建构式学习见长，一些学校则强调利用现代信息技术，还有不少学校则综合采用多种教学手段。

4. 广开教育资源支持渠道

为了提高办学效率，不少特许学校尽量利用社区（公民社会）教育资源，降低办学成本，如在交通、图书馆、体育锻炼等方面尽量充分利用社区资源，并通过减少行政人员等为学校节省大笔开支。

5. 教育经费拨付形式各异

虽然各州主要以入特许学校的学生数为基础拨付经费，但拨付方式各异。有的州（如亚利桑那、密歇根、马萨诸塞和明尼苏达等）直接将教育经费拨到特许学校手中，法律承认学校在财政上的独立；另一些州，法律尽管赋予了特许学校经济上的独立，但具体事项仍需与当地学区协商，教育经费也是先拨到学区，再下发到特许学校；而在科罗拉多和威斯康星，特许学校与地方学区存在法律上的隶属关系，它们的运作必须获得学区的批准。

6. 特许学校生源多样化

有人担心特许学校会将好的学生从传统学校中吸引走，但是从总体上说，学生群体中不利群体的比例至少与总体水平相当。[①]

（三）就政府针对特许学校的立法而言

尽管各州特许学校不受传统的科层制规章的约束，而特许学校立法也千差万别，但几乎各州都要求特许学校的承办者在申请办学时提交的申请中，必须明确列出学校的教育计划、教学方法、评估手段、财政计划、人事管理方案、招生政策等；此外，还要遵循有关健康、安全、公民权力这些作为最低标准的法律、规则和规章。各州特许学校立法共同性包括[②]：

（1）特许学校一定要非教会、非宗教、免学费，并服从联邦和州所有有关非歧视的法律；不带有种族的、宗教的偏见，不能以经济收入、智力水平和文化背景为由拒收学生，更不能将残疾学生拒之门外。

（2）特许学校一定要遵循其所在州和学区的学生成绩标准，如果学生没有达到标准，学校就要负责任或被取消特许权。

（3）特许学校拥有财政独立权，可以就有关场地、设备和交通方面的服务与学区或其他机构进行谈判，可以将部分服务采取委托承包的方式承包出去。

（四）就特许学校的政府管理机构而言

自20世纪90年代创办以来，特许学校的上级管理机构除传统学区外，还出现了一些创新形式。其中比较引人注目的是特许学区（Charter District），有的地方也叫特许学校学区（Charter School District）或类似的名称。[③]这里主要通过特许学区与传统学区的对比来分析其特点。特许学区一般由地理位置相对靠近的特许学校所组成，与传统的学区相分离，从传统的学区中单列出来统一管理。特许学区的管理实体是多样化的：州教育委员会、原有的学区教育董事会、新组建的教育董事会、州教育委员会指定代管的公立大学或地方市镇当局等。因为在美国的教育管理体制中，州虽然掌握着教育立法权和教育大政决定权，但教育管理的重心却一直在学区层面。可以说，特许学区是从最基层的层面攻击美国科层制体系之堡

① Chester E. Finn, Bruno V. Manno, Gregg Vanourek. Charter Schools in Action: Renewing Public Education. Princeton University Press, 2000:80.

② Paul C. Bauman. Governing Education: Public Sector Reform or Privatization. A Simon & Schuster Company, 1996:122.

③ 冯大鸣. 美、英、澳教育管理前沿图景[M]. 教育科学出版社，2004:150-155.

垒的先锋，它从根本上动摇了美国的传统教育管理体制。

1. 特许学区的发展原因

数据表明，美国目前至少有10个州将辖内学区全部或部分转为特许学区，还有20个州设立了新的特许学区，且特许学区呈现继续快速发展的迹象。特许学区的出现主要基于以下几个方面原因：第一，尽管特许学校究竟能在多大程度上提高教育质量还存在诸多争议，但特许学校的发展势头比较快、发展业绩较好、受到社会欢迎的程度较高却成为客观事实，因此组成特许学区对特许学校的发展予以有效支持和管理也就成为客观需要。第二，传统学区的科层性质与特许学校的创新发展产生了矛盾。这主要表现在两个方面：首先，传统学区与特许学校的关系只是契约关系，双方是合作伙伴，不是科层体制意义上的上下级关系，双方关系的调节主要靠法律而非行政手段。但在传统的学区中，特许学校通常只是少数，学区不可能因其而全面改变原有的管理机构的职能来适应特许学校的发展，这样，特许学校的自治性质和传统学区的科层运作模式形成了矛盾，对传统的科层制管理提出了挑战，使有效管理特许学校的问题凸显。其次，特许学校基本上都是小规模的学校，在课程开发、课外活动发展、心理辅导、教学信息服务以及校车提供、垃圾清运方面都需要学区的帮助，而学区对此要么全面包办，要么甩手不管，但学区的支持政策（例如辅导、支持）大多向传统的公立学校倾斜，相比之下，同样具有公立学校性质的特许学校就显得孤立无助。由此，成立专门的特许学区并彻底改变学区的运作模式就成为一些州教育决策者的选择。

2. 特许学区的职能

特许学区的职能主要通过特许学区办公室来执行，因此考察特许学区中心办公室的角色定位和工作模式大致可以看出特许学区的基本职能。特许学区中心办公室（以下简称"中心办"）的职能主要体现在四个方面。

第一，把关。中心办在审核特许学校开办申请报告和磋商特许合同时，要从合法性、可行性、真实性多方面严格把关。与传统的学区不同，特许学区最主要的把关策略不是订立规则，而是披露相关信息，即始终让家长全面、清晰地了解学校的实际状况，不断将学校动态信息传递给家长。与此同时，中心办的工作模式也发生变化，为了保证新办的特许学校的质量，学区希望有更多的办学申请者，以增加遴选的余地，于是中心办也不得不运用公关营销手段来增加相关公众对特许学校的兴趣。此外，在与办学申请者磋商特许合同时，也要求中心办对学区的生源结构、家长需求、文化特征等有深入的了解和把握。于是，中心办在担当把门者的角色的同时，逐渐抛弃了原有的科层制作风。

第二，中介。根据特许学校的服务需求，中心办把各种服务商召集起来，以便学校自由选择。特许学区的出现，也给有关服务机构提供了更为集中的客户群，一些专门为特许学校提供相关服务的机构也应运而生。据统计，通过特许学区中介的服务项目多达46种，覆盖了从学术到后勤的方方面面。

第三，供给。由于特许学校在某些方面拥有的专业服务能力强于社会服务机构，因此特许学区有时也称为服务供给者。但与传统学区相比，特许学区服务的不同之处在于：首先，其服务是收费的，特许学校必须花钱购买；其次，中心办提供的服务不能依靠权势强卖，同样要以质量取胜，面临市场竞争；再次，特许学校向中心办购得服务后，中心办必须提供详细的服务项目价格清单，并在年终接受有关机构审核，如有超收，立即退还学校。

第四，参与评估。在特许学校的办学过程中，中心办要对学校的办学状况做阶段性评估，并将评估结果向公众披露。一旦发现特许学校有违法、违反合同或未达到合同条款的现象，可以依据合同停办或关闭特许学校。不过，除特许学区外，家长是另一半评估者。如果学区对某所特许学校评估的结果不佳，但尚未达到必须关闭的条件，学区只负责事实披露，至于该校是否还能继续生存，则由家长"以足投票"来决定。若仍有许多家长愿意把孩子送到该校就读，那么该校自然就能获得足够的经费，并因此而继续生存。反之，即使学区对学校满意，但家长、学生不满，就读学生太少，那么该校就难以生存。

总之，特许学校力求通过给予公民社会组织或个人不受科层制束缚的前所未有的权力来达到公立教育治理解科层的状态：一方面是要建立新式的美国公立教育治理体系，建立明确规定的以结果为本的责任制度；另一方面则要鼓励竞争以建立新的治理机制，给传统公立教育以新的机会和动力。

四、特许学校的案例

因为特许学校的多样性特点，这里仅选择两个案例进行简要介绍。

案例一：奥菲尔社区学校[①]

奥菲尔社区学校坐落在加利福尼亚州圣地亚哥市，于1990年创办，开办之初是圣地亚哥市学校系统内第一所初中阶段磁石学校，特色在于教师、行政管理人员以及社区成员在学校核心事务、教学等方面共同参与合作。1994年，奥菲尔社区学校正式成为特许学校，最初仅有初中部，为六、七、八年级的学生进入高中后上大学而做准备，设置大学预备课程。该校不仅秉承其磁石学校的特色，而且在教学设计和教育教学方法等方面也有很多创新。学校提供丰富的跨学科课程，但是并不采用根据学生的能力进行分班的形式。每位学生都是"教育家庭"的一分

① Thomas L. Good, Jennifer S. Braden. The Great School Debate: Choice, Vouchers, and Charters, Mahwah, New Jersey and London. Lawrence Erlbaum Associate, Publishers, 2000:192-194 .

子；所有的学生都要进行文档评估，并完成一定的社区服务；该校的管理结构也独具特色，这里没有传统的校长、副校长或者学校顾问，而是代之以"首席教育官"，他是"学校之梦的守卫者"。此外，该学校还包括一个"家庭支持区域"（它是支持该校的公民社会力量），该区域的成员均是来自心理学家、社会工作者以及在各个社会机构工作的代表。二十多年来，奥菲尔社区学校锐意进取，成绩卓著，受到政府的肯定和社会的欢迎，于1999年、2004年、2009年及2014年续签特许合同，规模不断壮大，已经建立了小学、初中和高中三所分校。2015年，该校获得了美国国家城市学校改革中心颁发的"国家城市教育优异奖"，并成为AVID国家示范校。2015—2016学年，学校收到2200名学生的申请，录取了1650人。

案例二：明尼苏达州新乡村特许学校①

在明尼苏达州亨德森市的农场，坐落着一栋特别的建筑，这就是明尼苏达州新乡村特许学校（以下简称"新乡村特许学校"），它诞生于1994年，是经学区董事会许可开办的一所特许学校。该校源于90年代初，部分教师、行政管理人员和社区成员（包括一名砌砖师傅和一名切肉师傅）对传统学校模式的不满，志同道合地开始计划创办一所有创新的中学。在美国，这样的学校并不多见：看起来就像一栋现代化校舍，中央是一方空地，环绕旁边的是一个科学实验室、一个图书馆、一间艺术和录音棚、一间商店。每名学生都有自己的工作站（配备一台电脑），中央空地是一个舞台（兼做会议室），教室由谷仓改建而成，还配有供小组学习、吃午餐的公用桌等。墙上装饰着醒目标语，其中一条写着一句名言："你若知道前进的方向，世界都会为你让路"，很好地体现了该校的独立精神。该校的建校宗旨是广泛的家长参与、教师/学生责任制，运用社区作为学习的场所、加强（教育技术）运用，其中技术是该校教育的核心部分。每两名学生有一台电脑，所有的电脑彼此联结并与国际互联网相通。2013—2014学年，新乡村特许学校在校生125人，为7~12年级的学生服务。

该校的独特之处在于：

第一，它是教师开办的学校。该校管理方式独特。教师是学校的主人，而不是雇员。教师通过形成共识来对学校所有事物（人事、学生纪律、课程、社区参与、特殊教育、教学技术、财务、营销等）做出决策，所有的教师都参与管理。学校教师—家长董事会由7人组成（4名教师、3名家长），行使管理和监督职能，负责代表学校与校外相关机构沟通，并监督学校财务管理。实际上，该校财务管理非常好，花在教学方面的资金占总资金的86%，比例居明尼苏达州首位。

第二，教学创新。教学创新主要体现在两方面：教师主导的合作式学习以及

---

① Thomas L. Good, Jennifer S. Braden. The Great School Debate: Choice, Vouchers, and Charters, Mahwah, New Jersey and London. Lawrence Erlbaum Associate, Publishers, 2000:192-194.

69

学生导向的以项目为基础的学习。教学围绕学生个人兴趣采用高度个性化的学习模式，教师形成小组，担当学生学习的辅助者和建议者的角色。每一位学生与其导师一起制定教学项目，再由家长和教学设计团队（即学生的导师和其他相关教师）签字认可。学生完成教学项目的情况最后由相关团队（学校教师及其他相关人员组成）根据州制定的标准进行评估，通过评估后学生可以取得相应学分。因此，该校教学方式完全打破了传统的班级授课制，学生不再有常规的打铃上下课的固化教学，而是依照自己的兴趣和进度来学习。学生只需完成规定的60个学分、达到州政府规定的标准、通过明尼苏达州基本技能测试并完成一个高级项目即可毕业。其中学习项目五花八门，例如，一名学生研究的是维多利亚时代并缝制了一件18世纪的服装，另一名学生在自动机械商店工作并设计制作了一辆四轮沙滩车。高级项目规定学生必须完成300个小时的跨学科形式的学习时间，并就项目成果面向社区进行为时30分钟的演讲。

第三，家长深度参与。教师小组与家长共同协商评估学生的进步，每年8月，每一位学生及其家长与指导教师碰面，制订学生来年的学习计划，该计划是学生智力、社会和心理发展的指导，每份个人学习计划包含一系列学生应该达到的目标以及达到目标的各种学习活动，通常学习活动具有自我指导性并关注现实世界。

第四，拓展伙伴关系。新乡村特许学校与明尼苏达州立大学等大学也建立了合作伙伴关系。明尼苏达州立大学有几位教师曾经在新乡村特许学校实习，而特许学校的教师也可以到明尼苏达州立大学修读研究生学位的学分。此外还签订了学校—大学合作协议，特许学校的学生可以注册学习中学后注册选修课程（Post-Secondary Enrollment Options），学生通过该途径可以拿到大学课程的学分。

家长对新乡村特许学校的满意度非常高。有一位家长的两个孩子都选择在这里就读，因为其所在地的中学存在打架、吸毒现象，他感觉这所学校氛围更好。学生也常常对学校的教学风格和氛围表示赞赏，一名学生说：“我在原来的学校表现很糟糕，而且老被批评。可是我一到了这儿，我真的表现好多了。我的父母很快就注意到了我的变化。”数据也说明新乡村特许学校学生“成绩差距在缩小”，例如，新乡村特许学校接受特殊教育服务的学生比例高达24%，当地另外一所中学接受特殊教育服务的学生比例仅为12%。在2005年的ACT测试中，该校学生的平均分为23.3，高于国家平均分20.9。新乡村特许学校的创新受到传统公立学校的关注，其经验由学区董事会在本学区的公立学校范围内进行宣传，推动了传统公立学校的改革。

第二节　公立教育解科层治理公民社会取向的理论研究

一、公民社会的主要含义

公民社会的提法来自英文Civil Soiety，也有将其译为市民社会、民间社会等，关于其含义，学者们众说纷纭，但是以国家—个人—公民社会的三分法为基础的定义逐渐为大多数学者所接受。戈登·怀特（Gordon White）的定义颇具代表性。他指出，"当代使用这个术语的大多数人所公认的公民社会的主要思想是：它是国家和家庭（个人）之间的一个中介性的社团领域，这一领域由同国家相分离的组织所占据，这些组织在同国家的关系上享有自主权并由社会成员自愿结合形成，以保护或增进他们的利益或价值"。[①]

此外，在西方国家，还有不少与公民社会大同小异的概念，如第三部门、非营利性组织、慈善组织、志愿者组织、社区等，不少人不解其义。实际上，这些概念涵盖的都是处于政府与个人之间的那块制度空间，只是他们各自强调不同的侧面。如非营利性组织强调这些组织不是为了营利；慈善组织强调这些组织的资金来源于慈善性捐款（但慈善性捐款并不是这些组织的唯一资金来源）；志愿者组织强调这些组织的运作与管理在很大程度上依靠志愿者在时间、精力和金钱上的投入，强调参与主体的自愿性；社区则一般强调其地域特征（在某地域范围之内的第三部门组织）。因此，公民社会是涵盖上述概念的一个比较广泛的术语，但公民社会主要是一种政治哲学层面的提法，而第三部门等主要是从组织理论和行政管理层面的提法，它们的核心思想都是介于国家和个人之间的一个社会相互作用的领域及与之相关的价值或原则。因此，第三部门、非营利性组织等也可以通称为公民社会组织。需要指出的是，公民社会与第三部门这两个术语使用相对频繁一些，主要原因是它们的含义相对宽泛。此外，公民社会与第三部门两者联系越来越密切，"进入90年代以后，关于公民社会的研究开始发生的一个转变是'开始转向从政治社会学的角度对作为一个社会实体的公民社会进行实证的研究'……开始关注对偏重于从组织理论和行政管理理论的角度进行研究的第三部门……公民社会理论和第三部门研究的关系也越来越密切，这两种研究出现了合

[①] 何增科. 公民社会与第三部门[M]. 社会科学文献出版社，2000:3.

流的趋势"①。在本书中，为了行文顺畅，有时也会交替使用上述术语。

而所谓公立教育解科层治理的公民社会取向，是强调公民对公立教育治理的参与，他们在同国家的关系上享有相当的治理自主权，并由公民自愿结合以保护或增加他们在教育方面的利益或价值。它通过公民社会为主体介入传统的公立教育的科层制治理，从而打破政府一统公立教育的局面，体现了明显的公立教育解科层治理的倾向。

二、公民社会思想的历史沿革与公立教育治理的公民社会取向理论的间接研究

公民社会思想的提出由来已久。18世纪以前，西方学者所说的公民社会指的是国家，但在18世纪末19世纪初，公民社会获得了现代含义，不再是国家的代名词，而成了存在于家庭（个人）与国家之间的独立社会活动领域的专有名词。第一个真正将公民社会作为政治社会概念进而与国家作出学理区分的是黑格尔②。黑格尔认为，公民社会是处于家庭与国家之间的地带。此外，洛克、罗伯特·奈斯比特、亚当·塞里格曼、托克维尔、理查德·纽豪斯等人对公民社会均有不同角度的研究③。

关于公立教育治理的公民社会取向的理论研究，主要是以公民社会思想为基础的志愿主义（School Volunteerism）研究。其中，美国国家研究委员会下属的学校中志愿者使用委员会（Committee On The Use Of Volunteers In Schools）在这方面做了大量的研究，也较有影响④。他们得出的结论是学校志愿者对于学校的影响几乎都呈现一致的积极性，无论在认知性方面（如学生的学习成绩）或者非认知性方面（如学生的学习动机和态度等）都具有积极的影响。当然，需要指出的是，该机构所做的研究的数量和范围毕竟有限，在研究方法方面也存在一些问题，如实地调查的时间太短等。因此，还有许多研究空间有待拓展，如志愿主义对于美国公立教育治理提出的挑战是什么，其成本—效益如何。因此，该委员会特别提出对于学校志愿主义目前急需进一步开展的研究工作：首先，该委员会建议联邦政府和基金会提供资金对学校志愿主义项目的内容、实施和影响进行系统的研究。其次，该委员会建议美国教育部、私立基金会以及大学应该支持或进行关于志愿者在教育实践中如何促进学生学习方面的专门调查研究。

---

① 何增科. 公民社会与第三部门[M]. 社会科学文献出版社，2000:2.

② [英] J. C. 亚历山大. 国家与公民社会：一种社会理论的研究路径[M]. 中央编译出版社，2002:87.

③ 毛寿龙. 政治社会学[M]. 中国社会科学出版社，2001:243-245.

④ Bernard Michael. Volunteers in Public Schools. Washington, D. C. , National Academy Press, 1990: 31-43.

从以上关于志愿主义的理论研究看，研究主要是针对志愿主义与个体学校之间的关系进行的，因此它并没有直接涉及公民学校治理的公民社会取向的理论，只能算是间接研究。但这些间接研究也有一定的意义，它为笔者考察公立教育治理中政府、公民社会、学校之间的关系提供了极为重要的研究基础。

三、公民社会理论与公立教育解科层治理的公民社会取向理论

公民社会理论主要致力于研究公民社会的结构性特征和文化特征，以及公民社会和国家之间的关系①。而公立教育治理的公民社会取向理论则主要是公民社会理论在公立教育治理方面的具体化。下文主要在分析公民社会理论的基础上，阐述公立教育治理的公民社会取向理论的核心观点。

（一）公民社会的结构性要素及特征与公立教育解科层治理的公民社会取向理论

公民社会的结构性要素及其特征主要包括私人领域、志愿性团体、公共领域。私人领域是指构成个人自我发展和道德选择的领域；志愿性团体是指不以营利为目的，由社会成员基于共同利益或信仰而结成的组织，它为公民提供了参与公共事务的机会和手段，因此当代公民社会论者多把志愿性团体看作公民社会的核心要素；公共领域是介于私人领域和公共权威之间的一个领域，是一种非官方的领域，公众在这一领域对公共权威及其政策等问题作出评判。

笔者认为，就公立教育治理的公民社会取向理论来说，志愿性团体（如自愿承办特许学校的团体）这一领域和特征无疑是公立教育治理的公民社会取向理论中的核心要素。这种志愿性社团，成员的加入或退出是自愿的，并且不以营利为目的。它是团体成员基于共同利益或信仰而自愿结成的社团，是一种非政府的、非营利的组织（为了办好一所或几所特许学校而由社会成员自愿结成的组织），它为公民提供了参与公立教育治理的机会和手段，提高了他们的参与能力和水平，挖掘了他们进行公立教育治理的潜力和资本。这个特征有别于公立教育科层制治理中以政府为主体来举办公立学校的本质，是典型的公立教育治理的解科层特征。

（二）公民社会取向的文化特征与公立教育解科层治理的公民社会取向的理论

公民社会理论不仅包括上述结构性要素，还包括与之互为表里和相互支持的基本价值或原则，后者构成公民社会的文化特征。关于文化特征的内容，公民社会论者的认识也不一致，大体来说，这些基本的社会价值或原则是：自主性、使

① 何增科. 公民社会与第三部门[M]. 社会科学文献出版社,2000.

命感、多样性、灵活性、开创性、参与性[①]。

自主性：相对于政府的独立性，公民社会能够在一定程度上不受政府支配，独立地实施自己的计划，独立地完成自己的使命。但是，自主性也只是个相对的概念，当代的公民社会的发展，最多只享有有限的自主性。"这里的关键是资金上能不能作到自给自足。资金充裕的组织往往能够维护自身的自主性，但是这样的组织在数量上少得可怜。发达国家的多数非营利性组织在很大程度上依靠政府资助。"[②]

使命感：公民社会组织往往由具有强烈使命感的人发起，其成员和支持者通常也是对该事业具有奉献精神的人。对事业的执着和对组织的归属感是公民社会组织的巨大文化资产，这是其他类型组织所无法比拟的。

多样性：如果说非营利性给予了这些组织相对于营利性组织的一定优势的话，多样性则给予这些组织相对于政府组织的优势。政府行为的优点和缺点都在于整齐划一。由于政府不能够满足所有人的偏好，它提供的服务难以满足人们千差万别的需求，就需要其他的社会组织来填补空白。一般的私人物品可以由市场来提供，而公共物品提供方面的缺口则可以由非营利性组织来承担。然而，需要提及的是，政府组织虽然存在局限性，但是为全体公民提供基本的公共服务却依然是它的职责。

灵活性：比起政府部门科层作风的死板僵化，公民社会组织的另一个显著特点是其灵活性。"如果说政府组织做事倾向于将千姿百态的世界硬塞入僵死的科层框架的话，第三部门则常能灵活地作出自我调整，以适应千变万化世界，应对各种挑战。"[③]

开创性：与灵活性相关的是开创性。因为能够对变化的环境做出灵活反应的组织必须是具有开创性的组织，公民社会组织为了满足不同的个人和社会需求往往要进行有益和必要的实验。基于此，有人得出了第三部门组织具有"创新传统"的结论[④]。当然，开创性也并非第三部门组织的本质特征，因为它也会像其他类型的社会组织一样，一旦变成现存体制的一部分，其开创性就会开始退化，沦为墨守成规的组织。

参与性：第三部门之所以又被称为志愿组织，就是因为它具有参与性。大部分的第三部门组织都或多或少、或直接或间接依赖于人们的志愿参与。这些行为可能采取捐款的形式，也可能采取义务贡献时间和技能的形式。人们的参与不仅

---

① 王绍光. 多元与统一：第三部门国际比较研究[M]. 浙江人民出版社，1999:47-63.
② 同上书，第54页.
③ 同上书，第57页.
④ 同上书，第59页.

受惠组织，而且对参与者本人和社会都是有利的。关于受惠组织则不言而喻，而对参与者本人的益处则在于人具有"利他性"的一面，他们的志愿参与使个人发挥了潜能、得到了发展。对于社会而言，人们在家庭之外参与第三部门活动无形中增强了社会的凝聚力，而且个人（或组织）的参与可以使参与者个人和整个社会的"社会资本"得以增加。

以上关于公民社会的文化特征是就一般的公民社会而言的，运用到公立教育治理的公民社会取向的理论，就是公立教育治理的公民社会取向（如特许学校）自主性、使命感、多样性、灵活性、开创性和参与性。它有别于公立教育科层制治理的规范性、严格性、一致性、控制性，体现了明显的解科层理念。

（三）公民社会与个体的关系

从个体的角度说，公民社会为个人发展提供了一个广阔的舞台。首先，公民角色本身是个体的重要角色，正如Shelton Wolin所说："公民权提供了其他角色所不能提供的东西，即一种将同代人的多重角色活动集合在一起的整合经验，而且这种整合经验要求各种角色应该从一种更加普遍的观点加以审视。"[①]尽管人们在社会中扮演着许多角色——雇主、雇员、老师、学生、父母、消费者、工会代表、教徒等，但公民角色是将我们生活的这些不同角色集合在一起的很好的角色之一。例如，"我"作为一个父亲角色有时可能会与"我"作为一个雇员的角色相冲突，只要有这种情况存在，"我"就需要一种更加广泛的角色以一种更加概括的形式将各种角色整合在一起，公民角色就能够提供这样的整合。

此外，公民社会是个体与集体产生互动的基本形式，社区建立的基础是关怀、信任与协作，它是通过一个强有力的有效沟通和冲突解决系统结合在一起的。社区的互动本性在个人与集体之间起着调节作用并且使得个人和集体保持一致。著名的管理理论家Rosabeth Moss Kantor对于个体为何投入社区做了很好的解释："对社区的寻求也就是对个人生活之集体定位方向和目标的追求。将自我投入到一个社区之中、认同一个社区的权威以及自愿支持该社区的生活，所有这一切都能够提供身份、个人意志以及按照该成员感到表达了他自己内在特质的标准和指导原则成长的机会。"[②]因此，扮演公民角色、培养公民美德可以把个体带入一种与他人更为密切的关系之中，可以增强人们对社区的归属感。

因此，公民活动在两个方面发挥整合作用：第一，它使个人能够对自己所扮演的各种角色进行整合；第二，它可以把个人整合进社区。因此，公民社会是个体实现自身潜力、体现自身能力的重要途径。

---

① Janet V. Denhardt，Robert V. Denhardt. 新公共服务：服务，而不是掌舵[M]. 丁煌，译. 中国人民大学出版社，2004:49.

② 同上书，第31页.

特许学校的产生和发展正是个体参与集体生活的典型形式，同时因为教育又是与个体关系密切的事务，如果说教育治理中现有的科层制主要障碍在于束缚了个体的能力的发展的话，特许学校所体现的公民社会趋向恰恰为个体主动性、积极性和创造性的发挥提供了一个全新的平台。

（四）公民社会与国家干预之间的关系

公民社会与国家两者的关系比较复杂。除了少数新保守主义者外，当代公民社会理论家一般都不会坚持公民社会应该放任自流、国家不予干预的思想。同时，他们也不赞成黑格尔的普遍国家思想，因为它会将公民社会重新置于国家的控制之下。当代公民社会理论家一方面主张扩大社会自主领域、缩小国家干预范围，另一方面也主张重新界定国家职能使之成为公民社会的保护者、监督者和调节者。而在公民社会参与国家治理方面，当代公民社会理论家既主张公民社会应积极参与国家事务并影响政治领域，又反对公民社会仅将自己的斗争局限于政治领域，而忽视了反对文化霸权等方面的斗争。总之，一个强大的、活跃的、参与式的公民社会将致力于解决科层制治理中存在的严重问题，使国家更加负责地行动并对公民的需要更快地做出反应。

就公立教育治理领域而言，公民社会取向的理论也同样是建立在国家有限干预、积极干预，公民社会与国家互为促进、互为补充的基础上的。因此，就如特许学校所显示的那样，公民社会的参与和发展可望极大地弥补国家科层制治理能力不足并促进以官民合作为特征的治理和善治（Good Governance），以公民社会作为主体向推动公立教育的解科层治理方向迈进。

（五）公民社会理论的创新与发展

尽管公民社会理论本身还存在诸多问题，但在人类已经跨入21世纪的今天，公民社会和第三部门研究应用于公立教育治理领域正显示着旺盛的生命力。例如，20世纪80年代社会资本理论的兴起，就是公民社会理论发展创新的明证。社会资本理论最核心的观点在于提出了社会资本的概念，"社会资本是嵌入社会网络关系中的可以带来回报的资源投资。"[①]其基本含义是指：第一，社会资本植根于社会网或社会关系之中，不能离开社会关系谈论社会资本；第二，社会资本是一种可以增值的资源，是人们为了获取回报的投资活动。对社会资本概念可以通过与其他三种形式的资本（金融资本、有形资本、人力资本）相区别来理解。金融资本主要是货币财富，有形资本包括工具、机器和其他生产仪器，人力资本附属于个人身上，而社会资本则存在于人们之间的关系之中。为了提高生产效率和生产能力，通过对人们在机构中的义务、期望、责任、权威、规范、处罚进行投资，

---

① 刘少杰. 经济社会学中的新视野：理性选择与感性选择[M]. 社会科学文献出版社，2005:166.

它转而又变为社会资本。社会资本的主要形式为：义务与期望——互动或信任形式；信息通道——社会网络；规范和有效法令——包括共享的价值体系。社会资本的功能主要表现在：经济功能——降低交易成本，社会资本以非正式规范为基础对公民社会的关系进行协调，这依然是现代经济的重要组成部分，而且随着经济活动日益复杂和精巧，它将变得更加重要；政治功能——增强民主，"充裕的社会资本储备往往会产生紧密的公民社会，而公民社会反过来也普遍被看作现代自由主义民主制度的必要条件"[①]。正是在这个意义上，普特南把社会资本描述为"社会组织的特征，它通过加强行动的协调，诸如信任、规范和人际网络等，可以提高社会的效率"[②]。社会资本理论对于我们理解公民社会中的个体如何实现合作、如何克服集体行动问题以达到更高程度的经济绩效具有重要意义。社会资本可以通过个体、公民社会、政府的积极参与而建构。例如，参与公立教育治理的各种志愿性团体组织所形成的互惠、信任、合作等规范，就是增加公立教育领域的社会资本最重要的途径之一。特许学校的创立和发展过程也正是投资和使社会资本增值的过程。

以上主要从结构特征、文化特征、公民社会与个人及国家的关系、理论创新等五个方面阐述了公民社会的理论，并在此基础上就公民社会理论在公立教育解科层治理中的运用作了简明的阐述。下文为了便于分析和表述，将不再就这几个方面分述。又因为特许学校是"公民社会的典型"，因此接下来主要从公立学校的传统科层制治理思想与特许学校中体现的"公民社会取向"的治理思想进行对比，来具体分析公立教育解科层治理的公民社会取向的思想。

四、公立教育治理之公民社会取向的思想

通过传统科层制治理思想与特许学校中体现的解科层治理思想的对比，可以对公立教育治理的公民社会取向的思想有进一步理解。进入21世纪之后，"教育将成为知识社会的核心，学校是教育的关键机构"[③]，"今天公立教育（治理）所依赖的思想是过时的思想"[④]，其思想的实质就是科层制的，表现为公立教育以科层的方式来管理，属于政府垄断性质，权力放在教育服务的提供者手中，消费者只能被动接受，以投入和规则为衡量质量的标准。而特许学校中体现的治理思想则是一种公民社会取向的思想，其思想的实质是解科层的，具体表现为学校向公

---

① 曹荣湘. 走出囚徒困境：社会资本与制度分析[M]. 上海三联书店，2003:78.

② 同上书，第63-64页.

③ Peter Drucker. The Age of Social Transformation. Atlantic, 1995.

④ Chester E. Finn, Bruno V. Manno, and Gregg Vanourek. Charter Schools in Action: Renewing Public Education. Princeton University Press, 2000:57.

民开放，去除了公立学校的垄断性，为公民提供选择的机会，将每一所学校视为自治的社区，家长、教师和公民起到重要作用，衡量质量的标准不是学校的投入（Input），而是它产生的结果（Output）。[①] 此外，公民社会作为主体在公立教育治理中的参与是特许学校的重要基础，"在解科层治理中，除了政府和市场之间关系的重整外，还有一系列的结构性变化（包括政府与公民社会关系的重整）有助于创建一个特许学校的良好气氛"[②]。因此，特许学校思想是一种明显的公民社会取向的解科层治理思想。

正如政治学家Hugh Heclo所说，"美国文化出现了广泛的自由化倾向，即所谓'警醒……向真正的多元化（方向迈进）'"[③]。伴随着上述文化转型的是美国的政治转变。近年来，美国政坛的候选人日益倡导减税、遏止"大政府"、恢复自由、给予人们更多的选择。其思想核心是认为提供公共物品和服务的除了政府，还应该有其他的多种方式。与这种政治转变相应的是对于"公民社会"的兴趣重新燃起，公民社会开始作为一个参与主体为提供多元的选择方式在政治领域发挥前所未有的作用。但是，工业时代的科层制导致的集权化、标准化倾向日益淡化的同时，公立学校的性质却仍然是政府权力部门统治的、一致化的系统。这引起了许多自由主义者的质疑：我们既然在我们生活的其他方面不再接受"一个最好的制度（One Best System）"，那么为何在公立学校还要继续坚持呢？与此相应的一个日益明显的趋势是要"重建公立教育"，今天的特许学校就是一个典型的例子。特许学校抛弃工厂式模式的公立教育科层制治理的传统观念，打破垄断，以全新的视角看待公民社会，建立了全新的范式。因此，下文主要通过传统公立教育治理的科层制思想与特许学校的解科层思想的对比，来分析特许学校体现的公民社会取向的解科层治理思想[④]。

（一）公立学校与政府、公民的关系

传统观念之一：公立学校是政府的工具，以一种科层的方式管理。

政府举办公立学校的形式主要是以地域或者学区为界，由教育董事会来进行

---

① 这里的结果主要是指学生在认知领域和非认知领域取得的进步，前者主要指学习成绩，后者主要指出勤率等学校表现。后文如果没有另加说明，所指的"结果"即是此含义。近年来出现的一个新趋势是通过制定教育标准和课程标准来明确认知领域所要达到的结果，并通过一系列手段来对学生是否达到标准进行评估，称为教育标准运动.

② Chester E. Finn, Bruno V. Manno, and Gregg Vanourek. Charter Schools in Action: Renewing Public Education. Princeton University Press, 2000:69.

③ Hugh Heclo. The Sixties' False Dawn: Awakenings, Movements and Postmodern Policy-making. Journal of Policy History, 1996, 8(1):34-63.

④ Chester E. Finn, Bruno V. Manno, and Gregg Vanourek. Charter Schools in Action: Renewing Public Education. Princeton University Press, 2000:53-73.

管理，该董事会得到州的授权而对公立学校进行运作。它制定政策，设立规则，服从来自州和联邦政府的无数的规制。董事会还雇佣获得州资格许可的教师来学校任教，运用的是一套公务员式的人事制度。地方董事会一般还要聘用学监来督察学区办公室人员（他们是该董事会的执行机构）的工作。

学校资金来自学区，而学区的资金则来自联邦、州、地方税收。这些资金的使用都有严格规定。买教材的钱只能用来购买州批准的书单上的教材。小学校长的人选只能来自获得州政府颁发的有关资质的人。如果某笔钱来自联邦对于双语教育的资助，那么它的使用只能遵照联邦关于双语教育项目的条款：它具体规定谁有资格得到这项服务、教师应该采用什么方法等。

劳动关系是工厂式的。在多数学区，集体式协商的合同规定了教师工作任务、工作时间、班级规模、评估程序等。统一的工资待遇对每位教师一视同仁，不论其工作表现好还是坏，工资提升主要以他们的工作年限为基础。

"学校的运作方式就是这样：政府管理，公共雇员任教，业余董事会监督。这种结构据说是为了防止腐败，却形成了一种隔绝的政治文化"[①]。

新观念之一：公立学校是任何向公众开放的学校，由公众资助，为公众负责，但是不一定要政府管理。

特许学校的思想来源是：向学生（及其家庭）提供的合理的公立学校不一定非要由政府所有和直接管理。特许学校可以由家长、教师等任何公民组织所创建和运行。特许学校立法规定的只是必要的规则，如规定其要达到的结果是什么。这个思想在高等教育阶段的实施由来已久，如许多州的公立高等院校的运行就去除了科层运行制度，代之以松散的、多元化的高校自我管理方式，向公立权力部门负责（同时也向市场负责），这种大学是一个管理灵活的系统，允许在一个州之内多种大学办学形式和管理形式的共存。特许学校的思想认为公立中小学教育领域可以像公立大学一样运作，公立学校之间可以彼此各不相同而不是强求一致。

（二）公立教育治理的性质

传统观念之二：公立学校系统是垄断性的，由规范的公立学校来进行教育的服务，只有富裕家庭才能够为他们的孩子选择教育。

分析家Ted Kolderie说过："公立教育以一种特有的权力来组织。"只有学校董事会能够在他们自己的地域范围内运行学校，学生一般以地域、年级来"分配"。这种垄断是不允许家庭有随便选择学校的自由的。富裕家庭可以通过选择

---

① Chester E. Finn, Bruno V. Manno, and Gregg Vanourek. Charter Schools in Action: Renewing Public Education. Princeton University Press,2000:58.

居住地或者向私立学校交学费的方式来择校，而其他的家庭只能"服从分配"。学区董事会还控制着学校内的教育过程，这种控制的模式显然是一种过时的模式：

"公立教育的顾客——孩子、家庭和雇主，在过去的50年中已经发生了急剧的变化，但是多数学校还与50年前一模一样。我们仍然要求孩子就近入学……学校的日程安排仍然认为母亲应该3点到家（而不顾大量妇女已经就业的现实），仍然将孩子分为学前到高中的12个年级，仍然以学分来衡量孩子的进步（这是1910年设计的制度），仍然实行的是学生排排坐、教师前面讲的传统教学方式。'这种墨守成规的原因据说是要保证社会公平、文化一致等……改变科层垄断的现实意味着要立即推翻整个教育制度"[①]。

新观念之二：公立学校应该存在不同的方式，所有的家庭应该能够在公立学校之间进行选择。

特许学校的思想认为，人们在各方面具有差异性，从思想观念（价值、信仰、目标）到行动（日常活动和工作情况）之间的差异不可胜数。"特许学校打开了许多（公民社会的）个体和组织的想象力，为公立教育的治理政策和教育创新埋下了种子。"[②]特许的思想假定学校应该各有差异，以满足多元化社会的多样需求。

在特许学校立法方面，不应该具体规定某所学校应该是什么样，而是规定某些基本原则——提供一个"机会的空间"[③]，供学校在这个空间之内进行设计。在这个尺度之内，学校可以自由地选择课程、教学、评估、内部组织、领导和管理、教员聘用、家长和社区参与、校历、财政等。但是，多样化不是关键，效益才是目的。不是所有的学生都以同样的速度、以同样的方式获取知识和技能，不是所有的学生都具有同样的兴趣和需要。鼓励学校多样化的原因在于要满足所有的年轻人，而不仅仅是那些"精英"能够得到高质量的教育服务。

（三）公立教育治理权的归属

传统观念之三：权力应该放在生产者而不是消费者手中。

在科层制公立教育治理中，虽然关于公立教育的一个假定是公立教育是向公

---

① David Osborne , Ted Gaebler. Reinventing Government : How the Entrepreneurial Spirit is Transforming the Publc Sector. Reading, Mass. : Addison-Wesley, 1992:314-315.

② Chester E. Finn, Bruno V. Manno, and Gregg Vanourek. Charter Schools in Action: Renewing Public Education. Princeton University Press, 2000:70.

③ RPP International. A Study of Charter Schools: Second Year Report. Washington, D. C. : U. S. Department of Education, 1998:39.

众负责，但多数的教育决策是教育机构（包括两个最大的教师工会，代表校长、学监等团体、州教育署、教材出版商、商业团体、教师—家长协会等）作出的。这种科层制的设计意味着教育权力放在了生产者而不是消费者手中。尽管如此，学校却希望得到更多的家长参与和来自资金筹集者（公民）的帮助，甚至要求公民参加家长—教师会议。但是"家长对于孩子入学和学校事务却很少具有实质性影响，家长甚至没有选择孩子上哪所学校的权力"[①]。

新观念之三：每一所学校是一个自我管理的社区，家长和教师起到重要作用。

特许学校的思想集中在基层的学校，而不是整个学校系统。每一所学校都是一个"生产单位"，只要达到结果就可以采用它所认为合适的一切决策。因此，它首先强调学校有一个内在一致的远景和共享的价值观。在特许学校的治理中，一般都有家长、教师和其他教育者的共同参与。学校是自治性的，享有广泛的决策权，并承担相应的责任，教育者可以不受中央科层的限制。只要学生达到理想的结果，顾客满意，学校教工就可以以他们认为最好的方式来运作学校。因为特许学校也是一种选择学校的形式，因此从理论上说家长和教师在其间的作用与常规学校有显著差异：家长选择学校的原因可能不仅是该校的教学吸引人，还可能因为该校的教育使命和价值观等因素；教师对特许学校的选择也是如此，他们对特许学校会有更多的认同感。因此，它比常规学校更容易吸引家长和教师的参与。

（四）衡量公立教育治理的标准

传统观念之四：正确衡量教育质量的指标是投入、资源和服从规则。

当前公立学校缺乏的是明确的标准和对学生的期待。即使有些州规定了明确的结果，但是这种关于知识、技能、态度、行为的尺度也是模糊的。虽然关于学校资源和项目（投入）方面有比较充足的信息，但在教育结果（产出）方面却缺乏明确的、可比的、及时的信息。"人人都在寻求关于学生、课堂、学校或者学区方面关于教育成绩（产出）的数据，但是却难以找到"[②]。而且，即使收集到了关于学习成绩的数据，也没有多大作用：因为测试分数的高低与工作机会无关，除了一些精英学校，大部分学校对学生是否努力、成绩好坏也没有什么奖励机制。"即使存在所谓的责任制程序，其核心也只是评估提供的服务本身（而不是

① Chester E. Finn, Bruno V. Manno, and Gregg Vanourek. Charter Schools in Action: Renewing Public Education. Princeton University Press, 2000:59.

② 同上书，第60页.

结果）及对科层制的规则的服从。"①

新观念之四：最重要的不是学校拥有的资源多少或是它遵从的规则如何，而是学校的结果（Output）如何。

特许学校思想的实质在于它注重结果以及如何达到这些结果，关注目的而对达到目的方式不予规定。它强调的是只有规定明确的目标、良好的评估，才能成功地达到这些结果。因此特许学校的责任制是双重的：对于顾客的责任制和对于有权批准特许学校的公共权力部门（特许学校主办者）的责任制。特许学校并不是盲目信仰"看不见的手"这个市场力量。虽然市场力量是必要的，但是它并不足以保证质量。特许学校更不是"私有化"，因为它仍由公共资金支持，其发展的动力来源于公众对于这种提供教育服务的方式保持兴趣。

特许学校的主办者要负责制定教学目标、财政和其他的成绩标准，并使承办者为达到这些标准负责。他们的权力在于能够警告、干预特许学校，必要的时候甚至可以从没有达到这些标准的特许学校撤走公共资金。这样，政府官员既保留了控制这些学校的权力，又没有直接经营（管理）学校或者指挥他们如何分配教育资源、雇佣谁、如何教学（这些都是具体的教育服务）。因此，特许学校思想是将政府视为服务的监督者，而不是教育服务的直接提供者。

同时，特许学校的承办者也将在这种"外紧内松"的思想中获益，特别是在人事方面具有主动权，学校所聘请的教师不必拘泥于受过所谓正规训练的教师或校长。只要品质良好、在某一学科有专长、有志于教学的社会公民都可以在考虑之列，这就将教师职业的大门向有学科专长（如数学、生物、化学）的科学家和工程人员（公民社会成员）敞开，他们可以通过与指导教师合作的方式来获得必要的教育学知识。特许思想的倡导者还提出可以允许在管理和财务方面受过训练的其他人士或组织在公立教育部门施展才能而不必拘泥于科层制关于人员聘用的诸多限制。

上述对比说明：特许学校思想的核心是公民社会取向的解科层治理，它对于公立教育治理中公立学校与政府和公民的关系、公立教育治理的性质、公立教育治理权的归属、衡量公立教育治理的标准方面与传统的科层制公立教育治理存在本质区别，其实质在于解科层的思想：在治理主体方面不应该仅仅是政府，而公民社会在教育治理中也可以发挥迥异于政府的独特作用，并且不改变公立教育治理的性质；在如何进行公立教育解科层治理方面，认为传统的科层制中的规则导向的治理已经过时，应该代之以以结果为导向的治理，同时给达到结果的治理过

---

① Chester E. Finn, Bruno V. Manno, and Gregg Vanourek. Charter Schools in Action: Renewing Public Education. Princeton University Press, 2000:60.

程"松绑"，这样才能发挥公民的能力与潜力，提高公立教育治理的绩效。

总之，本节在阐述公民社会理论的基础上分析了公立教育治理的公民社会取向理论的含义、思想沿革、核心思想，并对体现公民社会取向的公立教育解科层治理理论的具体形态——特许学校的思想作了进一步的分析。认为公立教育治理的公民社会取向理论的实质是解科层的，其核心在于重建公立教育治理中政府与公民社会的关系：改变政府对公立教育治理的垄断式治理，发挥公民社会在教育治理中的作用；改变政府对公立教育进行规则导向的治理，走结果导向的治理之道。

第三节　对公立教育解科层治理公民社会取向的评析

如前文所述，由于目前美国公立教育解科层治理的公民社会取向的主要表现是特许学校的实践及其理论，故本节的评析部分主要也围绕特许学校来进行。又因特许学校理论在实践运作中得到较充分的体现，因此本节不再对特许学校的实践与理论进行分述，而是将两者融合起来进行评析。

一、对特许学校的理论和实践的评析

（一）特许学校的影响

1. 特许学校对学生学业成绩的影响

因为特许学校存在的历史还不长，因此相关数据特别是学生成绩方面的数据还相对缺乏。此外，由于整个公立学校的评估系统不一致，特许学校和相对比的传统公立学校都存在评估所需信息不足的问题，故难以对特许学校的效果作出准确评估，也很难对特许学校的成绩作出一般性结论。就现有的研究看，特许学校对学生成绩的影响呈现出复杂性，有成绩得到提高的，有不如平均水平的。

"就我们所研究的有限的数据来说，大部分特许学校的结果是积极的[①]。1998年，明尼苏达大学学校改革中心研究了8个州的30多所学校得出的结论是[②]：

· 特许学校正在显示它们能够提高学生的成绩，并指出提高成绩的学校有21所；

· 9所学校没有提交显示成绩是否提高的数据，2所学校没有提供任何数据；

---

① Chester E. Finn, Bruno V. Manno, and Gregg Vanourek. Charter Schools in Action: Renewing Public Education. Princeton University Press, 2000:75.

② 同上书，第76页.

·7所学校因学生成绩得到提高而续签了合同，6所学校因为成绩突出而受到嘉奖。

而在亚利桑那州，"从总体说……特许学校没有显示比其他的常规学校成绩更好"①。在明尼苏达州，1999年的研究发现，40%的特许学校学生达到州关于数学的毕业标准（全州达到标准的学生比例为71%），43%的学生达到州关于阅读的标准（全州达到阅读标准的比例为68%）。除此之外，特许学校的就学率和毕业率也低于传统公立学校。但是，明尼苏达州有关官员指出，特许学校学生中有一半学生的家庭是处境不利家庭（而全州处境不利家庭为24%）。因此，特许学校的学生群体与州的总体学生群体之间的平均水平不相当，两者没有可比性，他们认为应该"通过与有类似群体特征的学校相比较，或者通过学生在特许学校学生一段时间前后的成绩对比，可能更具有可比性"。

从个体学校来说，有的很好，有的也面临关闭。如根据明尼苏达大学的研究，全国第一所特许学校圣保罗城市学院（City Academy In St. Paul），"在1996—1997学年的阅读和数学中，学生平均水平获得了至少三年的学术进步（Academic Gain）"②。波士顿的山上之城特许学校（City On A Hill Charter School），2011年级的学生1996—1997学年在阅读和语言获得的学术进步平均为2.7年。52%的特许学校九年级学生的阅读成绩高于年级水平，而波士顿公立学校同年级阅读成绩高于年级水平的比率仅为29%；在数学成绩方面，该特许学校高于年级水平的人数是波士顿公立学校的三倍③。但是，科罗拉多州的道格拉斯县的复兴学校（Renaissance School）在开张了三年之后，在学区测试中未取得理想成绩（尤其在数学方面），导致了1997—1998学年的学校领导的变更（1998—1999学年行政班子再一次变更）。④2013年的一项研究发现一个有趣的现象，特许学校的发展倾向于继续或复制其早期三年运作的模式和表现，也就是说，对多数特许学校而言，从其开办头三年的表现可以预期其最终是走向成功还是失败。该研究还发现，特许学校在提高学生成绩方面，来自弱势群体的学生（黑人、西班牙裔、贫困学生、英语非母语学生以及需要特殊教育的学生）更加受益⑤。

2010年，美国国家教育评估与地区支持中心（National Center for Educational Evaluation and Regional Assistance）对15个州36所特许初中进行了研究，对2330名申

---

① Chester E. Finn, Bruno V. Manno, and Gregg Vanourek. Charter Schools in Action: Renewing Public Education. Princeton University Press, 2000:76.

② 同上书，第75页.

③ 同上书，第77页.

④ 同上.

⑤ National Alliance for Public Charter schools. Public Charter School Success: A summary of the current research on public charters' effectivess at improving student achievement, 2013.

请选择特许学校的学生进行了比较，这部分学生通过随机抽签方式或者得以进入特许学校（抽签得中）或者没能进入特许学校（抽签未中）。研究组对两组学生跟踪了两年多，并收集了有关学生成绩、学习进步、行为、态度等方面的数据，这是对不同类型和州的特许学校有效性进行的首个大规模随机试验（但因为这项研究的对象仅为进行抽签选择学生的初中校，所以研究结论不一定适用于美国特许初中学校的整体情况）。研究的主要结论是：第一，平均而言，在数学和阅读测试分数、学生到校情况、学校校内和校外行为方面，特许初中既没有好于传统公立学校，也不比传统公立学校差。需要指出的是，特许初中对学生成绩的影响因各校而异，有的学校对学生成绩产生了显著性影响，有的学校则影响不显著。第二，在提高数学测试分数方面，内城地区（以及低收入家庭和较差成绩学生比例较高的地区）的特许初中比其他地区的特许学校更为有效（与其周边的传统公立学校相比）。相反，在内城地区以外的地区（低收入家庭比例更小，学生成绩较好的比例更高）的特许初中，学生的阅读和数学测试分数受到了负面影响。但如果特许初中在校生人数规模更小、在数学或英语课上采用能力分组等方式，则这种负面影响更小。研究还发现特许学校的成绩影响与其所处的政策环境不存在显著相关性。[①]

2014年，有研究者发表了一篇对以往研究进行分析的文章，该文章针对97篇有关特许学校效益进行研究的文献进行了分析，得出的基本结论是：总体而言，在提高学生阅读和数学成绩方面，特许学校与特许学校之间存在较大的差异性。有的特许学校好于传统公立学校，有的特许学校则与传统公立学校持平或不如传统公立学校。但是在数学方面，有更强有力的事实表明特许学校学生的成绩好于传统公立学校。

2. 有些特许学校对学生在非学术领域的影响

对大多数特许学校来说，因其发展的时间比较短，现在作结论为时过早。但研究表明，有些特许学校对于学生的出席率和态度等非学术领域的表现能产生积极影响。例如，加利福尼亚州、科罗拉州和明尼苏达州的许多特许学校已经续签或延长了合同，因为对合同所规定目标进行检查的结果表明，学生确有进步。例如，加利福尼亚州塞克来门图教育董事会在确认学生不但在学业方面，而且在出席率、学校行为等非学术方面有进步后，将鲍林格林特许学校合同续签了2年。值得提出的是，该校5年前是所在学区最差的三所学校之一。特许学校之所以能够对学生非学术领域的表现产生积极影响，其原因在于：第一，尽管特许学校的规模从几十人到上千人不等，但大多数特许学校的规模较小。这样可以保证学生与教

---

① National Center for Educational Evaluation and Regional Assistance. The Evaluation of Charter School Impacts, 2010.

师之间的充分交流，使学生感到受重视并乐于参与学校活动。第二，特许学校的教师风格各异，教学方法灵活新颖，教师致力于教学工作。同时，教师也是学校董事会的成员，他们参与学校管理，具有较强的主人翁责任感。第三，特许学校各具特色，适应不同种类的学生。如大多数特许学校除按照州的课程框架设置课程外，还会根据学生的兴趣和实际需要设计课程（如面向黑人、印第安人或亚裔美国人等的特殊课程），还有的学校会为那些在传统的学校中感到学习有困难的学生设置特殊课程。

3. 特许学校满足相关行为人的程度

与有关学习成绩的数据形成对比的是，关于学生、家长和教师对特许学校态度的研究很丰富。就学生满意程度来说，哈得逊研究所1997年对近5000名特许学校学生的调查表明，学生的满意程度非常高[1]。因此，进入特许学校就读的确显著提升了学生和家长对所在学校的满意度。[2]有调查数据显示，至少有2/3的家长表示特许学校比他们孩子以前上的公立学校好，表现在家长对特许学校班级规模、学校规模、教师对学生的关注、教学质量和课程等方面均比较满意，而只有2%~3%的家长认为特许学校不如以前的学校。该研究同样显示教师的满意度也很高，表现在教师对于学校的教育哲学、学校规模、同事、学生方面的满意度较高，有3/4的教师对学校领导、教师决策的参与、创办新学校的挑战感到满意[3]。对于许多特许学校教师来说，最满意之处是其"专业授权"，与此形成对比的是他们对传统的公立学校的最不满意之处在于虽然他们"忠诚教育事业但却'被传统制度束缚了'"，而特许学校则给他们提供了工作创新、接受新挑战的机会。[4]

4. 学校创新

特许学校的创新主要体现为两个层面：

第一，在运作方面体现制度创新，大部分特许学校是独立的实体，但还有部分特许学校是交由某个管理组织来运作的。在有的地方，此管理组织为非营利组织，一般称为特许管理组织(Charter Management Organizations，简称CMOs)。在有的州，也交由营利性的公司来管理特许学校，这种管理组织一般称为教育管理组织(Education Management Organizations，简称EMOs)。目前正在运行的特许学校中，独立运行的特许学校占60%，余下40%的特许学校均交由管理组织运作，其中

① Chester E. Finn, Bruno V. Manno, and Gregg Vanourek. Charter Schools in Action: Final Report. Washington, D. C. : Hudson Institute, 1997.

② National Center for Educational Evaluation and Regional Assistance. The Evaluation of Charter School Impacts, 2010.

③ Chester E. Finn, Bruno V. Manno, and Gregg Vanourek. Charter Schools in Action: Renewing Public Education. Princeton University Press, 2000:85-89.

④ 同上书，第89页.

大约2/3为非营利的特许管理组织，1/3为营利性的教育管理组织。[①]

第二，在特许学校内部，许多特许学校成为教育改革和组织创新的前沿阵地。一项加利福尼亚的研究发现，州内78%的特许学校在实验新的教学实践，而相对比的公立学校只有3%；72%的特许学校正在实施校本管理，而常规学校只有16%；2/3的特许学校采取加强家长参与的措施，而常规学校只有14%[②]。在特许学校的创新中，不是所有的创新都是与教学相关，有些学校在组织和制度安排上的创新也引人注目，如非常规性的混龄班、多年教学小组、多场地学校，有的学校还以教师委员会替代校长进行学校管理，如1994年创办的圣地亚哥学校，它为6~12年级的学生服务，教学区分布在本市18个点。学校采用的是全年制校历，为出于危机阶段的城区青年服务。它提供多项服务如健康检查、咨询、工作安排。最近，圣地亚哥学区对它作出的评估是"学校成功地扭转了学生成绩持续下滑的局面"[③]。还有一些特许学校采用高科技手段，如"虚拟特许学校"。加利福尼亚州的"'选择2000网上特许学校'是一所每天24小时开放的学校，面向本州招生，学生主要通过计算机'上学'"。[④] 此外，一些特许学校还进行了管理、人事、校历和财政方面的创新。正如明尼苏达的一名特许学校校长所说："不仅仅是课程和教学实践的创新，其不同还在于自治和管理结构。"

总之，"现在特许学校就像一个尚未成熟的孩子，还不能做出过早的判断"[⑤]。大量的研究发现这种新式学校的效果值得赞扬。目前为止能够得到的结论是：特许学校无疑是教育改革的动力性力量，并且受到相当部分群体的欢迎。但是关于特许学校是否促进了成绩提升、其成本效益究竟如何还有待今后的研究。

（二）特许学校的优势

1. 特许学校的自主性对教师具有吸引力

首先，特许学校更少受科层制规则的约束。教师可以根据自己制订的课程计划或者选择自己喜欢的课程计划，并按照自己的方式教授学生。学校的每一项决定都以帮助学生达到更高的学业标准为核心，不必循规蹈矩，也不必遵照某些行政命令，教师们能够更多地参与学校决策，"梦想的自由，不必受法令和规定的束缚——这是教师们喜欢在特许学校工作的原因之 "。进行教学改革所受的阻

---

① National Alliance for Public Charter Schools. Closer Look at the Chater School, 2016.

② Chester E. Finn, Bruno V. Manno, and Gregg Vanourek. Charter Schools in Action: Renewing Public Education. Princeton University Press, 2000:91.

③ San Diego City Schools. The Charter School of San Diego: First-year Evaluation. San Diego: San Diego City Schools, 1996.

④ Matt Richtel. California District puts Public School online. New York Times, 23 August, 1997.

⑤ Chester E. Finn, Bruno V. Manno, and Gregg Vanourek. Charter Schools in Action: Renewing Public Education. Princeton University Press, 2000:98.

力也更小，"特许学校的自治为许多有经验、有才华的教育工作者提供了实现梦想的机会"[①]，特许学校为他们进行教学创新提供了一个很好的空间；家庭式的氛围也是教师们喜欢特许学校的重要原因，在特许学校中，班级规模通常更小，师生之间彼此了解更多，学习环境更加融洽。总之，在特许学校的环境下，教师能够有机会充分利用自治权，根据学生不同的特点和需求制订相应的课程和教学计划，注重教学方法的革新，致力于学生学业水平的提高，尽最大努力保证教育的质量。由于这种原因，特许学校吸引了大量的求职者。

2. 学生对特许学校满意度较高

在调查中发现，特许学校的学生对学校满意度一般都相当高，原因主要在于许多特许学校具有以下特征：（1）高而明确的学术标准。许多特许学校针对学生在公立学校的学业成绩太糟糕而设的，它们对学生提出具有挑战性的学业成绩。虽然有的学校并不为提高学业成绩而设，但是它们的教学目标一般是明确而公开的，让家长在选择学校时心中有数。（2）安全的学习环境。特许学校杜绝任何暴力、酗酒和毒品，这些现象一旦发生学校立即做出反应，因此学生普遍感到更加安全，更能专心致志地学习。（3）对个体更关注。特许学校规模一般较小，每一个学生也更容易得到关注。学校尽可能满足学生的需要，包括许多有特殊需要的学生。（4）更团结的教职员工。因为特许学校从建立之初就面临巨大的压力：如果它不能让学生和家长更满意，会直接威胁到自身的生存。因此，教师、工作人员都在为使学生获得成功而努力，全体教工具有团结向上的风气。

3. 家长对特许学校的支持和参与度大大提高

家长之所以支持特许学校，当然源于它们对传统公立学校的不满。因为他们在公立学校体系内找到了一个选择的方向，而且在许多传统公立学校缺乏的因素在特许学校却能找到，例如安全、高教学标准、秩序和更负责任等。此外，许多家长在特许学校第一次找到了"受欢迎的感觉"，在特许学校，家长的参与程度普遍很高。而特许学校作为一种选择学校，是对服务对象（家长）的回应，特许学校具有多元化的特性，这种学校的差异性有助于满足顾客多样的需求。此外，也有数据表明特许学校与家长的关系比传统公立学校更加密切。特许学校中，公民（主要是家长）参与的程度与形式相对于传统公立学校有了显著的改善。许多学校不满足于家长的"表面"的"参加"，而是为家长参与治理提供机会。加利福尼亚一项研究发现，本州中家长参与管理实体的特许学校占88%。NEA调查发现，21%被调查的教师说他们的特许学校主要由家长发动和运作，24%的教师说他们的学校基于"教师和家长的合作"。这种模式虽在私立学校不鲜见，但是在传

① 马健生，孟雅君. 九十年代美国教育改革的一个新动向：特许学校运动述评[J]. 比较教育研究，1997：6.

统的公立学校中却是不常见的。当然，家长参与也不是没有问题，如参与管理的经验不足、技能不够、坚持性不够等。但是家长与学校之间联系的建立是特许学校运动中突出的成就[1]。

4. 成本效益比相对较高

"我们感觉到特许学校正在努力运用与常规学校同样的资源办更多的事。我们遇到了特许学校效率的'令人鼓舞的例子'"[2]。为何一些特许学校能够做到同样的钱办更多的事？虽然没有系统的数据能够说明问题，但是在学校创造效率方面，至少有以下四个原因：

（1）它们比传统学校更好地利用家长资源，以及其他的公民社会资源来补充他们的财政。许多家长乐于帮忙，而许多特许学校创办者对于社区的伙伴关系和资金筹集具备企业家眼光，善于充分利用公民社会资源和社区资源。

（2）许多特许学校最大程度地削减行政人员，而充分利用教师资源，让他们担当"双重责任"，如既是咨询员也是数学教师，既是董事会成员还履行行政职能。

（3）特许学校倾向于削减常规学校通常提供的课外活动（如运动和戏剧等）。

（4）许多特许学校将学校的一些功能"外卖"给外面的服务者。不少特许学校与外面签订合同，让他们提供工资发放服务（41%）、保险服务（48%）、法律服务（50%）、社会服务（41%）[3]。

5. 激励学校改革

对于公立学校的影响而言，特许学校的出现和发展有望激励学区之间的竞争和改进。研究表明，特许学校对传统公立学校和私立学校的生源均产生了冲击。因特许学校吸引力不断增强，不少学生的确从传统公立学校和私立学校流向特许学校。就其对公立学校的影响而言，近年来城区的传统公立学校在校生每年下降3.8%；与此同期，特许学校在校生每年上涨14.8%。就其对私立学校的影响而言，所有类型的私立学校在校生均在下降，其中天主教学校在校生下降居于首位，每年下降5.6%。尤其在城区以及城区人口比例高的地区，私立学校受到的冲击更大。整体而言，特许小学8%的学生是从私立学校转来的，特许中学（初中和高中）11%的学生由私立学校转来。而在城区以及城区人口比例高的地区，私立学校转到特许小学、特许初中和特许高中的学生分别占在校生总数的32%、23%、15%。其

① Chester E. Finn, Bruno V. Manno, and Gregg Vanourek. Charter Schools in Action: Renewing Public Education. Princeton University Press, 2000:93.

② 同上书，第94页.

③ RPP International. The State of Charter Schools: Third-year Report, 1999:49.

89

原因之一可能是城区以及城区人口比例高的地区相对于非城区而言，因人口成分更加复杂而多样化、贫困率更高、人口增长率更低，因而导致教育需求更加多样化，相应的，城区家长选择特许学校的原因也与更小的城镇和城市有所不同。[①]

因此，特许学校的崛起对于传统学校（无论是公立学校还是私立学校）自然是一大冲击。在现有制度下，学校董事会、教师及学区的其他人员要主动变革教育是比较困难的。然而，如果那些管理学区的人感受到他们面临竞争的强大压力，则特许学校可能成为公立学校管理改革的动力。因此，许多教育界和政界人士支持特许学校的原因就在于：它们希望通过特许学校对传统公立学校的挑战，促进整个公立教育的管理改革，因为特许学校吸引了一部分学生，从而也带走了一部分资金，这最能让传统的公立学校感到切肤之痛。要增强自身的竞争力，传统的公立学校不得不努力改善自己的经营状况，提高办学效率和学生学业水平。因此，特许学校的出现有望打破公立学校系统内部科层制管理导致的僵化局面。同时，特许学校本身也是公立学校的一种，教育经费只是从一种类型的学校转到另一种类型的学校，在并不触动公立学校教育治理的原则（即公众的钱办公众的教育）的前提下，给公立学校体系引入了竞争机制。

总之，特许学校具有许多传统的公立学校所不具有的优势，因此许多特许学校对于学生、教师、家长等都具有较大的吸引力。实际上，这并非特许学校独创，有些特征在许多常规公立学校和私立学习也能够找到。但是只有在特许学校中，这些特点才有可能同时存在。"我们不是说每所特许学校都具备了这些特点，但是它显示这可能是好的学校的'秘方'，我们发现这些特点在特许学校中比在传统的常规学校中更容易找到。"[②]

（三）特许学校遇到的问题

1. 理论层面

就理论而言，公民社会取向的解科层治理是增加了平等的机会还是加剧了不平等？有专家指出，因社会远没有平等，公民社会取向的公立教育治理并不能改变不平等的现状，甚至会加剧不平等。如公立教育治理的公民社会取向是以社区（社群）的发展为重要基础的，是否越富裕的社区公民社会资源越多，而越贫穷的社区公民社会资源越少，从而会产生不平等的问题？就现实条件而言，公民社会取向的解科层治理是否能够真正达到解科层的目的？公民社会取向的解科层治理从治理文化上具有自主性、使命感、多样性、灵活性、开创性、参与性的特点，从而在思想理念方面与科层制是不相容的，它希望以此推动解科层的进程。

---

① Richard Buddin. Impact of charters schools on enrollment of private and public schools, 2012.

② Chester E. Finn, Bruno V. Manno, and Gregg Vanourek. Charter Schools in Action: Renewing Public Education. Princeton University Press, 2000:266.

但这只是一种理想状态，在公立教育治理中是否能够真正做到公立教育治理的开放式、多元化、授权公民、使命驱动呢？在面临公立教育治理的科层制的现实面前，这种转变并非易事，如何才能实现这种转变呢？

2. 实践层面

"虽然每所特许学校都是独特的，他们遇到的挑战也形形色色。但当走访了近100所特许学校、访谈了几千名教师之后，我们发现他们面临许多相同的问题"[①]。一般来说，特许学校遇到的典型问题表现在：在启动过程中资金不足、内部管理不善、技术及资源准备不足、创建者缺乏创业经验、草率建校以及突发情况等；在特许学校的发展过程中还会遇到校长和员工工作负担过重以及对学生和学校的评估数据缺乏等问题。而从公立教育治理的角度看，特许学校的主要问题是：

第一，州特许学校立法的问题。

尽管特许学校在理论上应该拥有高度的自主权，然而实际情况却并非如此。联邦、州和地方对特许学校提出了一些基本要求——安全、卫生、不准歧视。这些条件当然无可厚非，但是有时候，"法律的限制却超出了'基本范围'，束缚了特许学校的真正'自主'"[②]。各州的特许学校法律不尽相同，它们是特许学校运作的法律环境，有的州颁布的特许学校法律大大鼓励特许学校的建立——是一种支持性强的法律；而有的州法律限制非常大——是一种限制性的法律，以致于难以建立特许学校。如阿肯萨斯州和怀俄明州，由于法律限制过大，至1999年9月几乎没有什么真正的特许学校在运作。限制大的法律表现在：

· 能够得到特许状的学校非常有限，如规定只有现有的学校可以"转变"为特许学校，但是不允许任何新的学校建为特许学校；

· 严格限定特许学校的数量或者限定可以上特许学校的学生数量；

· 规定只有地方学校董事会可以批准特许学校的建立，并且如果特许学校申请没有得到批准，申请者没有任何其他的上诉途径；

· 对于特许学校运作的规定与一般学校一样严格，如要求教师资格、一致的工资、集体协商的合同等；

· 特许学校得到的经费少于生均经费，政府在特许学校的设施和其他资金投入方面没有任何补助。

支持性强的法律则完全不同，在支持性强的州开办的特许学校数量也非常

---

① Chester E. Finn, Bruno V. Manno, and Gregg Vanourek. Charter Schools in Action: Renewing Public Education. Princeton University Press, 2000:98.

② 史静寰. 当代美国教育[M]. 社会科学文献出版社，2001:207.

多。支持性最强的州是亚利桑那州和密歇根州，1998—1999学年其特许学校数量占全国的1/3。该法律的主要特点是：

· 几乎任何人都可以提出开办特许学校的申请——教师、家长、非营利组织、商业公司，甚至是以前的私立学校；

· 有权颁发特许状的主办者很多。即使地方董事会不同意，也有正规的上诉程序；

· 州对于特许学校的数量和可以上特许学校的学生数量不加限制；

· 特许学校可以自动免于州的许多关于地方学区的规定；

· 生均经费与一般的公立学校一样；

· 学校可以有效地控制财政预算、人事、课程和其他学校基本事务；

· 制定了合理的州级的责任制；

· 学校可以聘用它认为合适的教工（可以包括没有资质的人员）；

· 学校可以得到启动资金和投入资金；

· 学校可以免于集体协商的合同。

当然，特许学校立法也不是一成不变的，它实际上也随着特许学校的实践而不断调整。如支持性太强的法律可能会走向稍加限制，而限制性太强的法律则可能"松绑"。

第二，资金。

许多新办特许学校遇到的最大困难是资金问题，包括缺乏设施投入资金、很少或没有启动基金、生均经费不足、收支不平衡等。如1999年关于特许学校设施投入的一项研究发现，"设施投入占特许学校成本的20%~25%是非常普遍的"[1]。同时由于其处于开创阶段，也很难向私人筹集资金或者向有关部门贷款。而"启动基金是（许多新建的特许学校）经常提到的最大的困难"[2]。

第三，政治反对。

特许学校还遇到来自各方面的阻力，如全美最大的两个教师组织：全美教育协会和美国教师协会。此外，根据联邦特许研究，21%的特许学校承办者报告说他们运作特许学校的困难在于州或地方董事会的反对——更不用说学区的阻碍或规章的阻碍了。此外，还有州级教育部门的敌视或者规定的限制（14%），以及教师工会的反对（10%），或者联邦规定（6%）[3]。对于特许学校的阻力主要来自"政

① Bryan Hassel. Paying for the Charter Schoolhouse: A Policy Agenda for Charter School Facilities Financing. Charter Friends National Network, January 1999.

② RPP International. A Study of Charter Schools: Second-year report. Washington, D. C. : U. S. Department of Education, 1998:105.

③ 同上书，第44页.

治的和科层的抵制"：宏观方面如申请程序过于繁杂、资金少、法律限制大等；微观方面则表现在学校遇到的具体问题，如地方教师工会的反对、各种部门（如消防部门）的突然检查等。如亚利桑那的Tucson学区规定，特许学校不许建在居民区，而在Flagstaff，则要缴纳租金和购置税[①]。

第四，测试分数不理想。

在州级和学区级测试中，有的学校成绩好，而有的学校成绩则不理想。因为公众主要关注的是学校的分数，因此学校不得不为分数而奋斗，有时这种测试与学校最初的教育策略相违背，如有的特许学校教育者不相信标准化测试而赞成学生的文件夹式评估（Portfolio Evalution），这样就产生了不少矛盾。此外，对于有的特许学校来说，测试的成绩并不能绝对说明问题。以获得加利福尼亚"杰出学校"奖章的Vaughn新世纪特许学校为例，它遇到的一个难题是在获得特许状之后，学生的测试成绩下降了。下降的一个重要原因是，在学生入学之前，该校没有对那些有学习障碍和母语非英语的学生进行入校前的测试。这样，就无法得到学生"学习进步Achievement Gains（即入学后比入学前所取得的成绩方面的进步）"方面的数据，因此虽然新出来的测试结果很真实，但测试的排名却被放到了"令人尴尬"的地位。

第五，特许学校的倒闭问题。

根据联邦关于特许学校的研究，"到1998—1999学年初，已经关闭了32所学校。这意味着1992年以来开办的特许学校有3%的学校倒闭"[②]。最新数据表明2015年倒闭的特许学校数量高达272所。倒闭的原因很多，如管理不善、设施（如消防）不符合规定、学生人数不够、没有竞争力、学生成绩不佳等。其中最普遍的原因是组织问题、管理不善和财力不足。而特许学校关闭还会带来一系列相关的问题，如该学校学生面临重新选择学校、教师重新找工作、学区重新计算学生入学和划定项目资金等问题。

第六，特许学校往往各自为政。

有些特许学校甚至不知道他们的革新方法在其他地方已经实验过。也有些学校坚持不懈地进行自己的实验，以致忽视了向别人学习，或者不能利用其他地方的好的材料和经验。

（四）如何解决特许学校的启动和发展问题

（1）出台支持性强的、灵活的特许学校法律：给学校不受规则束缚的权利，创造机会实现学校组织创新，提供足够的自由空间允许教师和家长创新。面向真正想进行这种方式的教育改革的学校时，政府不要让法律给它们"穿小鞋"。

---

① Kelly Pearce. Charters Ask Level Plying Field. Arizona Republic, 11 July 1998.

② RPP International . The State of Charter Schools: Third-Year Report, 1999:10.

（2）给予技术和资源支持：不要让处于初创阶段的特许学校处于任其沉浮的状态。资源中心可以提供帮助，有时州政府和私立组织也可以提供帮助。它们提供帮助的形式包括法律援助、课程、资金资助等。例如，资源中心可以对特许学校起到很大的作用。因为很多教育者缺乏管理员工和董事会的经验（更不用说买教材、起草年度报告等），正确的帮助会助特许学校一臂之力。政府有时候也可以伸出援助之手，如以各种形式给予资金支持。数据表明，自2001年以来，特许学校获得的财政拨款共计10.2亿美元，这些州为特许学校获得相关教育设施提供生均经费资助。此外，一些慈善机构、市民组织也能对特许学校起到非常大的帮助，特别是在扫除创办学校的障碍和保证学校自由方面。例如，对于特许学校的创办者来说，它们的帮助可以体现在提供教育设施和材料以及技术方面的支持。特许学校还可以通过公立或私立财政实体的帮助来借贷，以缓财政危机。一些个人团体以及慈善机构的捐助可以缓解特许学校的资金之急。而公民社会和企业还可以捐助或者低成本租借设施，也可以通过组织特许学校支持和"友人"群体网络而支持特许学校，这些组织在特许学校遇到立法和规章方面的障碍时给予的支持有助于特许学校的发展。

（3）有效管理与充分准备：学校领导能否形成一个为目标而奋斗以及教师专业主义的文化氛围，校长如何对待家长、学生和教工，面对挑战是否能及时解决问题等都关系学校的生死存亡。而许多特许学校的创建者缺乏商业敏感性，它是否能够吸引一批有各种专长的教工、组建精明的董事会、做好有效分工都非常重要。此外，还需要充分的规划时间。创办特许学校所遇到的问题非常多，从校舍到课程，从雇佣到培训，从交通到卫生服务，从消防检查到计算机网络。这些都需要充分的时间，因此充分准备也是特许学校成功创建和发展的先决条件之一。

（4）注重特许学校与社区之间的沟通。因为特许学校所具有的公民社会性质，因此它更易于与社区沟通，但这种沟通还需要特许学校发挥主动性。前文提及的特许学区固然是特许学校之间沟通的一个机制，但其沟通不仅限于此。特许学校与社区沟通的形式可以多样化，但在实践中也有一些可以遵循的共同原则：第一，良好的沟通应该是双向的系统。沟通必须是真诚的、认真的、正当的。特许学校的管理者不仅是信息的发布者，也是信息的接受者。他们不仅陈述观点，而且也聆听其他人的观点和愿望。第二，沟通还应是持续的。开始一个沟通方案的有效方法是让一个咨询或研究团体来考察已有的沟通现状，然后作出改进。连续的、双向性的沟通应该被纳入到沟通方案中去。第三，特许学校通过一些制度建设加强与社区的信息交流，具体制度有：设立咨询委员会——由各类成员组成的委员会。例如，建议一个学生咨询委员会、一个教工咨询委员会和一个市民咨询委员会。那些经过慎重挑选的团体能够代表社区意见，可以源源不断地提供大量有用信息；选出主要联络员，这些人是社区中处于沟通金字塔高层的人，一些可能是专业人士，一些可能是行业基层人员，另外一些可能是社区中活跃的退休人员；建立热线，要求接线员提供常见问题清单，定期对清单进行整理等。上述做法的主要目的是立足特许学校的公民社会取向的优势，广纳有效信息，避免特许学校发展所出现的信息不足问题。

总之，就公立教育解科层治理的实践而言，不论是特许学校的实践方面的优势与问题还是解决问题的途径，都为公立教育解科层治理实践提供了宝贵的经验：它希望通过公民社会直接参与公立教育治理来达到解科层的目的——公民社会作为治理主体打破了政府对公立学校治理的科层制垄断，同时特许学校相当程度的自治性也是破除科层制规则导向治理方式的明显体现。但是公民社会取向本身并不一定就能够全面解决公立教育治理的科层制问题，它本身也存在许多不成熟的地方，其发展与成功仍然需要政府的扶持（资金方面、技术方面和法律方面）；同时，虽然它本身就是公民社会取向性质，然而这也只是公民社会取向的治理形式之一，还需要公民社会组织在资金、人员和信息等方面的支持。此外，还应该促进特许学校与特许学校彼此之间的合作与交流。因此，公立教育解科层治理的公民社会取向在实践方面还存在许多有待探求的领域。

二、特许学校对我国公立教育治理的启示

特许学校虽然不一定是公立教育的"救星"，但是自1992年以来，它在美国的创立和发展确实激励了教育改革者的想象力，使这些学校成为教育创新的亮点。许多决策者、教育专家、家长等都赞成把特许学校作为重建美国公立教育治理系统的重大步骤。特许学校的根本目的是通过公民社会作为主体的介入使美国的公立教育科层制走向解科层的方向，其具体目标是提高教育质量和效率，充分满足各方面的教育需求。与过去教育改革不同的是，在这种公立教育解科层治理的公民社会取向的推动下，传统的公立学校系统的垄断开始被打破，学校教育服务得以向多样化发展，学校教育服务体系开始从一种"供给者"体系转向"需求者"体系。从特许学校运动的发展中，我们可以发现当前美国基础教育改革中的若干重要发展趋势，其对我国公立教育治理改革也提供了重要的思考视角。

（一）理论层面的启示——公民社会在公立教育治理中如何发挥作用

如何推进公民社会取向的解科层治理、探究其在理论方面的启示对于促进我国发挥公民社会在教育治理中的作用不仅必要，而且重要。

1. 公民社会在公立教育治理领域所发挥的作用不容忽视

如前文所述，特许学校在美国的发展并非偶然，其背后的理论支撑就是日益

受到关注的公民社会理论，它昭示了公民社会作为一支不可忽视的力量在公立教育治理领域发挥着越来越重要的作用。

从我国当代社会的发展进程看，随着社会结构和环境的变化，以公共途径和市场途径提供教育的情况在最近30年间呈现一种复杂多变的关系状态。"介于公共部门和私营部门之间的第三部门在满足社会对教育需求方面的地位日渐突出，这一变化趋势在我国当前社会转型过程中表现得特别明显……这是一种以志愿为基础的提供途径，依靠介于公共部门和私营部门之间的社会组织来提供特定的服务"。①因此，在我国，一方面第三部门在公立教育治理中的作用日益凸显；另一方面，由于我国独特的历史与国情，使国家政府的职能发育得极其充分，而社会组织及其功能则显得较小，导致在公立教育治理方面社会团体与组织的作用有限。正因为如此，在公立教育治理领域从理论指导思想上重视公民社会在公立教育治理领域的作用，不仅是公民社会理论所提供的重要启示，而且在我国具有重要的现实基础和现实需求。

2. 公民社会的管理面临挑战

对于公民社会介入公立教育治理的问题，其社会的调节和控制手段是不同的，核心问题在于政府如何管理以及如何推动公民社会的自我管理。由于第三部门包括了介于政府和市场之外大部分的社会组织，而且与前两者的界限还呈现出越来越模糊的趋势，因此第三部门的管理变得越来越复杂。而且，随着其在社会中的地位和作用不断提升，第三部门的管理问题将越来越突出。对中国而言，第三部门管理机制研究更是一个亟待填补的理论空白。例如，中国青少年发展基金会于1989年发起的"希望工程"，从创设至今已接受了巨额的海内外捐款，让几百万因家庭贫困而失学的孩子重返校园，但也数次面临公众的信任危机，遭到部分海内外媒体对希望工程款项去向的质疑，严重干扰、破坏了基金会的募捐计划，使相当数量失学儿童重返校园的梦想破灭。这说明对于希望工程这样一个涉及金额巨大、而资金来源和去向都分散且复杂的公益机构来说，如何监管就是一个不容忽视的问题。②

第三部门的管理机制可以分为外部管理机制和内部管理机制。外部管理机制是国家对第三部门的管理机制，包括政府对第三部门的定位、引导其发展的战略战术以及管理方法等。具体而言，就是指国家对第三部门的立法管理、资格认证、注册管理、税收管理、财务审计、募捐管理和评估与监督等。这些领域的研究在西方国家已经相对成熟。而内部自我管理机制问题指从第三部门的内部结构入手，研究如何建立适合各类非营利组织的管理机制问题，包括第三部门的组织

---

① 劳凯声. 变革社会中的教育权与受教育权：教育法学基本问题研究[M]. 教育科学出版社，2003:3.

② 陈振明. 公共管理学：一种不同于传统行政学的研究途径[M]. 中国人民大学出版社，2003:420-422.

机构、决策机制、执行机制、内部监督机制、日常管理、战略管理、营销管理、人力资源管理、绩效管理、筹资管理、资本管理报告制度等。[①]上述管理机制虽然是针对整个第三部门的，但对公立教育领域的第三部门同样具有适用性。

在我国，第三部门的萌芽是由于市场经济体系的建立和法治化的启动而产生的，但第三部门的产生却不是改革推动者预设的目标而只是当前改革进程中自发产生的一个副产品。与此同时，第三部门与政府的关系相当密切，有的公民社会机构是在政府机构改革中从政府系统剥离的，还有的机构则是由政府自上而下筹建的。因此，这一点与西方国家第三部门的发展截然不同。西方国家第三部门的形成，从其产生而言，基本上是一个自发的过程。它早期的推动力来自民间，因此与国家的关系比较疏离，具有较大的独立性。正因为如此，关注中国公民社会发展的独特性仍然是我们思考政府如何在公民社会介入公立教育治理领域发挥作用的出发点。

（二）操作层面的启示——特许学校如何运作

特许学校的发展是美国公立教育治理中公民社会力量显著增强的明证，它的运作为我们了解和研究公民社会如何有效介入公立教育治理提供了鲜活的实践案例。在北京等大城市出现的各种打工子弟学校，就是公民社会参与基础教育的典型，只是这种学校的性质与特许学校有相当的差异，美国的特许学校呈现更多的差异性和自主性，服务的对象多样化，教师素质能够得到保证，政府的支持也比较到位；而我国的打工子弟学校的创办更多是出于解决公立学校资源不足的问题，服务的对象主要是社会中的不利群体，师资队伍建设面临困难，资金来源也不稳定，有不少打工子弟学校已因各种原因被取缔。但调研表明，部分人群对打工子弟学校的需求仍然存在，"打工子弟学校的出现是中国社会急剧变迁过程中，现行教育体制无法适应社会转型及变迁的必然结果，这类学校在过去及现在一段时间内解决了低收入流动人口子女的义务教育问题，既是对现行教育体制的'补充'，也是一种'自救'"。[②]但我国打工子弟学校与美国的特许学校相通之处在于：它同样显示了公民社会在公立教育治理方面的巨大潜力以及社会对它的旺盛需求（参见本章所附相关资料）。美国的特许学校在操作层面可能为我们提供的启示是：

1. 公立教育治理并非一定是政府亲自运作

特许学校的核心观念之一就是废除科层制下地方公立学校系统对它们服务区域的学生所拥有的"垄断特权"，试图在市场与政府之外寻找治理的第三条道路——公民社会取向的治理。它为公立教育的治理开辟了一个崭新的视角，为解

---

① 陈振明. 公共管理学：一种不同于传统行政学的研究途径[M]. 中国人民大学出版社，2003:393.
② 扬晓. 打工子弟学校走向何方. 政府法制，2011(25):20-21.

科层的公立教育治理寻求了一条全新的道路。因为从制度安排的角度看，长久以来，公民社会组织是被排除在公立教育治理之外的，即使以前存在公民社会参与公立教育治理的实践，但这种参与也是一种"边缘性"而非中心性的参与。如今，公民社会组织直接参与公立教育治理的理念极大地改变了公立教育治理的科层垄断的传统，这也就意味着向解科层方向迈进了一大步，深刻改变着公民社会组织在公立教育治理中的角色和地位，体现了公立教育治理的明显的公民社会取向。在我国的一些地方，出现了公民参与教育提供的形式，这既是客观的社会需求，也是公民主动性、创造性得以体现的形式。尽管我国的打工子弟学校更多是出于不能进入公立学校的无奈之举，这些学校的创办者往往在几乎是白手起家的基础上，利用一切可能的人力、物力、财力，不仅他们自身体现了强烈的公民社会性，他们还动员了许多具有公民社会意愿的人来关心教育、参与教育。所有这一切恰恰显示了我国公民参与教育治理的无限可能性和巨大潜力。

当然这种第三条道路的思想和实践本身，不一定能够绝对改善公立教育，为了保证特许学校的质量，同样需要政府的介入，政府介入可以表现在：制定明确的标准来正确地评估学校；对于不能达到标准的学校，政府可以用加强技术支持、指导、重组失败的学校或创办新的特许学校等措施进行干预；对于那些创造良好的学习氛围、取得良好效能的特许学校，政府可以提供支持并给予奖励。但是政府起作用并非一定是"政府运行"。学校可以采取多种形式，而不一定要整齐划一地向一种学校类型看齐。政府要做的是保证它为消费者提供大量的高质量的教育供给，促进学校的运作者对于人们的需求具有企业式和回应式精神，而政府本身并不一定要亲自参与学校的运作。

2. 在教育权利的配置方面，权利上移与下放并进

在美国传统的公立教育科层制体系中，权力集中在政府手中，造成学校职责不明确。特许学校则要改变这种状况，学校自身享有决策权，并且对这些决策产生的后果承担责任。这意味着对学校规制的放松，使它们不受科层控制，同时也意味着学校、教育者和家长在决定诸如教学、人事等方面具有更多的自主权。只要学生达到一定标准，消费者满意，就应该允许一所学校的员工按照自己的设想来工作。特许学校就是一种自愿的组织，不是强迫的也不是垄断的。它们坚定地依赖于它们的社区（公民社会）而不是科层机构来创办学校，权力从科层机构转移到作为公民社会成员的行为人身上——家长、教师、社区人员等。同时，特许学校又是家长参与的，家长有一种主人翁责任感，而学校也把家长视为一种可以大力挖掘的资源。许多特许学校还具有亲密的、家庭式的气氛。不少特许学校善于与文化、娱乐和商业组织形成强有力的伙伴关系。因此，它体现了一种公民社会参与公立教育治理的全新方式。

在教育权力下放的同时，为了国家利益，需要强化对教育的宏观控制，以确保教育质量和国际竞争能力。这可以表现为政府强化了对于学校教育的影响力和对于教育质量的控制权。例如，目前美国政府在教育标准和课程标准的制定方面正在发挥着前所未有的作用，可谓公立教育治理中某些权力上移的明证（后文将对此专章阐述）。

3. 公立教育的公民社会取向有利于民主化的实现

从公立教育治理追求的价值观看：民主一直是公立教育治理所追求的价值，公民社会取向的学校治理为推动民主的发展发挥着独特的作用。在公立教育治理中，特许学校作为强大的、活跃的、参与式的公民社会组织介入公立教育治理领域，一举打破了政府科层控制局面，从而使政府更加负责任并对公民的需要做出更快的反应。因此，特许学校的发展已经成为民主化的一个重要动力。

我国的打工子弟学校凭借自身的公民性和志愿性，不但从民间吸收了相当的资金，而且还有很多具有奉献精神的公民志愿加入学校的教师队伍，为学校的核心——教学，贡献自己的资源和智慧，不能不说创造了一种迥异于传统的科层制学校的文化——团结、合作、亲密、目标一致。从这个意义上说，这类学校所体现出的民主、创新、志愿精神不仅是传统的公立学校的补充，更是对传统的公立学校的创新。也正因为如此，政府给予关注不仅具有人文关怀上的意义，而应从更高的角度——民主化，来看待其为我国基础教育行政改革体制创新带来的意义，因为它为我国传统的科层制治理之变革提供了另一个全新的视角。

4. 建立对结果负责的公立教育治理系统

特许学校以学术成绩为核心，而不是投入。他们具有强大的动力去追求结果，因为如果没有达到预想的结果则面临被政府关闭的严重后果。特许学校创造了一种新的责任制模式：除非生产有质量的产品（教育服务），否则就招不到学生，这个简单的法则决定了特许学校的生死存亡。强调结果意味着办学者更加注重的是"我们的孩子在学习什么，他们学得怎样"，而不是强调遵从制度和程序，这正是美国教育决策者、家长等对新式美国学校所期待的方面。成功的特许学校需要建立明确的、期望学生了解他们能做什么的教学标准，建立清晰的可接受的掌握学习水平的成绩标准，以及评价这些标准是否达到的方法。此外，它还必须为学生、教育工作者等建立明确的奖励和反馈机制。因此，在为何要建立对结果负责的公立教育系统以及如何建立对结果负责的机制方面，特许学校为公立教育治理提供了很好的实验空间。

据此，任凭我国的打工子弟学校处于自生自灭的境地是不利于我国多样化的教育需求的满足的。政府不仅应该关注和支持学校的投入资源，而且还应该关注学校的产出和结果，因为他们同样是我国义务教育进程中的积极参与者。政府对这些学校的教育结果的关注，不仅是政府的职责所在，也是社会对政府的期待。

总之，虽然特许学校并非是公立教育的"妙方"，但它确实是重新检修公立教育科层制治理的一项大胆的解科层改革实践。特许学校的力量在于重新建立公立教育的民主思想并使学校投入到活跃的公民社会中去，其精神就是要真正放权于公民社会组织。它一方面保留了美国公立教育一贯的价值，同时以不同的思想和规则为基础重新建构教育治理制度本身——这些新的规则和思想就是效率、企业性、标准和绩效，而这些新的思想在传统的公立教育中却不常见。现在，我们要对特许学校作出定论为时尚早，但是这至少是一个良好的开端。特许学校的成功还有待于政府、公民社会和市场几个方面力量的良好配合：公民社会固然是特许学校的主体和强大的支持，但政府在放松规制和加强对结果的规制方面对特许学校的发展至关重要，市场力量的介入也是提高特许学校质量的必要条件。在我国目前的基础教育行政改革中，虽然还没有出现诸如特许学校这样的公民参与教育治理的实践形式，而且政府在公立学校中的作用需要大大增强而不是削弱。但与此同时，我国公民社会对公立教育的关注和参与日渐加强的趋势也是不容忽视的。研究美国特许学校的现状与发展，对理解和促进我国公立教育治理之公民社会取向在理论与实践方面的探索具有现实意义。

（附：北京的打工子弟学校与政府对外来务工人员随迁子女就学的关注）

2006年4月3日，接受新华网记者采访的何孝明高兴地说："我在北京读书，再也不用为交(学杂)费发愁了。"来自安徽省无为县白茆乡的何孝明，是北京海淀区行知实验学校六年级(2)班学生，他曾一度因交不起学费而面临辍学，现在终于可以免费在北京入学了。在行知实验学校有许多像何孝明这样的学生。北京市海淀区行知实验学校校长易本耀告诉记者，学校原名为"北京行知打工子弟学校"，经海淀区教委批准，冠名为"北京市海淀区行知实验学校"，创始于1994年9月1日，是一所专门接受外地来京的儿童就读的民办学校，由河南省息县民办教师李素梅同志创办。目前行知实验学校在校生约3200人，其中初中生约400人，他们来自全国24个省、市、自治区，涉及7个民族，学生当中农民工子女约占96%，普遍来自低收入家庭。教师来自全国16个省、市、自治区，主要是师范院校毕业生和退休教师，其中大专及以上学历有78人。[1] 然而，行知试验学校的发展却经历了许多艰辛。1994年年初，来京打工的易本耀和原本是民办教师的妻子李素梅看到，许多打工者的孩子因交不起高昂的学费而无法进入北京本地学校，孩子们面临着失学。当年9月，夫妻俩办起了打工子弟小学。由于当时缺乏相关政策法规，这样的"非法"学校面临诸多困境。学校只有几间破旧的临时搭建的教室，没有操场，

---

① 黄振华，刘丽婷，李佳佳.同在蓝天下：记北京市海淀区行知实验学校. 2009.

孩子们只能在蔬菜大棚里上体育课。几年来，学校"漂泊的课桌"在城市边缘多次迁移。随着媒体的关注，社会各界对打工子弟的教育问题给予了更多的关注。虽然几经周折，易校长的打工子弟小学终于以顽强的生命力得以生存发展。很多外来务工人员的子女需要他的学校，例如1999年入学之秋，行知打工子弟学校的校舍只能容纳800多名学生，可当时每天都有100多名新生来报名，学校实在没有地方了，一间教室最多坐过106名学生，确实没法再挤了。就这样，还有很多孩子等着要上学。他的学校还得到了地方政府、企业、高校师生、海内外人士的支持及资金、物质捐助。例如，旅美华侨任玉书女士就先后为该校捐款高达几十万元。此外，该校现在已是北京大学、清华大学、人民大学、中央财经大学、中国青年政治学院、首都师范大学、北京师范大学、北京外国语学院等8所大学院校的"大学生社会实践基地"和"大学生志愿者服务基地"，这些大学生们都定期来学校支教。正因为如此，"没有社会的帮助就没有学校的今天"成为该校校园最醒目的标语。行知实验学校是我国为数不少的打工子弟学校的缩影，虽然打工子弟学校的举办和发展正面临诸多挑战和困难，但这部分学校在为进城务工农民随迁子女提供就学机会方面发挥了不可替代的作用。

外来务工人员随迁子女就学接受义务教育的问题也日益引起了政府关注。2003年教育部与有关部门共同制定了《关于进一步做好进城务工就业农民子女义务教育工作的意见》，明确了"以流入地为主，以公办学校为主"解决进城务工农民子女上学问题的政策。2005年的《关于进一步推进义务教育均衡发展的若干意见》，进一步要求以公办学校为主做好进城务工农民子女义务教育工作，落实收费一视同仁政策。迄今，国家连续出台了支持外来务工人员随迁子女就学的相关政策文件或专门政策文件。不少地方也出台了支持和保障进城务工人员随迁子女就学的具体政策。以北京市为例，北京的外来人员务工子女数量一直呈快速增长趋势。面对巨大的来京务工人员随迁子女群体的入学需求，北京市委、市政府自2002年以来，先后出台了12个有关做好随迁子女教育工作的政策文件。对接收随迁子女较多的区县和学校设立专项经费予以专项补助，为已经批准的自办学校配备基本办学设施设备，资助取暖费，并先后投入750万元在朝阳、丰台、大兴、昌平等随迁子女较集中的地区建设了5所流动学校。对民办学校义务教育阶段学生和经审批合格自办学校学生予以杂费补助。对已批自办学校予以配备基本教育教学设施，包括教室黑板、课桌椅、教室照明设施、班级小书架、中小学生课外读物、学生饮用水电热水器、速印机等，总计价值1300万元。北京市各区县教委也积极采取措施，努力挖掘公办学校资源，扩大公办学校接收数量。据不完全统计，自2006年以来，市、区两级财政投入约164.4亿元。加上自2004年以来投入的各种专项资金，累计总投入已超过170亿元。下一步，北京市将出台五项措施，通过加大投入、扩大资源、改善条件、规范管理、提高质量，实施"政府负责为主、公办中小学接收为主"的随迁子女义务教育公共服务。一是加大财政投入，按学校实际在校学生人数和定额标准划拨生均经费，教职工编制按照在校实际学生数进行核定；二是进入公办中小学就读的随迁子女，免收借读费和教科书费；三是将中小学布局结构调整中富余且安全的公办校舍提供给专门接收随迁子女的民办学校使用；四是加强民办中小学准入管理，制定相应的审批标准，规范民办中小学内部管理；五是建立视导员制度，进一步加强对民办学校的指导、管理和监督。

资料来源：李莉，北京晚报，2011年10月25日，打工子弟数量今年增长10%.http://news.163.com/11/1025/16/7H70P6DQ00014AED.html.

第三章 公立教育解科层治理的校本取向之实践与理论研究

公立教育解科层治理的校本取向的实践，简言之就是校本管理的实践，它代表了公立教育解科层治理的显著形式。所谓校本管理（School-Based Management，也称现场管理：Site-Based Management）的基本含义是：校本管理是一项学校的组织形式变革，即将学校决策权下放，旨在更加有效地利用学校资源，并形成一个更加有效的教育治理系统。早在20世纪70年代初，纽约州弗莱希曼委员会就已提出了校本管理的思想，但其当时的呼吁所引起的社会反响并不大。1986年，美国全国州长协会重提该主张，建议各州帮助学区排除法律和组织方面的障碍，鼓励各地实施校本预算和校本教师聘任制度，并赋予学校教育资源使用的决定权。时任美国全国州长协会主席、田纳西州州长拉马尔·亚历山大还提议，如果实施校本管理，州将放弃大量常规的教育规制权。州长协会的这一表态和承诺，成为美国校本管理在实践中得以发展的催化剂。[①]迄今为止，校本管理的思想和实践已经在美国大多数州的不少地区得到认可、推广，且呈逐步发展之势。统计表明，早在1993—1994学年，美国就有56%的公立学校参与了某种形式的校本管理实践。如今，校本管理在美国各学区已经得以普遍实施。[②]本章首先就校本管理的产生、含义、措施及类型进行系统梳理；然后再分析校本管理的相关理论；最后对校本管理的优势、问题、成功实施校本管理所需的条件及其对我国公立教育治理的启示给予深入剖析。

① 刘宝存.校本管理：当代西方学校管理的新模式.比较教育研究，2001:12.

② Kate R. Fitzpatrick.School-Based Management and Arts Education: Lessons from Chicago.Arts Education Policy Review, 2012, 113(3):106–111.

第一节　公立教育解科层治理校本取向的实践研究

校本管理是公立教育管理改革的基本思路之一，是权力从科层制的集权化向解科层的分权化转变（或权力非中心化）的重要形式。但校本管理在实践中的表现却是多样化的，有的校本管理表现在行政管理结构的更替，将重要的决策权从州和县转移到每一所学校，旨在通过向校长、教师、学生及其家长和其他社区成员提供管理教育过程的更多的权力，为学生创造更为有效的学习环境；有的表现在学校教育组织、管理的非中心化，把权力授予那些最接近学生的人（即教师、家长和校长），为学校系统中的行为人创造新的角色和责任，以期改变课堂中学与教的过程；还有的校本管理表现在权力和责任由上级部门和官员向学校层次的下移，并由一个相关股东参与的法人团体来负责实施。笔者认为，不论校本管理形式如何，其实质则是通过政府"上级"部门（州政府、学区等）与基层部门（学校）权力的重新配置来实施公立教育的解科层治理，以激发学校提高有效性为最终目的。

一、"校本管理"的产生——美国公立教育的科层制模式及其问题

（一）校本管理源于美国公立教育的科层制管理模式

这里需要说明的一点是，不少人认为美国学校是"相当自由"的，具有很大的自治权，对于学校而言，不存在所谓科层制，因此对其校本管理解科层的实质不解。实际上，美国的公立学校同样难逃科层制管理的束缚。自20世纪初美国公立教育制度建立以来，虽然地方学区和基层学校的确享有一定的"权力和自由"，这种权力和自由相对于有些国家来说，甚至是"相当大的"。但是，这种权力与自由首先只是"一定范围"的，同时它还不断受到政府与外界力量的干预。"20世纪前半期，首先是所谓'教育专家'想要把学校置于地方政策的影响之外。他们强制实施统一的标准、扩大学区和学校的规模，使州的资助集权化。二战后出于'民权'的需要，还在客观上要求国家进行更多的控制……即需要提高联邦和州的角色。因此，十几个联邦和州的分类拨款项目导致了学校科层制和非教学人员（行政人员）的巨大增长。"[①] 基于此，美国学者David Track明确指出，自公立教育制度建立以来的时期是"分裂的集权化（Fragmented

---

[①] Joel F. Handler. Down form Bureaucracy: the Ambiguity of Privatization and Empowerment. Princeton University Press, 1996:170.

Centralization）"时期。[①] "分裂的集权化已经扩大了科层的规模。尽管集权与分权经过了数回合的斗争，但是州和联邦的规制、学区的规模以及行政人员的规模却一直呈增长之势……公立教育是'极为科层的单一化的'。"目前美国州和学区教育行政当局对学校的管理奉行所谓铁路理论（Railroad Theory），"在这种理论下，州和学区力求使地方学校工作标准化。于是，州和学区颁布诸多政策和程序，并要求学校把这些政策和程序当作必须遵循的轨道，即用政策代替人来监管学校。而这些政策必须要与学校的教学、课程、评估、管理等方方面面相对应。轨道一旦铺就，学校就会被要求沿其前进，而且建立监督体系（时刻表和火车站），对学校的所作所为加以监督"[②]。

而所谓地方学区的自治也并非就是学校的自主，"尽管教师在教学方面享有较大的自由……但是他们对于校长的影响很小，对于学区几乎起不到影响"。校长的处境大致类似："联邦政府在地方学校起到的无所不在的影响在学校一级尤其是校长更能给予印证。"[③] 美国的确是一个地方分权的国家，或者说"地方控制"是美国中小学教育管理的基本特征，作为学区教育行政当局的地方教育委员会控制着学区的各中小学的经费分配和人员聘用等。但"这种仍属于科层结构的'地方控制'的教育管理体制受到了质疑，因为'权力集中的科层体制是许多城市教育问题的根源……教育科层体制是改进城市教育质量的主要障碍'"[④]，"目前对美国公立学校的主要批评集中在教育的科层性。（学校中的）人们感觉到大的学区是遥远的、科层的、没有回应性的、腐败的"[⑤]，这说明学区也只是公立教育科层制治理系统中的政府行政机构，而非学校自主的保护伞。

就学校本身而言，它也是典型的科层制组织。从理论上说，教育管理理论深受科层管理理论影响；从实践的角度看，学校的科层性也是毋庸置疑的。美国学者马克斯·阿博特是最早提出学校组织有许多特征符合韦伯科层制原则的教育管理学专家之一。他认为，学校组织具有分工专业化的特点；学校内部有着明确和严格的纪律和规章制度，学校管理的理性化程度高，教职员工按照自己的职务、

---

① David Track. "Restructuring" in Historical Perspective: Tinkering toward Utopia. Teachers College Record, 1990,92(2): 170–191.

② 赵中建. 美国"学校重建"中的校本管理和特许学校：与美国学者之间的对话[J]. 全球教育展望, 2001,30(6):1–4.

③ Paul C. Bauman. Governing Education: Public Sector Reform or Privatization. A Simon & Schuster Company, 1996:67.

④ 赵中建. 美国"学校重建"中的校本管理和特许学校：与美国学者之间的对话[J]. 全球教育展望, 2001,30(6):1–4.

⑤ Joel F. Handler. Down form Bureaucracy: the Ambiguity of Privatization and Empowerment. Princeton University Press, 1996:13.

责任、工作量领取工资。要提高学校管理的效率就必须从学校组织建设的程序化和规范化做起。[①]

因此，从上述政府对美国公立教育进行管理的历史来看，虽然它将"地方自治"作为珍视的价值，但对学区和基层学校的控制趋势却有增无减，这恰恰说明即使在美国这样一个号称地方化、多元化的国家，也难脱以"精英垄断（集权化）""技术中立"为主要特征的科层制的窠臼。学校在公立教育的管理中处于科层制的"底层"，处处受到科层制所带来的各种外界力量的束缚。对此，美国人已经充分意识到"公立教育系统失败就因为它是极为科层的单一化的……公立教育的科层亟待改变"[②]。也正因为如此，自20世纪80年代中后期以来，与公立教育科层制模式相抗衡的解科层形式——"校本管理"运动，才会在美国呈蓬勃发展之势。

（二）公立教育管理的科层制模式产生了诸多问题

当整个学校系统变得异常庞大、复杂时，这种"由精英进行外部控制的'外控式'"的科层管理模式就产生了不少问题。首先，学校的运作主要是为了满足上级教育行政部门的要求，按照上面规定的条例行事，并力求以不违犯规则为主要原则。但是面对时代的转变和社会对教育产生的越来越高的期望，以过去的管理方式，学校就不能灵活地作出相应的对策去满足新需要，因为学校的应变能力受到许多僵化规则的限制。其次，这种传统的学校管理模式还导致学校资源的运用效率低下。校长虽身为学校教育最直接的负责人，但在资源运用方面的权力处处受制于上一级教育行政机构。上级教育行政机构又远离处于一线的学生和教师，不能充分了解学生各个方面的需要，但他们却是资源运用的决策者，校长的责任没有清楚地界定，也不需要为资源运用上的错误负太大的责任。在这些因素的互相影响下，资源未能有效被运用，学生的真正需要也未能得到满足，教育质量得不到保证。

要解决这些问题，权力下放应是可行及唯一的方法。要提高效率，学校的管理应由"外控形态"转为"内控形态"。在这个转变当中，上级教育行政机构的角色，应当主要是各种政策、法规的制订者，而他们过去承担的监察学校运作过程的工作应该相应地削弱。这样，学校管理的权力就可以由上级教育行政机构下放至学校，校长就得到了更大的决策权及决策的灵活度。这些改变可让学校有更大的主动性及应变能力。

当学校的资源决策权增大时，学校就可以有更长远的发展目标，学校员工的工作积极性和对工作的满足感也更有可能随之提高。正因为权力下放可使学校灵

① 陈孝彬. 教育管理学[M]. 北京师范大学出版社，1999:59.

② Joel F. Handler. Down form Bureaucracy: the Ambiguity of Privatization and Empowerment. Princeton University Press, 1996:173-182.

活运用资源，学校也就必须小心谨慎地去审视自己的需要，遵循优先次序按需配置资源。另外，学校也可以将节省得来的资源，投入新的教育计划，切合学生的真正需要，最大限度地促进学校发展。

因此，"进入80年代后，西方国家纷纷开始进行教育改革，校本管理逐渐成为各国（包括美国在内的）中小学管理改革的主要措施之一"[①]。

二、校本管理的含义

究竟什么是校本管理？顾名思义，校本管理就是以学校为基础的管理。它是一种以权力下放为中心的学校管理思想和模式，其核心就是强调教育管理重心的下移，强调教育行政部门给予学校更大的权力和自由，使中小学成为自我管理、自主发展的主体，可以根据自身的需要确定自己的发展目标和方向，从而提高学校管理的有效性。因此，校本管理的核心含义就是教育治理结构的改变，将权力下放到学校，实施以学校为基点的学校管理模式，强调发挥基层管理人员和教师的积极性，强调学区、校方行政人员、社区、家长和学生共同决策，共同参与教育教学改革。通常来说，下放到校本管理的权力范围包括财政预算、学校人事决策权等，其目的是改革公立教育的管理系统，优化教育资源，以提高教育质量。这种改变实际上是把权力集中在学校一级。校本管理的主要假定就是基层学校能够更好地确定具体的问题以及本校学生的需要，因此学校应该被赋予更多的权力、责任和机会来改变学校实践，从而满足学生多样化的需要。

校本管理与其他分权化形式（如择校、特许学校等）的区别是，校本管理一般采用以校为本的决策实体，一般称为学校董事会或校本委员会（Local School Council）。这个校本委员会的作用通常是做出决策，或者向校长提出建议，即校本管理一般采用一种由集体管理学校资源的方式，集体的组成人员通常包括学校委员会、学校监督员、校长、教师、社区成员以及学生。但是，校本委员会具有多大程度的决策权因各州、各地方甚至各所学校不同而存在相当大的差异。同样，即使同一学区之间的校本委员会的成员组成也很少一致。

三、校本管理的主要措施

美国的校本管理没有统一形式，有的强调校本决策，有的强调社区参与，有的强调校本培训。从总体上看，校本管理改革的措施主要是以权力下放到学校为核心进行权力重新分配。

---

① 刘宝存. 校本管理：当代西方学校管理的新模式[J]. 比较教育研究，2001（12）.

（一）调整政府与学校的关系，扩大学校的自主权

在校本管理中，权力下放是最核心的问题。权力下放是指改变公立教育科层制管理中"上级"行政部门对权力的垄断，把学校运作权从上级教育行政部门下放到学校，由学校自主管理。从广度上看，下放的权力一般包括财政预算权、人事安排权、课程设置权等，不同的州、地区之间略有不同。从深度看，有的将权力下放给校长，有的下放给学校委员会，有的将权力下放到学校各种各样的教师专业小组或工作小组。权力下放意味着教育决策权的重新分配和政府职能的转变，教育行政部门改变了传统上政府对学校进行控制的科层制模式（如采用财政的分类拨款控制学校的财政运作），转而通过立法、中介组织、政策引导、督导、信息服务等各种间接手段对学校进行宏观调控，以保证政府目标的实现和学校公正、合理地运用得到的权力。学校也改变了职能，由原来的执行机构向决策机构转变，享有了更多的权力，同时也必须为权力的使用及其结果承担更多的责任。

（二）在校本管理中，共同决策成为非常重要的理念

校本管理将权力下放给学校，往往不是交给校长一个人，而是交给一个学校委员会（在美国一般是学校董事会）。学校委员会成员通常由校长、教师、行政管理人员、家长和社区代表组成。例如，美国芝加哥学区进行的校本管理中，每所学校的地方学校委员会由校长、6名家长、2名社区代表、2名教师组成。校长通常是委员会的当然成员，在有些委员会他是当然的主席，而有的委员会校长不得出任主席；有的委员会有权聘任和解聘校长，而有些委员会则没有这个权力。委员会成员有选举产生的，也有自愿任职的。委员会的组成或由教育行政部门规定，或由学校自行决定。在许多委员会中，还设有专门小组（如实验小组、评估小组、教工发展小组以及根据特殊需要而成立的临时小组等）帮助学校委员会决策。

（三）加强校本培训，提高学校的决策能力

在传统的科层制模式下，校长的角色只不过是上级指示的传达者和贯彻者，他更像一名"管理者"而不是领导者。而在校本管理中，一个能够推动和驾御变革的校长是成功的关键，他的角色具有多样性，他不但是校本管理的领导者，还是授权者、促进者、学习者、与外界的沟通者。教师的角色也发生了根本变化，从课堂的管理者转变为学校的管理者，要参与制定学校的目标、任务以及各种政策。家长、学生和参与学校管理的社区代表也必须从建议者的角色转向决策参与者，能够站在学校的立场考虑问题。为了实现各类人员的角色转变，各中小学普遍加强了对上述人员的校本培训，以提高他们的工作技能和团队合作精神。

（四）建立信息共享机制，改善学校的信息沟通状况

校本管理强调的是：权力下放的成功，不但取决于学校决策人员是否具备相应的各种工作技能和合作精神，而且还取决于他们是否能够获得做出好的决策所必需的信息。因此，在校本管理的实施中，教育行政部门都开始注意建立信息共享机制，为学校提供校本决策所需要的组织行为信息，实现学校与教育行政部门的纵向信息共享以及学校与学校、学校与社区之间的横向信息共享，例如通过书面、网络等方式发布信息，或者采用家长教师会议、教师社团交流等非正式的交流方式交流信息。

（五）改革奖励机制，补偿教员参与学校管理的付出

在奖励机制方面，一些实现校本管理的学校尝试拉开收入水平的差距，不是采用企业以能力为基础支付报酬的方法，而是给那些承担工作比较多的教员以额外津贴。更多的学校则以其他的方式进行奖励和补偿。例如，减少教师的工作量，提供参加周末、暑期培训的机会，提供休假、脱产进修的机会，提供参加专业会议的机会，等等。

四、校本管理的模式（兼案例分析）

校本管理在实践中表现出不同模式。其中主要的校本管理形式是校本管理行政主导模式、专业化主导模式和社区主导模式。校本管理的行政主导模式主要指校长或"上级"行政人员掌握决策权的模式；专业化主导模式主要是指采取授权教师、给予其专业发展机会为主要形式的校本管理；社区主导模式则指以授权社区、将重要公立教育治理决策权交由社区的校本管理形式。本节主要采用案例分析的方式对此进行介绍。

（一）校本管理的行政主导模式[①]

行政主导模式是指以校长及学区等原有的行政领导为驱动的模式。虽然从表面看是采取了一种比较民主的模式，校本管理中的决策权通过权力的下放和"外授"转向了基层或社区，为更多的利益群体参与公立教育治理提供了机会。但是，有人提出这种模式的实质在于行政人员（校长等）在决策权方面处于控制地位。此模式在美国的校本管理中并非鲜见，其主要意义仍在于虽然是行政人员主导，但与传统的科层制模式相比，它的显著特点仍然是通过权力的重新分配而提高学校管理的效益，只是这种权力分配的程度并不是很彻底。校本管理的行政控制模式的突出案例是佛罗里达州的戴德县和肯塔基州的校本管理模式。

---

① Dale T. Snauwaert. Democracy, Education, and Governance: A Developmental Conception. Albany: State University of New York Press, 1993:95−101.

下面对佛罗里达州戴德县与肯塔基州的行政控制模式进行分析。

1986年，美国第四大学区——戴德县学区（位于佛罗里达州迈阿密），采用了校本管理决策分享的实验项目。32所学校被选入参与该项目，1989年所有被选学校均参与了校本管理。[①]在该项目中，决策结构以学校委员会（其名称各异，如治理委员会、教育内阁、决策委员会等）为中心，由5~12名成员组成，包括校长、工会干事、选出的教师、学生以及家长代表等。这些委员会起到中心的决策实体的作用，其下属的各种委员会的权限涉及学生管理、课程安排、社区关系等，由各种不同的利益群体组成，包括家长、学生和教师。下属委员会做调查研究并向学校委员会提出建议、递交计划，最终决定权在处于中心地位的学校委员会。决策通常采取多数人投票方式。

戴德县的校本管理模式源自教师委员会并以教师与学区之间的集体协商合同为基础，其一开始是以专业化方式为基础的。后来，扩大了参与群体，将顾客（学生的家长）囊括进来（与学校没有直接利益关系的公民不算在内）。总体而言，戴德县校本管理的改革实践体现了发展性模式的许多特征。如包括许多利益群体的代表（但不包括市民），参与的形式既有直接参与也有间接参与，直接参与表现在参与计划制订，间接参与表现在最后的决定权。另一方面，其参与程度仍然受到了相当程度的限制，因为在学校委员会中校长仍然保留了否决权和最终取舍权。事实上，正是这种否决权的规定限制了参与程度，将学校委员会及下属委员会的参与降到了顾问的地位。

这种趋势（校本管理所外授的权力有限，授权的目的也是提高效益，而不是政治平等）在肯塔基州的学校改革中也同样存在。该州在1990年通过《肯塔基教育改革法案（Kentucky Education Reform Act，KERA）》，该法案被视为近期美国历史上影响范围最广的改革法案，不仅成为肯塔基公立教育系统校本管理改革（以及整个公立教育制度改革）的推动力，并因此而成为其他州推进公立学校改革效仿的对象。[②]其中一项比较引人瞩目的改革即法案规定设立校本决策委员会。自此，肯塔基州所有学校的校本管理改革逐步推进，每所学校的委员会由一定数额家长、教师和校长组成，家长和教师通过选举的方式产生，一直延续至今。委员会可以制定各项政策如课程、学生分班、每日与每周日程安排、学校设施的使用、教学、纪律、课外项目、分配到学校的资金运作，等等。决策在意见一致的基础上作出，虽然一般公众不能直接参与政策制定，但是委员会会议向公众开

---

① Sihono T. , Yusof R. Implementation of School Based Management in Creating Effective Schools. Open Access Library Journal, 2012, 2(5):1-15.

② Stenton S S. School-Based Decision Making (SBDM) Councils and Their Efficacy and Productivity as Perceived by Council Members, 2010.

放。该州还规定学校政策制定要被限制在学区和州的政策框架内。学校委员会的权力看似很大，但这个规定却削弱了委员会做出决策的权力。改革法案要求校本决策，但是州一级仍然保留了相当的权力。如在改革发展中一个关注的重点是责任制，体现在建立责任委员会，负责评估全州的学生成绩制定标准。然后，根据学生的成绩来判定学校的成功与否，"成功"的学校会得到来自州的物质奖励。此外，还建立教育责任办公室来实施州的评估制度。州通过控制评价的标准从而控制课程和教学方法以及课外活动等学校事务，削弱了地方学校委员会的决策权。这种改革的方向是：在不放弃传统控制的条件下提高效益。但是校本管理的治理系统与州规定的责任制之间存在内在的矛盾性。如果学校在州没有得到充分大的发言权，校本决策中的授权会因州的控制权的继续存在而被削弱。在肯塔基改革法案中，虽然倡导校本决策，但是相当的权力仍然放在州一级，学校权力依然受到相当程度的限制，体现了分权化中追求效益的趋向以及校本管理仍然受到"上级"控制的问题。当然，从另一方面而言，其意义则在于虽然决策权没有全部下放，但教师、家长等的地位和作用相对于传统的科层制而言则得到了前所未有的强调。

（二）校本管理的专业化主导模式[①]

校本管理的专业化主导模式是以专业人员（教师）为主导的校本管理模式。

1. 具体形式

校本管理的专业化模式的一个杰出的例子是新墨西哥州的Santa Fe学区实施的校本管理计划。其主要目标是提供机会让教师在教育决策中有更大的参与度以促进专业发展。其校本管理改革来自学区学监Edward Ortiz的努力。为了获得改革的合法性和重要的技术支持，Ortiz从Matsushita 基金会得到了重建学校的资助，其改革计划被命名为"学校改进项目（Schools Improvement Program）"。其校本管理的核心是向教师授权。在该项目中，教师授权的表现是决策权力从州立法机关和学区办公室转向由教师和学校校长组成的学校委员会，该委员会对于课程和教学以及选择校长都有控制权。在其中一所学校，委员会决定校长退休后不再重新任命校长而是由教师来通过委员会管理学校。这是一种程度相当高的民主化治理。

2. 专业化主导模式分析

新墨西哥州教育决策具有集权化的传统，实际决策权依然保留在学区董事会。所以，以授权教师为核心的校本管理计划也遇到了一些严峻的现实问题：如果学校改革需要学校董事会的许可，能够保证学校委员会拥有所有的决策权力吗？实际上，学校委员会的自治只是限制在学区董事会规定的范围之内，这种限制会

① Dale T. Snauwaert. Democracy, Education, and Governance: A Developmental Conception. Albany: State University of New York Press, 1993:91－95.

在相当程度上破坏教师的授权，特别是教师在课程和教学改革的控制权方面。然而，分析人士认为，之所以将这种权力保留在学区（政府行政机关），目的是促进效益的提高和政策实施的成功，同时又不放弃行政的控制。"如果专业化方式的核心是建立在近来工商业的组织改革的基础上，很可能这种控制权的保留是一种发展方向。分析家认为我们已经进入了商业管理的新时代"①，管理从权力的等级、科层制转向更加解科层的参与性的、分权化的管理。正如Reich所说，"学校董事会的权力的保留也许是为了服务更广泛的社区的利益。在这种情况下，就会存在一个复杂的结构。但是，现在的问题是在地方董事会和州立法机关中缺乏学校的代表，由此而削弱了民主的合法性。这种情况强调了学校重建中政府间关系的重要性，这是校本管理的专业化和授权方法遇到的根本问题。如果倡导分权化但是没有解决政府间的关系就会削弱学校重建的成果"②。

当然，Santa Fe学区校本管理改革表明：运用专业化方法重建学校的另一个根本问题就是它将校本决策权限于专业的教育者，而把家长、学生和公民排除在外。从发展的角度说，这个局限在于只把权力放到专家手里。而仅靠专家对影响孩子或者社区未来的教育决策做出决断会存在很多问题。

（三）校本管理的社区主导模式③

社区主导模式是指以家长或社区人士为主导的校本管理模式。其中芝加哥社区授权模式是典型代表。

1. 芝加哥社区授权模式的表现

芝加哥学校改革计划是最接近真正的民主授权的改革。芝加哥改革的一个主要特征是建立地方学校委员会。这些委员会包括校长和10名选举产生的成员：6位家长、2名社区成员和2名教师。每一位成员都从他们自己的相关群体中产生，也就是说，家长选家长、教师选教师。地方学校委员会雇佣一名学区学监，其职责是：负责评估校长的成绩，校长与地方学校委员会签定为期4年的合同。委员会有权力在校长不合格的情况下解雇和重新任命校长。地方委员会还审批校长提交的经费支出计划，负责向校长提出有关教材选择、纪律政策和批准学校改革计划（该市改革法案要求每个学区提出计划）等。规定地方学校委员会"应该每年至少召开两次公众会议。会议内容应该包括提出地方学校改进计划、学校经费支出计划、年度报告，并应该提供公众评论的机会"。此外，还建立学区下属委员会，该委员会由学区里的每所学校委员会成员或家长组成，并从他们各自的学校

---

① Dale T. Snauwaert, Democracy, Education, and Governance: A Developmental Conception. Albany: State University of New York Press, 1993:93-94.

② 同上书，第94页.

③ 同上书，第95-101页.

委员会中选举产生。该委员会的责任就是促进各所学校的地方学校委员会以及学校教师之间的协调与沟通，传播创新教育实践研究，促进和实施地方学校委员会的培训，为地方学校委员会提供自愿讨论解决问题的机会。治理结构的最高一级是教育董事会，由市长从每个地方学校委员会提名的候选者名单中任命。该董事会的职责是：对该市的公立教育和公立教育系统实施一般监督。它有权建立和维持学校及教育设施、将城市分成下属学区、建立和批准全市的课程目标和标准、雇佣非教学人员、制定学校设施改进和维修政策，等等。

2. 芝加哥社区授权模式的分析

总体来说，芝加哥计划是一种复合结构，以地方学校为基础划分各级不同的权力和责任。它与进步主义时代产生的集权化（科层制）系统的显著差异是把对于地方学校的控制权还给了地方代表，为教师、家长和市民的参与（至少是一种间接形式）增加了机会。决策再也不是远离于这些团体的影响之外的事物了。但是从发展的角度看，芝加哥计划并没有实现相关团体（或人员）的充分的直接参与。普通教师、家长和市民仅限于选出代表。虽然在分权化结构中选举代表的参与也许能够参与最初的政策制定，而且改革法案规定允许每年年度会议有公众评论的部分，但公众并未在政策过程中有实质性参与。此外，地方学校委员会更大程度上是一个批准的实体而不是一个立法实体，因为其基本权力就是对已经制定的政策予以批准或不批准。其职责限于批准校长提出的经费支出计划和学校改革计划，对教材选择和纪律等政策提出建议，而学校委员会本身并没有真正参与政策制定。但是，因为这个制度就其实质而言是分权化的，在政策制定过程中的非正式的参与也比以往更加普遍；而且芝加哥改革用的是代议制，学校委员会代表不是偏向专家而是家长，这是一种授权学校服务的对象——顾客的尝试。

总之，虽然芝加哥改革计划向发展性参与治理系统中迈出了重要的一步，但其问题在于没有为非代表成员提供正式的参与机会，而即使是参与的代表也没有完全、直接参与决策过程。而且，其强调的社区授权有威胁教师专业化的危险。因此，需要一个平衡的、整合的治理系统，为所有群体提供充分的、平等的参与。虽然芝加哥改革的确走向发展性方向，因为它的基本思想似乎是授权而不是效益，但是如果改革的发展性意图要真正实现的话，还需要更大范围的充分和直接的参与。

以上三种模式分别为行政人员（校长等）主导、教师主导和社区人员主导，其授权的程度是自弱至强的。尽管模式各异，授权的程度也不同，但它们都有一个共同的特点，即将改革的中心放在学校管理权力的重新分配。它们的意义在于向传统的科层制治理提出挑战，致力于通过权力的下放和分享来摆脱科层制的规则控制。

综合以上关于校本管理实践的来源、含义、主要措施以及具体模式可知：不论其实践形式和效果如何，美国的校本管理的确已经形成了具有较大影响的、创新性的教育管理改革运动，其核心在于改变公立教育科层制管理中权力主要集中在"上面"的传统，通过权力的"下放"给予基层学校前所未有的自主权力，从而为实现公立教育治理的解科层而努力。尽管它在实践中仍然处处受到科层制的束缚，但其冲破传统的决心似乎越来越大。

第二节　公立教育解科层治理校本取向的理论研究

本节主要从重建政府与学校关系的角度论述公立教育解科层治理的校本取向理论。主要分两个方面：首先，本文认为公立教育解科层治理的校本取向理论的理论基础是放松规制（De-Regulation）理论[①]，本节第一部分的重点放在放松规制理论；其次，校本取向理论是放松规制理论在公立教育治理领域的具体化，这是本节第二部分的内容，也是本节的主要内容。本节的核心观点是：为了解除公立教育治理中传统的科层制问题，需要重建政府与学校的关系，其实质在于政府放松对于学校的规制，给学校以前所未有的自治权。

一、放松规制理论

"放松规制"也译为"解除管制"等，源自英文Regulation（译为"规制"或"管制"，中国学术界一般将其通用，笔者认为"规制"的译法更符合原意），"通常意义上的管制是指依据一定的规则对构成特定社会的个人和构成经济的经济主体活动进行限制的行为"[②]。而在公立教育治理中，规制是指政府依据事先拟订的规则对公立教育治理中的行为人及其活动进行限制的治理行为及思想。而放松规制理论（也有译为"解除管制理论"）是规制的一种"松绑"，指在一定程度上解除规则限制，以放松对公立教育治理领域的行为人及其活动的限制的解科层治理理念。

放松规制理论是20世纪80年代末兴起的一种政府改革理论，其主要代表人物是Constance Horner，James Wilson，Paul A. Volcker，William F. Winter等人。[③] 美国放松规制理论的代表人物是James Wilson，他的理论不同于公共选择学派对政府科

---

① 宋世明.美国行政改革研究[M].国家行政学院出版社，1999:292-303.

② 同上书，第57-58页.

③ 杨冠琼.政府治理体系创新[M].经济管理出版社，2000.

层的经济理性人的假设和价值判断，认为为了解决科层治理效率低下的问题，要在外部规制和内部自主权之间达到一定的平衡。"要想干得好，我们不能不减少对政府的制约。既然减少对市场的制约能使参与者释放进取的潜能，从而产生实际效率，那么减少对公共部门（对校本取向理论来说，这个公共部门就是公立学校，同时就公立学校的本质而言，它也属于政府科层机构的组成部分，是科层的基层组织）的制约也有助于激发它的活力。"① 《美国官僚政治——政府机构的行为及其动因》是Wilson放松规制理论的代表作，但是其放松规制理论隐含于其大量的案例分析中，这里简单介绍其放松规制理论的思想脉络②。

（一）对政府科层系统中的基层机构的科层治理阻碍了组织效率的提高

美国民主制下行政科层组织面临的客观现实是它受到诸多制约因素的束缚。行政科层组织运用的是公共资源（税收）、行使的是公共权力（法定授权）、实现的是公共目标，因此它不能自由运用可获取的资源。因此，政府科层组织面临的上述制约要素有一定的必然性，这是由政治权力的既定结构决定的，无论从纵向还是横向结构来说，行政科层组织的受束缚都是当初科层制设计和发展的结果。但现在问题的关键是政府科层组织受到了过度规制，给公立部门的治理带来了消极的影响，政府科层组织逐渐形成一种对规则负责而不对结果负责的公共管理哲学。这种哲学的形成是因为管理人员"担心程序胜于结果，结果往往难以预测，事后才能看到且富有争议性；而程序则是立竿见影的，广为人知的，而且是法律或规章明确规定的"③。

（二）美国政府科层组织过度规制原因分析

除了制度过于科层化的原因之外，美国特有的政治文化也助长了过度规制的形成。美国的政治文化中隐含的是一种对政府不信任的思想，因此强调除正式法律之外，还须有分权和制衡制度来阻挡绝对权力的行使。美国现实生活中的制衡又是通过一定的"规则"来发挥作用的。没有一定的规则作凭借，任何一个部门都难以对另外一个部门合法地施加影响力。因此，其治理过程既是一个制衡过程，也是助长规制膨胀的过程。

（三）如何解决针对过度规制的问题——放松规制

为了减少政府机构的科层管理，缓解过度规制的问题，其逻辑的必然就是需要以放松规制为核心：不能让程序埋没了目标、过程代替了结果、投入代替了产出、规则代替了使命。要以下列思想为指导：

第一，权力下放。使权力分配和对资源控制与组织所承担的任务相匹配，以

① [美]詹姆斯·Q·威尔逊. 美国官僚政治:政府机构的行为及其动因[M]. 中国社会科学出版社，1995:439.
② 宋世明. 美国行政改革研究[M]. 国家行政学院出版社，1999:292-303.
③ [美]詹姆斯·Q·威尔逊. 美国官僚政治:政府机构的行为及其动因[M]. 中国社会科学出版社，1995:312.

115

此达到调动组织积极性和提高管理效率的目的。

第二，以结果为本，淡化科层制的垄断管理，以取得的结果来作为评价组织的标准。这也就是所谓的责任制（Accountability System）。

上述两方面实际上是互相作用的。权力下放赋予基层组织更多的自主权，但在运用这样一种权力时，往往也伴之以相应责任。

总之，放松规制理论认为政府治理的问题主要在于科层制必然导致规制过多，因此放松规制是必然取向。放松规制理论在公立教育治理中的具体化就是公立教育治理的校本取向理论（校本管理理论），其核心思想是认为政府对学校束缚（规制）过多，造成公立教育治理效率低下，因此需要重建政府与学校的关系，重建的关键在于给予被治理的组织（公立学校）以更大的自治，给它"松绑"，以达到更好地发挥其潜力、取得更大的治理效率的目标。只有放松规制，才能够解决公立教育治理中出现的严重的科层制问题，走向解科层治理。

二、公立教育治理的校本取向理论（校本管理理论）

校本管理的基本思想是要求将一些重要的决策权从州中央行政办公室或者学区下放到学校，以将公立教育科层制系统的决策权分权化。用管理学的术语来说，这就"创造了扁平化组织，科层等级被剥离，决策在靠近基层的地方作出，节省了科层式文书工作，其更理想的结果应该是学校更加灵敏、更具有适应性、效率更高"[1]。

该理论的提出除了其理论渊源——放松规制理论之外，还在于现在时代的变化。"所有的工业化国家正在进入人力资源时代，以前的大容量、标准化生产在很大程度上让位于灵活系统的生产。在这个过程中，工人（对于公立教育来说是学校教职员工）以整合的团队确定和解决问题。这种新的工作组织必然是一种比大容量、标准化生产更加合作的、更具有参与性和平等性的组织。因为只有在合作、参与与平等中，才能够发挥创造性、肩负起责任与洞察力。"[2]

关于校本管理的理论研究非常多。总结起来，校本管理的理论主要涉及三个方面：校本管理可以提高学校效益、学校这个系统的实质适合校本管理、对学校的管理哲学应该从根本上加以改变。

（一）校本管理是追求学校效益的必要条件

校本管理之所以是追求学校效益的必要条件，首先是因为传统的科层控制式

① Robert G. Owens. Organizational Behavior in Education: Instructional Leadership and School Reform. Needham Heights, MA: Allyn and Bacon A Pearson Educational Company, 2001:385.

② Dale T. Snauwaert. Democracy, Education, and Governance: A Developmental Conception. Albany: State University of New York Press, 1993:94.

管理效益不明显。多年来的改革实践证明：不论是来自联邦、州还是学区层次，我们还没有充分的事实说明通过自上而下的命令—控制方法如何提高学校的效益。[①]即使有关机构对改革的执行情况进行了严格、密切的监督，力图使学校通过执行来自学区中心办公室、州级教育行政机关甚至是联邦机构的改革要求，从而达到提高学校绩效的目的，但这种改革的结果常常是令人失望的："这样的改革常常以命令传达的形式出现——从上面的决策层沿着等级下传至下面的实施层（学校）——学校要遵循的是"上面"的指令、统一的政策、关于课程设置的具体要求、如何选择教材的要求……然而除了行政办公室的科层官员之外，支持这种方法的人几乎寥寥无几。"[②] 而校本管理是一种自下而上的基层自主的管理，在理论上它具有提高效益的优势，"已经有不少成功的事例证明，自内而外的改革学校的做法可以提高学校的有效性。这种方法意味着每所学校都要达到同样的标准，但每一所学校可以对标准进行自己的阐释"[③]。

校本管理有两个基本的理论基础：学校层面的自治和参与性决策。自治能带来决策权力的授权（至少是部分授权），权力从学校董事会和学区中央办公室转向学校的教师、家长、校长、学生和社区成员。其意图在于使决策过程分权化，把权力的基础主要放在学校一级。这种分权化和地方学校的授权带来的是参与性决策。校本管理的目的即在于通过教育治理的民主化促进组织的能力和效益。而参与是提高学校效益的必要条件，因为教育过程的自主控制加强了教师的专业发展和家长在学校事务中的参与，由此而激发了教育过程中行为人的潜力。因此，学校自治与参与性决策是学校效益的必要条件。

之所以要强调学校的自治和参与性决策，其具体原因可归结为：

1. 由外界强加的教育决策剥夺了某些与学校有关的人员的权力，学校需要一种参与决定变革的机会以及使变革适应具体环境的灵活性的权力。

2. 学校是决策的基本单位，应该给学校以甄别学生需要并对之做出反应的权力。

3. 对某一主题了解最多的行为人应该有权对该主题做出决策。

4. 与学校系统有关的人有参与决策过程的权力和义务。

5. 那些受学校决策影响最深的人（教师、学生和家长），应该在学校事务的决策中发挥重要作用。

6. 学生、家长、教师有独特的需求，他们能最好地识别和满足这些需要。也

---

① Robert G. Owens. Organizational Behavior in Education: Instructional Leadership and School Reform. Needham Heights, MA: Allyn and Bacon A Pearson Educational Company, 2001:385.

② 同上.

③ 同上书，第386页.

就是说，校本管理强调学校是一个自行管理的系统，追求教育需求目标多元化和教育质量的提升，主张殊途同归和权力下放。

（二）学校是一个松扣系统

公立学校常常被描述为"松扣系统（Loosely Coupled System）"[①]，在学校规模、学生群体组成、资源、设施、教师、教学等方面自然应该享有相当程度的自治。对于公立学校这样一个"松扣系统"采取集权化的、强制的科层制管理模式会阻碍决策的实施。集权化破坏了组织的学习能力，从而也破坏了学校对于变化的社会条件的回应能力。[②]随着时间的推移，学校回应能力的降低最终导致了学校教育质量的下降。

因此，决策权力应该放在离实际的教育事件最近的地方。决策集权化的方法——管理的科层制只会排斥学校成员的参与。教学是流动的、充满创造性的、复杂的过程，学习风格也应是多元化的，而不是一种常规活动。这种教学思想要求教师直接参与组织结构中教育政策的制定。治理的科层制系统阻碍了教师在政策过程中的参与，阻碍了教师的专业发展，在实质上将教师当成了科层管理系统内的泰勒制科学管理思想中的"工人"。从这个角度看，过于科层的管理是教育平庸问题的症结所在，而通过给予基层人员以充分的自主性达到解科层的状态可能是解开这一症结的必然方向。

此外，对于政策实施的研究表明，"即使在一个集权化的、自上而下的系统中，实施者也会根据不同的环境的需要与变化而对政策进行重新修订"[③]。从这个角度看，"政策是来自下面而不是从上面命令下来"[④]。因此，尽管公立教育治理的科层制方式已经非常完善，但是在这种完善的管理方式内部，在学校这一最基层的科层制管理单元中，却"内生"着解科层的因素。

（三）校本管理表明从精英控制式的管理走向民主参与管理的管理哲学的改变

美国校本管理模式的产生反映了其教育管理哲学从"外控式管理"向"内控式管理"的转变。传统的外控式教育管理追求教育目标一元化，追求数量的发展，认为理性的行政管理科层结构和集权化是教育管理的基本原理，学校只是一个执行系统，学校要做的就是按照上级教育行政主管部门制定的政策行事。传统的管理哲学有以下的假设：

① Weick K. E. Educational Organizations as Loosely Coupled Systems. Administrative Science Quarterly, 1976, 21(1):1-19.

② Bowles S. , H. Gintis. Democracy and Capitalism: Property, Community and the Contradictions of Social Thought. New York Basic Books, 1976.

③ Lipsky M. Street-level Bureaucracy. Street-level Bureaucracy, 1983.

④ Minitaberg H. Crafting Strategy. Harvard Business Review, 2001, 65(3):469.

（1）一个理性的行政管理科层结构是必须的，从管理的策略讲也应当如此。

（2）集权化乃至于权力统一在中央或者中心机构是在所难免的。

（3）机会均等是基于平均地给予各组织应有的资源的需要。

"外控"的管理哲学基于以上这些假设。这种科层制的"外控式"教育管理哲学是在工业生产时代形成和发展起来的，对公共教育体系的建立和教育规模的迅速扩充起到了促进作用，同时也促进了学校整体教育质量的提高。如果公立教育系统保持在雏形或简单的结构上，"外控"管理形式也可以发挥相对有效的作用。但当教育系统的结构日益庞大及复杂时，外控式的科层管理就不能覆盖系统内部的每一单位或细节，很难适合复杂的教育系统结构的需要，也很难跟上社会的瞬息万变。

外控式教育管理的局限性就在于使学校缺乏自主权和应变能力，不能根据社会和自身的需要灵活地制订发展策略和战略。随着时代的发展，与外控式管理相对应的内控式管理思想——校本管理便应运而生。从外控式管理向内控式管理的转变实质上就是政府行政部门与学校之间关系的重整，变科层制的控制式管理为解科层的自我规制式管理，这种转变的核心在于学校管理权的下放和教育行政部门及学校相关行为人（包括校长、教师、学生及家长等）的角色转变，从而激发学校的自主性、灵活性。从学校管理涉及的教育投入、教育过程和教育产出三个方面来看，这种新的管理理念的基本假设是：

（1）教育投入方面的假设：由于学校能够掌握教育资源的需求和效用方面最确切的信息，也能够对资源的使用做出最为恰当的决定，因此把相关的决策权下放给学校，使学校取得有效配置教育资源的地位，将使教育资源的投入和使用更为经济、更为合理；而且如果吸收家长参与管理，还会激励家长对学校的责任感，他们就更愿意在资金、人力和其他方面支持学校，学校的有形资本和无形资本的实际积累都会增加。

（2）教育过程方面的假设：如果学校被赋予更大权力，去管理与学校密切相关的各种事务，对于学校管理层来说，将有利于学校管理发挥民主性和参与性，有利于管理决策的推行；对于学校教师来说，由于作为专业人员的教师掌握着有关课程、教学法、学生学习等方面的知识，因此有利于他们对学校的核心事务——教师教学和学生学习，做出最恰当的决策并执行。

（3）教育产出方面的假设：如果学校管理决策能遵从"权力下放"（Decentralization）和"授权"（Empowerment）的原则，将有利于教育产出的优化。从学生角度看，如果家长和教师有权代表学校进行决策，支持学生改进的学校气氛就会形成，这将改善学生的学习情况；从学校角度看，实施校本管理，可以增强学校相关行为人的责任感，从而使更多的人来关注学校绩效的改进，而有

119

效学校（Effective school）的一些主要特征也有望通过实施校本管理而得到增进。

此外，20世纪中叶以来，以边缘化、分权化、多样化、解构主义为中心的后现代主义思潮在美国等西方国家兴起并迅速发展，倡导取缔任何中心事物和压倒一切的真理，要把注意力集中到边缘事物上去，对公立教育管理的思想产生了相当大的影响。上述所谓的"权力下放""授权"等术语，也是深受后现代主义哲学思潮的影响。

因此，校本管理的理论也并非一种系统化理论，实际上它是现代组织理论、管理理论等多种理论的综合，但是其理论核心则是一种解科层的放松规制思想，其实质是通过教育权的转换与下放来重建政府（行政机构）与学校的关系，从而发挥基层人员的潜力、激发其自主性，最终达到提高教育治理效果的目的。该理论的产生和发展是美国校本管理实践在公立教育解科层治理理念中的反映，促进了美国校本管理实践的深入开展与持续发展。

第三节　对公立教育解科层治理校本取向的评析

由于公立教育解科层治理校本取向的理论本身并非一个系统的理论，因此本节将主要通过剖析作为实践形式的校本管理的优势、存在的问题以及成功实施校本管理的条件，对公立教育解科层治理校本取向的理论和实践进行综合分析。

一、校本管理的优势

在校本管理推行若干年之后，一些研究者对校本管理的影响和效果做了许多研究。部分研究表明：美国（等国）的校本管理提升了学校管理质量并扩大了学校决策中相关主体的参与[①]；此外，相当数量的研究发现，尽管校本管理与学生学业成绩的提高、非学业领域的表现（纪律问题的减少，低辍学率以及高出勤率）之间没有必然的联系，但校本管理对学校管理效率、教师表现、家长参与以及教育公平均有不同程度的积极影响。有专家解释说，校本管理之所以没有对学生的学习结果产生影响，是因为教育管理改革与学生成就改进之间会有5~10年的时

---

① Saeid Moradi, Aliakbar Amin Beidokhti, Kourosh Fathi. Comparative Comparison of Implementing School-Based Management in Developed Countries in the Historical Context: From Theory to Practice. International Education Studies, 2016, 9(9):191.

差。[①]可以形成共识的是，校本管理尽管不是改进学生表现和提升学校效能的充分条件，却是一个重要条件。校本管理作为一种管理改革的方式，更加重要的意义在于它是针对过去教育治理中科层制（政府对学校的规制过多导致学校没有自主权）形成的一些弊端而作出的放松规制（伴随着权力下放到学校）的教育管理革新方式。相对于传统的科层制管理模式而言，校本管理作为一种公立教育解科层的形式表现出传统模式所不具备的优势：

（1）对于学生而言，这种管理方式可以发挥对学生有利的一面。因为通过校本管理，学校可以灵活运用资源，符合学生所需。学生更容易获得各种各样的资源，以符合他们各方面的兴趣需要。如一些关于校本管理的研究报告指出：学生感觉到校本管理带来的变化是教师更加关注他们，学校的改革行为提高了学生在学校活动中的参与（如科学博览会、数学竞赛等），从而提高了学生的自尊感以及学习成绩。[②]还有研究表明，若教师更积极地参与与教学有关的校本决策时，学生的辍学率和留级率则会相应下降。[③]

（2）对于学校而言，校本管理对学校的发展更有好处。它使学校更系统地计划、评价各个教育项目；使学校有更清晰的目标，学校的教育活动更有方向性；校长、行政人员及教师角色及分工更为明确；学校教职工之间的沟通更为方便和顺畅。

在校本管理这种解科层的管理模式下，教育行政机构的角色主要是执行中央、地方所制定的教育法规和政策，至于学校行政管理方面具体的责任则会尽量减少，这些管理责任会落在办学实体、校董会、校监及校长的身上。当权力下放至学校时，在适当的组织及管理策略的影响之下，"资源运用的责任"与"管理的责任"就能互相配合。如果学校多重视灵活运用资源，少受中央指令渗透到学校的具体限制和牵制，可使教育计划和学校课程更加满足学生所需。

（3）对于教师而言，如果校本管理真正赋予了教师更大的权力和灵活性，则会对教师的教学态度及其在学校决策中的参与产生积极影响。研究表明，校本管理中教师参与决策的过程有助于减少教师各自为政，并强化其改进教学质量的责任感。"研究事头显示：当给予教师更多的投入教育实践决策的机会，教学会得以提高。"[④]因为校本管理为教师提供进行课堂实践的改革创新机会、决定教学内

① 冯大鸣. 美、英、澳教育管理前沿图景[M]. 教育科学出版社，2004:148.

② Hatry H., E. Morley, B. Ashford, T. Wyatt. Implementing School-Based Management: Insights into Decentralization From Science and Mathematics Departments. Washington, D. C. : Urban Institution Press, 1993:157.

③ Delaware Education Research and Development Center. The Promise and Problems of School-Based Management, 2000.

④ Simon Hakim，Daniel J. Ryan，AndJudith C. Stull. Restructuring Education： Innovations And Evaluations Of Alternative Systems. Westport,Ct. Praeger Publishers, 2000:229-239.

容和顺序、影响课程安排和课程内容；同时，上述优势还能够增强学校对于优秀教师的吸引力，而优秀教师则是提高教育教学质量的重要因素；此外，校本管理还能够加强教师和学校领导的沟通，从而提高学校决策的质量。①

二、校本管理存在的问题

从校本管理的实施过程看其存在的问题主要表现在四个方面。

（一）校本管理实施阻力重重

"研究表明：虽然校本管理在原则上似乎简单明了，但是在实施过程中困难却大得多。"②因此，在公立教育治理系统中实施校本管理的结果是喜忧参半。虽然在有些中等规模的郊区学区实施校本管理产生了良好的效果，但在许多学区尤其是城市学区，校本管理实施的问题重重，学校董事会和学区中央行政办公室的科层官员们根本不愿意将权力下放给学校。"推行校本管理改革的结果只是十分有限的权力下放到学校，学校拥有的决策权只是微乎其微或者形同虚设。"③

"位于纽约的中心公园东部学区的改革是一例成功案例，它表明当主要的教育管理机构与学校真正做到权力共享、权力开放时，产生的结果是激动人心的。但是，即使在那里，科层作风也重新聚集，最后导致校本管理改革努力收效甚微。当最初发起改革的学监和学校领导离开本学区以后，改革工作即告结束。是什么使校长和教师工作效果不高呢？"④

答案是这样一种科层制学校管理体制存在问题："它试图通过强制推行烦琐复杂的命令—控制机制来限制创新，试图通过统一的、烦琐的命令和规章来管理所有员工，这样就阻碍了（他们）追求更好地教育孩子的方法的努力，对于孩子应该学习什么缺乏针对性的标准，而只有提供平庸的教育服务的烦琐的标准。"⑤

（二）由于各界支持不足而产生问题

社会上，甚至一些教育行政机关对校本管理似乎极力推崇，但是落实到一些具体的实施时，往往对"新措施"反应冷淡，其中关键的原因是上级教育部门没有提供足够而又实际的支持和帮助。比如某些地区政府只提供了有关校本管理的

---

① Delaware Education Research and Development Center. The Promise and Problems of School-based Management, 2000.

② Simon Hakim, Daniel J. Ryan, Judith C. Stull. Restructuring Education： Innovations And Evaluations Of Alternative Systems. Westport, Ct. Praeger Publishers, 2000:229-239.

③ Robert G. Owens. Organizational Behavior in Education: Instructional Leadership and School Reform. Needham Heights, MA: Allyn and Bacon A Pearson Educational Company, 2001:385.

④ 同上书，第386页.

⑤ Daine Ravitch, Joseph P. Viteritti. New Schools for a New Century: The Redesign of Urban Education. New Haven, CT. Yale University Press, 1997:4.

文件以及一些理念，提出一些建议和目标，它督促学校按照一些新的措施去进行学校管理改革，但实质上的支持少之又少。而当学校实行了校本管理新措施后，校内的变革一浪接一浪，工作量随之倍增，校长及教师承受着改革带来的很大压力，但政府并未给予学校足够的支持、以缓减这方面的压力。面对有限的教育资源和支持，真正的校本管理的新措施很难推行。

（三）未清楚界定其各种角色及职责

校本管理在实施过程中存在着许多变化因素。如果我们把校本管理作为一种系统，其职权下放既可以从政府下放到学校委员会，又可以从学校委员会下放到学监，还可以从学监下放到校长，更可以从校长下放到与学校相关的社区成员，比如教师和学生家长等。当然，也可以下放到以上涉及的2~3个甚至全部成员组成的办学团体，由这种办学团体统一管理学校。但无论如何，其中的变量比较多，以至于有时不能清楚地界定相关行为人的角色及职责。例如，社区人士在其中能够产生什么作用？他应当承担什么角色？学生家长呢？学监呢……

（四）有关人员缺乏相应的管理理念和知识、技能

实施校本管理，校长是其中关键所在。只有校长勇于接受挑战、面对变革，首先参与试验计划及全面实施校本管理，这一新观念才能得到实施。但是校长在面对这一全新的管理模式时，往往不知如何应对。此外，教师的心理和专业准备不足也是一个重要问题。大部分教师在面临校本管理这一新的治理形式时，不明白校本管理精神及对自身在专业上的要求，更不清楚他们自身在改革上应扮演的角色，显得在角色适应与知识准备方面严重不足。但是，从某种程度上可以说，校本管理的成败取决于教师。包括以下几个方面：（1）权力是否由学校的决策层下放到教师手上；（2）教师能否发挥专业自主的精神；（3）教师是否积极参与校本决策。所以，教师对校本管理的态度和专业准备不足，也会造成改革实施进展缓慢。甚至很多教师对推进校本管理抱怀疑态度，认为管理改革只会给他们带来更大的工作压力和负担，不会给他们带来更多专业提升的机会，因此产生了一些懒惰和抵触心理。而参加校本管理实施的其他相关人员如家长、社区成员缺乏相应的理念和知识等，也是重要问题。

总之，公立教育治理校本取向的实践与理论的确在公立教育治理解科层化的道路上前进了一大步，它试图通过放松规制"还权于学校"，从根本上减少上级行政部门对学校的规则约束，但其实施和理论本身均存在一些不容易克服的问题，其本身并不必然导致公立教育治理的民主与效率的目标的达到，公立教育治理校本取向的成功实施还需要诸多条件。

三、成功实施公立教育解科层治理校本取向所需要的条件

传统公立教育治理模式是进步主义时代创建的科层化的、集权化的学校治理的精英民主制度，而校本管理运动的趋向是民主的、解科层的、分权化的教育治理系统，它意在提高教育政策过程中教师、家长、市民和学生的参与程度。就其本质而言，"校本管理"是一种放松规制的解科层的管理。在解科层的教育行政运作过程中，各级教育行政机构必须从指挥的角色，转变为支持、协调、评价的角色；校长要从执行、管理的角色，转变为领导、决定、沟通的角色；教师要从半专业人员的角色，转变为专业人员的角色。这些角色能否转变成功，是"校本管理"措施能否成功的先决条件。研究表明，"如果校本管理能够做到在学校层面的充分自主及灵活，则能够为学校实现既定目标和有效性的最大化提供必要条件和动力"[①]。目前，在美国的校本管理实践中也涌现不少成功实施校本管理的做法，为了更具体地阐述校本取向公立教育治理所需要的条件，本部分将结合实际做法进行分析。

（一）需要"上面"的行政部门做出努力

1. 在思想上意识到校本管理不是一个单一的放之四海而皆准的模式

行政管理部门从思想理念方面应该意识到校本管理的实施方式具有相当大的差异，在各学区之间各有不同，在学校、学科和课堂一级的权力分配、责任和参与方面均存在差异。如虽然所有的学区都有某种形式的校本委员会，但是每个委员会的成员、决策类型、决策范围都有差异。总之，在各个学区的校本管理中没有"一刀切"的方法。"校本管理的差异几乎因每所学校而异。"[②] 因为每一所学校都有其自身的特征、管理风格、决策程序以及具体的需要和资源，因此校本管理思想在实践中的实施将因每所学校的特征组合而异。

2. 要形成一个在各个学区之间的信息传播机制

成功的校本管理的一个基本成分是关于成功校本管理的信息能够得以有效传播。"教师以及许多学校一级的人员均感觉到学区内的教师经常交流成功的经验有助于扩大成功实践的传播，鼓励教师更加创新，并通过分享校本管理的经验加强对于校本管理的认识。"[③] 在实践中，这种成功分享信息的例子也屡见不鲜，如戴德县在其区一级的电子公告栏上发布关于校本管理以及数学和科学创新的信

---

① Sihono T. ,Yusof R. Implementation of School Based Management in Creating Effective Schools. International Journal of Independent Research and Studies, 2012, 2(5):1-15.

② David J. The Who, What, and Why of Site-based Management. Educational Leadership, 1996,53(4):4-9.

③ Simon Hakim, Daniel J. Ryan, Judith C. Stull. Restructuring Education: Innovations And Evaluations Of Alternative Systems. Westport, Ct. Praeger Publishers, 2000:232.

息。区一级教师每年开两次区范围的校本管理会议。[①] 因此，学区作为重要的教育行政部门应该在校本管理中起到有效的信息沟通与传播的作用。

3. 教育行政部门应利用有关专家的力量，让他们发挥培训和技术支持的作用

专家的作用已经成为公立教育治理系统中实施校本管理所关注的方面，专家的作用也不可避免地受到校本管理改革的影响，他们努力的核心在于需要转向更加重视他们自身承担的培训和技术支持的角色。因此，他们可能不仅要考虑来自各所学校的不同要求，而且可能要承担校本管理带来的新的作用和责任。如除了满足关于培训和技术支持的要求以外，课程专家还可以考虑向学科专家做调查来预期未来的培训需要是什么，或者协调进行区范围的问卷调查来评估各种形式的校本管理实践、方法和结果的效果。最后，专家还可以成为协调各个学区之间乃至各州之间的教育管理者和学校之间决策的重要资源，以解决妨碍校本管理实施的具体问题。目前校本管理实践所形成的一个共识是：应该把教育管理者和教师纳入到决策行为中来，在其传统的责任和管理专长之上扩展其角色。而几乎无一例外的是，要实现管理者和教师的角色转变，技术培训的支持是一个相当重要的领域，包括形成学校使命、团队建设、矛盾解决和问题解决。这里提供两个成功实施技术支持的例证：

（1）亚当姆斯县125星学区在校本管理的启动和学校改革的实施中为学校提供了相当多的培训。这个方法分为两级：在学校改革和校本管理中一个教育咨询公司为选出来的学校代表（教师、管理者、家长和学生）提供培训，学监担当培训者的角色，为该学区所有的学校提供学校改革和校本管理的方向。同时，学监还担当辅助者的角色，来帮助学区和学校实施校本管理。[②]

（2）盐湖城为教师、学校其他员工、新任校本委员会成员提供年度培训。新任校本委员会成员和学校管理者参与关于分享治理经验的年度培训会议。学区还为新的校长提供为期半天的财政预算和会计方面的年度培训，以及关于团队建设、共识形成、会议管理等方面的培训。学校还可以请培训者帮助解决学校本身存在的特殊的需要。[③]

此外，必要的资金支持也是重要因素，因为提供持续支持的能力常常受到财政资源的限制。要得到必要的资金支持除了依靠政府资金以外，大力开拓市场渠道以及第三部门渠道广集资金是一条有效的途径。

---

① Hatry H., E. Morley, B. Ashford, T. Wyatt. Implementing School-Based Management: Insights into Decentralization From Science and Mathematics Departments. Washington, D. C. : Urban Institution Press, 1993:92.

② Hatry H., E. Morley, B. Ashford, and T. Wyatt. Implementing School-Based Management: Insights into Decentralization From Science and Mathematics Departments. Washington, D. C. : Urban Institution Press, 1993:76.

③ 同上书，第78页.

（二）校本改革需要学校与学校间的相互支持

自治权的增加给教育领导带来了更多的机会。随着教育权力和责任从"上面"向"下面"的转移，对学校领导的要求与过去大不相同。在改革的年代，学校领导不能孤军奋战，他比以往任何时候都需要更多的支持。为了满足这个需要，很多咨询组织自20世纪80年代纷纷出现。[①] 例如基础学校联盟（The Coalition Of Essential Schools），它在全国范围内运行，24个基础学校联盟中心直接涉及一千多所学校。它们强调相互指导、共享信息，通过当地的局域网、基础学校联盟中心对学校直接的领导，以及在全国和地区范围内举行研讨会和各种会议，来进行各种研讨和交流活动。再如康莫尔学校发展计划（Comer School Development Program）在心理学家James Comer的领导和耶鲁大学儿童研究中心的赞助下，为旨在提高学校效率的学校提供指导、联网、培训等服务。

此外，为推进校本改革中教师培训的发展，可以建设相关人员网络，这种工作的开展充分展示了与教师教育相关的专业团体的力量。例如，美国"国家教育改革网络"的参与者包括33所学院和大学，覆盖范围超过100个学区大学500所合作学校，旨在改革学校的同时推进教师教育的改革。[②]

（三）需要与社区公民形成良性互动

学校处于纷繁复杂的社会关系之中，既包括学校内部的社会关系，也包括学校外部的社区和学校之间的关系，如学校与当地工商界人士、热心教育的人士以及家长之间的关系。随着学校变革的不断完善，学校与社区公民的关系也日益丰富和发展起来。学校教育改革的推进，迫切需要得到社区的支持。

研究表明，校本管理与社区公民之间可以形成积极的双赢关系：校本管理可以提升家长、学生等的满意度，因为校本管理给予家长、社区成员等人以更多机会在学校决策中行使一定的发言权，并且有机会参与学校诸多活动，因此参与校本管理的主体（社区公民、家长等）更倾向于对学校有更高的评价。[③] 不言而喻，这种来自外界的更为积极的评价反过来又会成为学校进步的助推力。需要指出的是，家长在其中所起的作用非同小可，研究发现，若校本管理注重给予家长一席之地，真正给予他们参与校本管理的权力，则家长（包括社区成员）的参与态度是积极的，其参与态度与参与行为与校内教师和校领导没有差异；同时，就家长而言，他们在投

---

① Robert G. Owens. Organizational Behavior in Education: Instructional Leadership and School Reform. Boston, etc: Allyn and Bacon, 2001:389-391.

② Robert G. Owens. Organizational Behavior in Education: Instructional Leadership and School Reform. Boston, etc: Allyn and Bacon, 2001: 393.

③ Delaware Education Research and Development Center. The Promise and Problems of School-Based Management, 2000.

身校本管理中表现出的关注点并不仅仅局限于他们自己的孩子，而是站在社区公民的立场更多关注学校全体孩子的利益及当地社区的利益。因此，绝大部分家长实际上是作为社区公民的代表而在校本管理中发挥独特作用的。

许多成功实施校本管理的学校非常注重建立与家长及社区公民之间的良好合作关系，以增加社区公民对学校发展的关注与投入，这些学校的做法主要有：面对面与家长及社区公民沟通，如校长积极参与地方代表会等各种场合的会议，并在会上积极宣传学校的改革思想与进展；采用正式文书定期与社区公民交流，如定期向家长发放小册子来介绍学校的有关情况，或每年进行一次面向家长和社区公民的问卷调查，为学校下一年度发展规划提供参考等。[①]

（四）需要学校层面的通力合作

校本改革成功的核心在于学校一级的努力，因此需要学校层面所有成员的合作。

1. 校长要有能力并有愿望进行权力和责任下放

在校本管理中校长起到重要作用。校长不仅要知道如何发挥其自身在校本管理中的作用，而且要善于与校本委员会和教师积极合作。研究发现，当校长企图推翻或者否决校本管理中其他行为人的角色或者当校长不征求校本委员会或教师的建议而过于"越俎代庖"时，校长和教师的良好关系常常面临危机。在这种情况下，教师常常认为校长过于武断，不愿分享决策。[②]因此，教育行政部门首先应该通过各种方式培训校长在校本管理方面的正确意识：

（1）相信员工，这就意味着课程、财政和员工聘用需要放开。校本管理应该是长期性的，如果校本管理要奏效的话，它绝不仅仅是一个一蹴而就的模式。

（2）乐于担当新的角色，诚实、乐于听取教师的意见。只有校长本人具有民主意识，才能够发挥教师的潜力。

2. 通过教研室把合适的责任和权力转移到教师身上

在校本管理中，多数学校的决策是集中在校本管理产生的治理实体（如校本委员会）和校长之间。教师一般是在校本委员会中通过代表的形式参与，很少有决策责任被直接或专门下放给教师。而研究表明"教师如果有直接参与决策的真正机会时，他会更加支持校本改革，教师士气也更加高涨……在校本管理中最常见的权利下放在于财政预算和资源分配的决策，而教师最感兴趣的决策领域是课

---

① Wohlstetter P. Getting School-Based Management Right: What Works and What Doesn't. Phi Delta Kappan, 1995, 77(1):22−26.

② Simon Hakim, Daniel J. Ryan, Judith C. Stull. Restructuring Education： Innovations and Evaluations of Alternative Systems. Westport, Ct, Praeger Publishers, 2000:233−234.

程开发、人事、班级日程、学校日程"①。教育行政部门和专家组成的公民社会组织在这方面给予的培训和支持也非常重要。例如，在亚当姆斯县125星学区，由于政府与培训专家有针对性地积极开展关于提升教师校本管理能力的专业发展研讨会，并鼓励教师参与实施教师评估的资质课程、进行继续教育课程学习、参加州或学区举办的培训研讨会，使该学区的高中数学和科学教研室主任感觉到校本管理促进了教师动机和热情的改变，对教师专业发展的兴趣得到提高。②

3. 发挥校长和教师等的作用，促进各方沟通

在各层次的校本管理实施中都要关注行为人的作用和角色的改变。"非常重要的是学校要确定在学校中的所有参与者从一开始就要承担的角色和责任。这种角色的确定需要及时解决校长和其他决策实体之间的矛盾。"③学区和个体学校之间一定要进行沟通。有关教育行政机构应该经常性评估下放的责任和权力的程度、具体的角色、个体或群体的参与，并做出相应调整。而利用社区（公民社会）在校本管理中的作用也非常关键。在校本管理中，一般校本委员会和校长分担大部分的决策权威，但仍需要确定其他利益相关者的权力和适当的角色以避免混乱和误解。

例如，盐湖城在其所有的学校设计了校本管理决策结构，其结构包括两个决策实体：一个是学校改进委员会（School Improvement Council），这是一个主要决策群体（其成员来自学校教工）；另一个是学校社区委员会（School Community Council），其成员包括上述学校改进委员会加上家长代表。虽然学校社区委员会的权力相对有限，但是它通常的责任是对学校改进委员会做出的决策（在一些学校，也参与校长绩效的年度评估）进行讨论，起到顾问的作用；为家长和社区提供信息联系，为校本管理中行为人之间的相互沟通起到重要作用。④

4. 重视相关信息的充分共享

在校本管理实践中，实践者经常提到的一个重要问题就是利益相关者之间的沟通不充分，实践者对此往往感到丧气。因为缺乏充分的信息，教师常常错误地感觉到校本管理没有多大作用或者校本管理没做什么实事。如果没有建立教师实质性介入校本管理过程的机制，他们会袖手旁观，有时会最终导致校本管理的失败。

在一些影响学科教学（如财政预算、学科人事、教材等）和学校（如纪律、

---

① Simon Hakim, Daniel J. Ryan, Judith C. Stull. Restructuring Education: Innovations and Evaluations of Alternative Systems. Westport, Ct, Praeger Publishers, 2000:234.

② Hatry H., E. Morley, B. Ashford, T. Wyatt. Implementing School-Based Management: Insights into Decentralization from Science and Mathematics Departments. Washington, D. C. : Urban Institution Press, 1993:103.

③ 同上书，第171页.

④ 同上书，第59页.

整体预算/支出、人事等）的重要方面，都应该努力促进学校、校本委员会、教研室主任、个体教师之间的充分的双向沟通，沟通可以采用多种方法，如发布委员会会议记录和非正式报告等。但单靠这些办法还不够，促进校本管理的教育行政部门官员应该考虑运用报纸、新闻摘要、计算机网络等来传达关于校本管理的信息。

5.　鼓励创新与创造

分权化的、校本方法的一个明显的优势就是发挥教师和员工的优势来进行创造性的学校和课堂改革。正如教育改革实践者所认识的那样，校本管理没有单一的方法，所以管理者也应该创造让教育者尝试新方法去从事教育与教学的环境。"不应该给学校以太多的限制……制度要给予管理者支持改革的强有力的信号，并勇于接受失败。"①

校本管理促进创新的例子比比皆是。这些创新表现在课程开发、教材选择、教学实践等。在教学实践方面，校本管理带来的最大的改变是各种各样教学风格的产生，如合作学习、小组讨论和辅导、问题解决模式、研究课程、数学课的操作训练、动手课实地操作等。例如，一所中学购进了一套技术改变了学生之间的交流方式及教学内容的传授方式。科学教师得以运用计算机软件、视频显微镜，用一个卫星盘下载有关机器人或几何学等方面的项目，从而"把学生带到了田野中却分文不花"②。

6.　要强调对于校本管理产生影响的记录和评估

许多校本管理的突出问题在于：注意力过于集中在校本管理的过程，缺乏重视校本实践对学生成绩影响的意识。"尽管许多校本管理的努力在于通过校本管理重建学校，但是很少有学校能有意识地评估学生的成绩，或试图评估重建的努力所形成的效益。"很少有学校会对学生分数、学生的兴趣、动机、对课外活动的参与等方面的情况进行记录。研究者想要获得这方面的信息非常困难。此问题应该引起政府管理部门的充分重视。

四、校本取向解科层治理的理论与实践对我国公立教育治理的启示

公立教育解科层治理校本取向理论的基础是放松规制理论，它针对公立教育治理的科层制问题，大胆提出了变规制导向为放松规制（实际上是放权式）的治理，是对科层制公立教育治理的超越。它既为校本管理这一创新的公立教育治理

---

①　Hatry H., E. Morley, B. Ashford, T. Wyatt. Implementing School-Based Management: Insights into Decentralization From Science and Mathematics Departments. Washington, D. C.: Urban Institution Press, 1993:167.

②　同上书，第24页.

改革实践提供了理论基础，又是校本管理实践的理论提升。因此，校本取向的理论与实践昭示了现代公立教育解科层治理的一个重要方向。目前，我国学校受科层制束缚无法发挥自主性的现象仍有存在："政府是领导者、学校是被领导者，政府是人、财、物等教育资源的拥有者和支配者，学校只是使用者和看护者……一所学校的运行结果可能就是造就一名看守校长、形成一群传导教师、培养一代听话学生。千校一面就是这种状况的真实写照。"[①]针对此问题，我国对中小学内部领导体制改革也进行了积极的探索，1985年的《中共中央关于教育体制改革的决定》首先提出了中小学逐步实行校长负责制的改革方向，并给定了校长负责制的基本框架。1993年的《中国教育改革和发展纲要》明确了中小学实行校长负责制的规定。2010年的《国家中长期教育改革和发展规划纲要（2010—2020年）》明确提出了完善中小学学校管理制度："完善普通中小学和中等职业学校校长负责制。完善校长任职条件和任用办法。实行校务会议等管理制度，建立健全教职工代表大会制度，不断完善科学民主决策机制……建立中小学家长委员会。引导社区和有关专业人士参与学校管理和监督。"校长负责制的确立、实施和完善，对我国教育管理体制改革具有深远的意义，是革除学校管理科层制诟病的初步尝试。然而，这种尝试还只能算是小步迈进，并没有从根本上动摇传统的科层制模式。尤其在我国中小学教育面临的形势和任务以及教育改革的社会背景都发生了诸多变化的今天，我国校长负责制的弊病已在一定程度上成为我国基础教育改革进一步深入发展的羁绊，其实质仍在于校长负责制并未完全摆脱科层制的传统管理体制的影响，表现在学校仍处于外控的管理模式之下，"地方和基层教育行政部门（此处指区、县教育局）对学校的科层化和集权式管理模式还没有出现根本性的改变……我国长期的教育行政体制和经济模式，形成了学校和政府之间的'婆媳关系'，学校只是被动地接受教育行政部门的指挥，而不能依法自主办学……校长负责制的实行，并未使学校从根本上摆脱外控的管理模式"[②]。我国义务教育所面临的困境"迫切要求我国政府变革义务教育治理方式……迫切需要变革高度控制型的政校关系，将学校从被动式的办学模式中解放出来，赋予学校更大程度的办学自主权"[③]。

鉴于此，我国也正在进行各种形式的校本管理改革。倘若把我国学校管理改革置于美国教育改革的新趋向和我国教育治理现代化需求的参照系中来考虑，美国校本管理改革在理论和实践方面的探索对于我国公立教育治理所提供的启示包括三个方面。

① 翟晋玉.教育行政改革：牵一发而动全身[N].中国教师报，2006.

② 冯大鸣.美、英、澳教育管理前言图景[M].教育科学出版社，2006:185.

③ 吕普生.重塑政府与学校、市场及社会的关系：中国义务教育治理变革[J].人文杂志，2015（8）.

（一）民主与效率是公立教育治理的目标

民主化治理思想是政府治理的大趋势，同时也是公立教育治理的必然发展方向。公立教育解科层治理校本取向的理论与实践倡导的是政府的放松规制与权力下放，明显体现了民主化治理的趋势。同时，放松规制与权力下放赋予基层组织更多的自主权，同时也是组织提高效率的需要，因为给学校"松绑"的一个重要目的也是为了更好地发挥其潜力，取得更大的治理效率。

因此，公立教育校本取向解科层治理是一种同时追求民主与效率的思想，符合当今社会发展的需要和教育治理改革的方向，并抓住了学校这样一种组织的特殊性（松扣式），标志着教育治理哲学的根本改变：变控制、垄断式的科层治理为放权、解科层的治理，其思想理念追求的是一种"民主与效率"兼顾的管理哲学，这也就是公立教育解科层治理所要实现的目标。

目前，我国一些地区的校本改革也受到业内人士的日益关注。例如，山东省潍坊教育局为了促进教育管理的解科层化，逐步赋予学校应有的权力，进行了系列改革。其中最突出的做法是减少教育行政部门对学校工作的干扰，取消学校行政绩别，对校长实行职级管理。取消学校行政绩级别的改革淡化了校长的官本位意识，校长校外的政务少了，参加会议少了，社会工作少了，跟师生深入课堂的时间多了。改革还解决了校长职务只能上不能下的问题，原来是努力当上校长，现在变成努力当好校长。[①]这种创造性改革教育行政体制、发挥学校尤其是校长的自主性，从而提升学校管理的有效性的做法，体现了公立教育治理的民主与效率并存的思路。

（二）公立教育治理的民主与效率的目标不容易达到

由于公立教育治理校本取向理论本身倡导通过放松规制（以及与之相伴的权力下放）来进行，尽管其出发点是追求民主与效率，但却存在一些难以解决的问题：

1. 民主的目的不容易达到

从民主的角度看，公立教育治理校本取向理论可能并不必然实现充分的民主参与，政府放权并不意味着把权力简单下放。首先，权力下放易于导致校长权力过大，若校长在得到权力的同时没有相应的监督和控制机制则容易滋生新的问题，导致学校教师、学生的权益得不到保证。我们不能把分权作为顶礼膜拜的神话，分权要发挥作用必须保证"权"下达至生产的第一线——教室，教师和学生因此而具有更多的自主性和积极性。其次，如前所述，由于公立教育治理校本取向理论并非系统的理论，它可能导致的方向是教师专业化趋向与社区授权趋向之间难以兼容。"教师专业化趋向限制了家长、公民与学生的参与，而社区授权趋

---

① 翟晋玉.教育行政改革：牵一发而动全身[N].中国教师报，2006.

向又削弱了教师专业化。"[1] 而治理系统需要的是一个平衡的、综合的系统，能够在提高专业化的同时授权社区。但是，政府间的牵制会阻碍校本管理的顺利实施，从而使校本决策处于边缘，造成权力分散的假象。为了推动学校改革的成功实施，政府还在很大程度上保留了精英的控制，这又造成了一个民主的表象。从这个角度说，"虽然校本管理似乎是分权化的，但是它仍然保留了明显的、潜在的、相当程度的精英控制"[2]。因为实际上，校一级的治理仍然是被高度控制和限定的。最近关于校本管理和分权的研究表明，"许多学校一级的群体仍然只有有限的权力且很少参与到真正的政策改变中去"[3]。

2. 从效率角度看，公立教育治理校本取向也并不必然导致效率的提高

实际上，公立教育治理校本取向理论在走向实践的过程中为了追求效率往往导致了反方向的运动——不是校本而是"上级为本"：为了提高效率，学区、州通过各种形式保留了控制权力。即使公立教育治理的校本管理思想在实践中得以实现，其效率也不一定会提高，因为它必然会带来公立教育治理中行为之间角色的重新确定与协调的问题，这种确定与协调至少在一开始是"效率不高"的。

（三）公立教育解科层治理中追求民主与效率是一个多方共同努力的过程

校本管理是一种通过权力下放的解科层形式对传统的科层制进行管理的改革，改革的核心在于政府与学校之间权力的重新配置。但其在实践中的实施并非易事，而仅仅采用校本管理模式也不足以提高学校的有效性。校本管理是一项系统工程，校本管理改革能否成功，不仅取决于是否采取了权力下放、共同决策等措施，取决于教育行政部门和各类学校管理主体（如教师、家长、社区成员、行政管理人员）对校本管理的支持程度，而且还取决于在学校这个核心点上权力下放和共同决策的程度。一些学校的改革未能取得预期效果，往往是仅将权力下放到校长，而没有进一步授权给教师和其他人员；或对有关人员培训不足，没有建立有效的信息沟通机制和奖励机制，等等。

校本管理要真正实现民主与效率的目标，还需要政府各级教育行政部门、学校、公民社会的大力参与及密切配合：政府教育行政部门除了要敢于放权（将权力授予以前在传统的科层制中没有权力的行为人，即授权于无权者），还应该在授权的同时给予被授权者充分的支持（包括思想意识方面、资源方面、技术等方面的支持）；学校是公立教育解科层治理校本取向的关键点，因此与学校相关

---

① Dale T. Snauwaert. Democracy, Education, and Governance: A Developmental Conception. State University of New York Press, 1993:101.

② 同上书，第102页.

③ Paul C. Bauman. Governing Education: Public Sector Reform or Privatization. A Simon & Schuster Company, 1996:61~79.

的行为人（校长、教师、学生乃至家长等）的主动参与和勇于接受改革的挑战是公立教育治理能否成功的决定性因素；社区成员一方面是校本管理中的重要行为人（例如校本管理的社区授权模式），另一方面它还是校本管理的强大的支持力量，它可以在技术支持、资源支持、信息共享等方面起到政府难以发挥的作用；而市场也可以发挥其自身的优势促进校本管理的民主和效率目标的实现（例如目前许多教育咨询公司、技术培训公司的涌现）。我国研究校本管理的学者也从制度建设的角度提出了如何有效进行校本管理改革的问题，例如在北京的一项调查显示：校务公开是校本管理中一项很好的制度，校务公开分值比较高的学校，党政关系和干群关系都非常融洽，教师和家长参与校务的力度往往也比较大。"校务公开这个事不费很多劲，而且能非常好地推动学校管理民主化。"[①] 美国的校本管理作为其公立教育治理的重要的改革形式之一，同样显示了公立教育解科层治理的"秘诀"在于：诱导外因——变外部（政府、公民社会乃至市场）的合力为促进学校发展的推动力；激发内因——变内部（校长、教师、学生）的潜力为提高学校有效性的现实生产力。这为我们思考如何在实践层面和理念层面深刻反思中国教育问题的症结，催化教育科层制管理的转型无疑具有积极的启发意义。

---

① 翟晋玉. 教育行政改革：牵一发而动全身[N]. 中国教师报，2006.

第四章

公立教育解科层治理的政府取向之实践与理论研究

本书中公立教育治理的政府取向，是指20世纪80年代末90年代初以来，美国联邦政府和州政府为主要推动力量所进行的教育标准本位运动（Standard-Based Movement），它不同于传统的公立教育科层制治理中的政府治理模式，而是新形式的政府取向的解科层治理。其核心在于一改传统的科层制模式中通过规则进行控制的形式，转而通过确定学校教育所要达到的标准（结果）来实施公立教育治理。本章首先对这种公立教育解科层治理的政府取向的实践进行分析，然后阐述相关的理论，最后对该实践与理论加以深入剖析。

第一节 公立教育解科层治理政府取向的实践研究

标准本位运动是对传统的科层制治理模式的摒弃，是一种公立教育治理政府取向的解科层形式，而该运动主要以联邦政府和州政府为主要推动力量[①]。因此，本节的实践研究首先就相关的定义进行界定，然后着重分析标准本位运动中联邦政府与州政府的角色和发挥作用的形式，以此说明这种新形式的政府取向治理的具体做法。

一、定义界定

标准本位运动，顾名思义指以教育标准为本位的改革运动，该运动在实践中又与问责制（Accountability System）密切相关，表现为标准本位的问责制（Standard-Based Accountability），因其与传统的问责制存在根本不同，因此也称其为新问责制（下文若未作特别说明，新问责制即指标准本位的问责制），它是标准本位运动的重要组成部分，是落实教育标准的主要手段。这里首先明确标准与问责制的含义。

（一）关于标准的含义

关于标准的含义众说纷纭，因此首先需要界定标准的含义。本书所涉及的标准主要是指美国20世纪80年代末以来制定和实施的新教育标准，主要分为以下几类[②]：

第一类标准是内容标准（Content Standard）。内容标准指的是与具体的科目相关的知识和技能标准，也就是我们通常所指的学科标准。内容标准规定了学生应该掌握各门学科的内容，并同时确定了为该学科设计的课程，在课程中又确定该科目的关键成分。

第二类是课程标准 （Curriculum Standard）。如果说内容标准的设计比课程标准更加宽泛一些，那么课程标准就更加具体和详细。它规定了在课堂中教师教学的标准。

第三类是绩效（有时称成绩）标准（Performance Standards）。绩效标准主要是

---

① 所谓以联邦政府和州政府为主要推动力量主要是就政府所起的主导作用而言，实际上，标准本位运动中各种公民社会性质的协会（如全美数学协会）也起到重要甚至关键作用，但标准本位运动的发展趋势却是政府的主导性日益增强，同时政府日益注重与公民社会性质的各种协会的合作及发挥他们在标准本位运动中的作用.

② Terry J. Foriska. Restructuring Around Standards: A Practitioner's Guide to Design and Implementation. California: Corwin Press, 1998:3-5.

指学生运用和掌握其所学知识的情况。绩效标准力求回答这样的问题：学生对所学的知识是"掌握得很好""基本掌握"还是"没有掌握"？因此，绩效标准要确定的是学生掌握的内容达到了标准或未达到标准。它使教师能够呈现学生学习的真实情况，其他的学生、家长和教师也可以从中了解学生学习的情况。有了成绩标准，就可以看到学生学习的质量如何。

以上三类统称为教育标准（也称学术标准），而所谓标准本位运动，即指20世纪80年代末90年代初以来以美国政府为推动制定有关教育标准，并以此作为公立教育解科层治理改革的导向之一的改革行动。其最主要的表现是以新制定的国家教育目标为指导思想，联邦政府在国家一级制定国家级教育标准，并伴随着州级教育标准的开发与制定。它是政府为了解除科层制中"规则管理"（通过一套预先拟订的规则实行公立教育管理）所带来的问题而实施的管理方式的变革，意在通过明确教育治理所要达到的标准来实现解科层教育治理。

（二）关于问责制的含义

1．测试、评估、评估系统与问责制

许多人常将问责制与测试、评估、评估系统等术语混淆，因此要阐明问责制，首先需要明确问责制与这些概念之间的关系。[①]

测试（Testing）：获取关于一定领域的知识或行为信息的比较单一的方法。目前在许多州，标准本位（Standards-Based）的成绩测试在评估系统中起重要作用，即通过围绕教育标准而设计的测验试卷对学生进行成绩测试，是许多州获取学校或学生掌握教育内容情况的重要方法。[②]

评估（Assessment）：也叫评价，指对被测试对象或现象（如学生的学习、教师教学等）作出描述和判断。测试不是评估，但评估的描述性部分可以以测试的结果为基础，其回答的是我们如何处理测试结果，如何评价测试结果，这需要一定的判断尺度（判断需要以相关的好或坏的尺度为基础）。根据一定的尺度明确成绩分类的分数线，并作出如"需要改进""很好""优秀"等判断，就是评估的例子。

评估系统（Assessment Systems）：以一个以上的相关信息为基础对一个现象作出充分的描述与判断的系统。例如，关于教学的重要信息可以从科学的成绩测试中得到，但是测试分数只能算复杂的评估系统中的因素之一。如果我们想要对学校以及教学的信息作出正确描述和判断，那么还需要一系列其他的相关信息（如学生、

---

① Kenneth A. Sirotnik, Kathy Kimball. Standards for Standards-based Accountability Systems. Phi Delta Kappan, 1999, 81(3):209−214.

② Robert L. Linn, Eva L. Baker Stephen B. Dunbar. Completes, Performance-Based Assessment: Expectations and Validation Criteria. Educational Researcher, 1991, 20(8):15−21.

教师和学校的具体情况如何，其以往的测试成绩如何等），为了评估的目的选择一系列信息进行描述和判断的系统就是评估系统。例如，测定人的体温是一项测试，但是整个人体的技能如何还有待借助别的信息分析才能作出正确的评估。

问责制（Accountability Systems，也有"绩效制"等译法）：对于测试数据和评估系统中的信息进行处理是一件整体工作。问责制不是测试，而是运用测试（有时还运用其他的相关信息）来对相关的对象（如教师、学生、学校等）进行描述和判断。因此，测试与评估是问责制的重要手段，但是测试与评估只是问责制的一部分，与评估不同的是，问责制的目的是通过这种判断面向公众告知学校（教师或学生）的教育情况如何（公众有权知道学校运行得怎样），应该对教师、学生或者学校做出怎样的决定（奖励或者惩罚等），而公立教育也有权以一种合理和公平的方式来得到评判。

2.　传统科层制下的问责制与新的解科层的问责制

在美国，向公众负责的传统的问责制可以追溯到公立教育之初。如20世纪30年代的"SAT"（即大学入学考试）很快就变成重要的学校问责制的国家政策。这是以测试分数为基础的问责制的典型。"50年代和60年代，又加上了商业开发的、标准参考的、区范围的标准化测试项目，以努力达到地方的问责制。70年代又是州级的测试项目的十年。刚开始只有3个州范围的评估，十年后达到了几乎40个，今天几乎每个州都有一个了。70年代和80年代，我们完成了国家评估项目。80年代和90年代，我们已经发现了国际评估的政治力量。"[1]

为提高公立教育的质量，近二十年，美国各州在学生的学业成绩评价方面进行了许多有益的改革尝试，并就建立促进教育质量不断提高的问责制进行了大胆的改革。尤其是伴随着联邦一级以及州级教育标准的制定，问责制得到前所未有的重视，在美国公立教育治理领域出现了一种与传统的问责制迥然不同的问责制——标准本位的问责制，它最主要的特点是围绕国家教育标准而展开，而不是按照科层制的"规则"控制而进行，表明了解科层治理的取向："问责制在教育领域并非新鲜事物，但是传统的问责制是学校为遵循规则或者按照规定支出教育经费负责，而不是为它们所完成的结果负责。但是，现在（根据这个理念）重点放到了结果上。各州正在要求学校为它们达到的结果以及由此结果带来的后果（正面或者负面的后果）向公众负责。"为大力推进解科层的问责制的实施，2002年美国颁布了《不让一个孩子落伍2001年法案：初等和中等教育法之重新核定法案》（《No Child Left Behind Act Of 2001：Reauthorization Of The Elementary And Secondary Education Act》，以下简称《不让一个孩子落伍法》），此法是1965年以

---

① Richard J. Stiggnis. Assessment, Student Confidence, and School Success. Phi Delta Kappan, 1999(11).

来美国最重要的中小学改革法，是一份庞大的法律文件，主要内容包括：（1）建立中小学教育责任制；（2）给地方和学校更大的自主权；（3）给孩子父母更多的选择；（4）保证每一个孩子都能阅读；（5）提高教师质量；（6）检查各州学生的学习成绩；（7）提高移民儿童的英语水平。"这几个方面又集中体现在中小学教育问责制上。"[①]

而新问责制的发展已经为许多研究者所关注，例如研究公共管理改革的学者欧文·休斯在对美国等国的公共管理改革进行研究后指出：科层制组织的旧问责制正在经历重大的改变，新模式的问责制不仅日益重视产出（结果），而且重视对产出（结果）的测量，因此远远优于传统行政模式的问责制。[②]就公立教育治理而言，对于产出（教育标准）的前所未有的关注以及对于结果测量的强调（标准为本的问责制）是对传统的公立教育科层制通过规则进行治理的抛弃（如前所述，规则主要是对过程而不是结果的控制），是教育行政部门内部在公立教育治理方面解科层的显著表现。鉴于此，笔者称之为公立教育解科层治理的政府取向。

二、 公立教育解科层治理的政府取向的实践形式——标准本位运动

前文所述，政府取向的公立教育治理主要表现在标准本位运动（以及与此密切相关的标准本位的问责制），这是政府干预公立教育的新形式。本节主要结合联邦政府与州政府两级政府在标准本位运动中的角色和作用，阐述这种政府取向的公立教育解科层治理的实践。

（一）标准本位运动与联邦政府的角色和作用

标准本位运动反映的是以联邦政府为主推动的制定教育标准（教育标准又以联邦政府制定的教育目标为指导）的新趋势。我们首先简要地回顾联邦政府干预教育的历史，这是标准本位运动的历史背景；然后分析联邦政府在标准本位运动中的角色和作用。

从法律和传统来说，美国的国家结构形式为联邦制，其于1789年生效的合众国宪法中并未提及教育，1791年经国会批准的宪法第10条修正案规定："本宪法所未授予合众国政府、也未禁止各州政府行使的权力，均由各州或人民保留之。"根据这一条款，各州享有完全的教育权。

受到福利国家思想的影响，"二战以来，特别是罗斯福新政把教育与公共福利相联系以后，根据美国宪法第一条第8款'国会有权规定和征收直接税、间接税、进口税和货物税，以偿付国债，提供合众国共同防务和公共福利'的规定，

① 余强. 美国《不让一个孩子落伍法》的实施近况和问题[J]. 世界教育信息，2004(11):15-19.
② [澳]欧文·E·休斯. 公共管理导论[M]. 彭和平，等译. 中国人民大学出版社，2001:278-282.

国会获得了为公共福利目的通过财政拨款参与和干预教育事务的法律依据"[①]。从此，美国影响和涉及教育的联邦立法日益增多。通过美国国会拨款立法及与教育相关的立法，美国国会从根本上影响了全美教育发展的基本方向，决定着美国教育的兴衰。例如，1958年美国国会通过的《国防教育法》开创了由联邦政府直接拨款、全面扶持与引导教育发展的先例。1965年国会通过《1965年初等和中等教育法》。这些20世纪60年代左右通过的拨款立法，大部分在70年代和80年代数次通过了法令的延长和修正案。同时，在70年代也通过了大量与教育相关的重要法案和教育法修正案。频繁进行的各种涉及教育的国会立法，以及由此形成的联邦在教育方面的实际作用和巨大影响，导致了美国教育与政治关系的变化。公立教育从一向主要是州与地方（学区）的事务，日益发展为围绕联邦与州这根轴心来旋转。

此外，国家主义教育思想的发展还来自追求社会公平的目标。"自60年代民权运动以来，为了追求公平的目标，加强了联邦政府对于州政府的事务的干预。"[②]之所以需要联邦政府的干预是因为历史显示教育的"地方控制"的传统价值常常产生所谓民主的地方主义的问题，即地方多数人利益凌驾于少数人利益特别是亚非裔美国人之上，于是出现了1954年最高法院判决的"分离但是平等"的学校体系的终结和1964年联邦颁布并强制执行"1964年公民权利法案"。联邦这种为了保证学校公平和社会正义的干预导致了许多人对于"大政府""大社会"的批评，表现在从70年代后期开始，因为学生测试成绩滑坡，新保守主义者批评60年代和70年代对于公平的过分追求而牺牲了学校的质量和标准，从而导致了80年代以来教育标准本位运动的兴起和发展。

80年代以来，美国国家对教育的干预（即所谓"教育国家化"）是一个新的里程碑，美国国家政府职权在教育领域显示出日益扩大的强劲趋势，其最突出的表现是掀起了所谓的"标准本位运动"。众所周知，美国素来没有什么全国划一的教育标准，每州各自为政。但进入80年代以来却致力于以教育目标为核心，建立全国统一的教育标准，表明了联邦政府对于教育质量的直接关注。"对于联邦的干预角色的反应到1980年里根上台达到了高峰，它代表了新保守主义战胜了福利国家的思想，质量或者"优异"代替公平而成为了教育政策中的重点。"[③]"里根总统……开创了美国历史上政治干预教育的先例，此后，教育标准成了总统政纲和

① 秦惠民. 走入教育法制的深处：论教育权的演变[M]. 中国人民公安大学出版社，1998:110-115.

② Judith D. Chapman, William L. Boyd, Rolf Lander, David Reynolds. The Reconstruction of Education: Quality, Equality and Control. London and New York: Cassell Wellington House, 1996:8.

③ 同上书，第9页.

州政策的主要内容。"①教育标准本位运动中联邦政府的作用主要表现在围绕教育标准展开的一系列行动。

1. 确定全国性的教育政策和法规

20世纪80年代以来，美国人在对国家的综合经济实力作出全面评价的同时，教育质量受到了普遍关注，许多机构发表了大量调查研究报告，认为要对美国的教育制度进行"重建"而不是修修补补。其中1983年美国高质量教育委员会发表的《国家处于危机之中：教育改革势在必行》更是震惊全国，被认为是80年代美国教育改革的"行动纲领"。联邦的教育权力日益受到重视和强调，虽然这种强调至今仍在引起争论。里根、布什、克林顿、奥巴马近几任总统一个比一个更加关注教育，总统向国会提交的有关教育的法案日益增多。进入90年代后的一系列联邦教育立法，已引起了美国教育自1965年以来最广泛的变革。在这些立法中，最引人注目的是《2000年目标：美国教育法》，它所确立的全国教育目标和全国教育标准，虽以自愿接受为原则，但却显示了美国联邦教育立法的新动向。尽管该项立法允许地方在实现这些标准时有选择权和灵活性，但其重要实质是："国会的立法改变了以往的只是规定教育拨款的立法，增加和扩大了联邦立法的权限。而以立法的形式提出这样的全面的改革方案，在联邦教育部还是第一次。"②2002年1月8日，布什总统签署了《不让一个孩子落伍法》是对1965年初等和中等教育法的最大的改革。它改变了以往联邦政府在美国基础教育领域中的作用，关注的重点也从原来的重点资助经济上或学习上落后的学生转向要求全体学生提高学习成绩，而且"它强制性地要求美国的学校关注每个孩子达到的结果（标准）"。

2 增设联邦机构

为适应国家教育职能的不断增强以及教育标准日益提上日程的趋势，涉及教育的联邦机构日益增多，各种各样的教育委员会层出不穷。这些委员会成员一般由总统、联邦教育部长或国会委任。如1990年7月由州长、国家资深行政官员及国会代表组成的"国家教育目标审议小组"，其任务是监督并每年向全体美国人民报告全国以及各州实现教育目标的进展情况。1991年6月美国设置了国家教育目标委员会，从事国家课程标准的制定和国家学业考试的开发工作。1993年10月美国众议院通过的教育改革法案《2000年目标：美国教育法》正式授权成立了18人的美国教育目标小组，负责监督和报告关于8大教育目标方面的进展（该小组包括2名总统提名者、8位州长、4名国会成员和4名州立法者）；还创建了19人的国家教育标准和促进理事会，制定自愿的国家课程内容和学生成绩标准以及"国家学习机会标

① Robert G. Owens. Organizational Behavior in Education: Instructional Leadership and School Reform. Needham Heights, MA: Allyn and Bacon A Pearson Educational Company, 2001:15.

② 秦惠民.走入教育法制的深处：论教育权的演变[M].中国人民公安大学出版社，1998:154.

准"；成立了28人的国家技术标准董事会，资助制定具体的职业方面的自愿的技术标准。这些委员会和联邦机构围绕教育标准收集的信息及其形成的各种报告，经联邦政府机构认可和公布后，对社会舆论产生极大影响，是联邦教育立法和政府决策的重要依据。

3. 定期召开高层教育峰会

自1983年《国家处于危机之中》问世以来，美国连续召开了五次教育高峰会议。以督促和鼓励标准本位改革运动的进行。1989年9月，布什总统和全国州长协会组织在弗吉尼亚大学召开第一次教育高峰会议。49位州长及其工作班子参加了会议，会议的议题是为全美的学校指定新的教育标准。第二次会议于1996年3月在纽约市附近的IBM行政会议中心召开。与会人员除克林顿总统外还有40位州长、45位公司执行总裁和40位教育专家。会议达成的重要结论就是与会的代表承诺要在每个州制定强制性的教育标准，规定学生应该掌握哪些内容以及如何掌握这些内容。1996年教育峰会的重要成果之一是创建了独立的非营利教育改革组织——"ACHIVE"，专门与各州合作提高教育标准、促进评估和责任制。自成立至今二十多年来，ACHIVE除举办（或合办）随后的四次国家教育峰会外，在美国标准本位运动、开发共同核心州立标准（Common Core State Standards）以及下一代科学标准（Next Generation Science Standards）等方面发挥了重要作用。

1999年第三次全国高峰会议再次在IBM的行政会议中心召开，与会的人员除克林顿总统、28位州长、34位公司执行总裁以及40位教育领导和官员（包括州政府官员、学校董事会成员、学监）以外，还有国家教育协会及美国教师协会的主席。本次会议的中心是：严格执行以测试成绩为基础的成绩标准以实现问责制，引起了与会人员的密切关注。总的来说，与会人员认为提高标准带来的主要问题有：一方面，学生和教师在新计划和新测试标准实施过程中会出现不及格和留级人数增多的问题；另一方面，会出现评分标准放松以提高通过比例的问题。与会代表提出了以后要面临的新问题是提高教师质量、促进择校、加强成绩问责制以达到制定的教育标准。

2001年10月9日至10日，美国的国家高层政界、商业界和教育界人士再次汇聚纽约，召开了第四次教育高峰会议，会议主要针对两大关键问题展开："提高教师和学校达到更高（教育）标准的能力并拓展考试和问责制，为学生取得更好的成绩提供更充分的数据和更强大的动机……以前的三次教育高峰会议——1989年，1996年和1999年召开的会议，提高学校的教育标准以促进学生的成绩获得了政治动力和公众支持。这次高峰会议也不例外……产生了各州提高教育质量的前所未有的承诺，并强化问责制以保证没有孩子落后。""之所以要再一次举行高峰会议，是因为所有孩子的高标准尚未达到。希望以此提供一个机会让州长、商业界巨头和教育界人士能够在一起坦诚交流，解决达到真正的学术成功（教育标准）需要努力的重点和需要应对的挑战是什么。"

2005年2月，第五次教育峰会在华盛顿再度召开，针对美国目前高中教育存在培养学生方面"学术和就业"准备均不足的问题，45位州长、全国商界名流、部分大中小学校长共约150位与会代表将关注点进一步聚焦高中学校。会议的主要成果是全体与会者一致同意通过意在提高高中教育质量的"行动日程（Action Agenda）"，侧重点为提高师资质量、明确学校取得进步的目标和测评手段、强化学校的问责制及理顺高中和高中后教育机构间的教育行政管理等。教育部长Margaret Spellings在发言中特别强调："我极其认同总统先生的主张——我们必须使高中毕业证成为学生成功进入21世纪的入场券……要重视问责制的到位……总统提议要对高中阶段的另外两个年级（以往没有参加测试的年级）进行阅读和数学测试。"

4. 制定国家教育发展的各种计划和总体策略

1990年1月，布什总统与各州州长制定了《国家六大教育目标》。为达到此目标，又于1991年4月制定了被比作四大火车头的四大部分组成的《美国2000教育战略》（以下简称《战略》），提出了90年代美国教育改革的基本规划。规划明确规定要在国家教育目标的基础上，制定国家统一的课程框架和课程标准，通过建立美国统一的学业制度考试（来实施标准本位的问责制）[①]：第一，建立"新世界标准"，即在国家教育目标委员会的协助下，对五门核心课程分别制定新世界标准。这些新标准将是美国年轻一代要想在当今世界成功生活与工作所必须掌握的知识和技术。这些知识与技术将保证他们在离校时做好继续深造或就业的准备。第二，建立"全美学业考试制度"：为了配合教育标准的实施，促进全美的教育标准的提高，美国国家教育目标与考核委员会于1992年发表《提高美国教育标准：致国会、教育部长、国家教育目标审议小组及全国人民》的报告，建议创立以自愿接受为原则的国家教育目标和国家学生考核制度。在国家教育目标委员会协助下，根据新世界标准对五门核心课程建立一套新的（自愿参加的）全国统考制度，以促进对教学方法的改进和对学生进步的检查。为了保证国家课程标准和国家学业考试制度能有效运行，该《战略》提出了各大专院校招生时要利用国家学业考试制度，要求雇主在招工时注意求职者在这种考试中的成绩，以此作为利用"美国学业考试制度"的鼓励措施；还提出了对在"学业考试"中获得优秀成绩的中学生颁发总统奖状，设立"优秀成绩总统奖学金"等建议。此外，还要求学校建立"成绩报告卡制度"，授权全国教育进展评议处定期收集报告卡资料等。《战略》认为这是与择校制度配

[①] The U. S. Department of Education. America 2000: An Education Strategy. Washington, D. C, 1991.

套的。1994年完成了五门核心学科课程标准的制定。

5. 通过系列手段促进标准本位运动在州一级展开

美国联邦政府为落实标准本位运动，通过一系列手段，以前所未有的姿态介入和影响州政府的教育治理，目的在于促使各州以联邦政府的教育目标和教育标准大框架为指导制定各州的教育标准，促进标准本位运动在州一级展开。这是"与美国州和地方控制教育的传统相左的"[①]。

联邦政府非常注重与州政府合作来进行教育标准的制定与开发，四次高峰会议中，州长是重要的与会代表，他们精诚合作，致力于教育标准的发展。以1996年和1999年高峰会议为例："1996年国家教育高峰会议，州长与商业界巨头一起合作，一个州接一个州地提高公立学校的标准和成绩。它导致了几乎每一个州的标准和考试制度的建立，其中有些州以前从来没有过建立标准和考试制度的历史。1999年，教育界领导、州长和公司高层人物汇聚，再一次召开了会议，目的在于检查学校对于为所有的孩子达到高标准的承诺在实践中落实的情况。"它们使得全美州长协同白宫和教育部门把全国的注意力集中到寻求达标（达到教育标准）的手段上。在联邦的推动下，大部分的州都以积极的姿态参与到标准本位运动中去了。仅在1992年，就有48个州和两千多个社区已投入实现国家教育目标的奋斗中[②]。此外，通过立法的形式作出规定是联邦政府促进和指挥州政府开展标准本位运动的主要手段。虽然历史上联邦政府也屡次采取立法手段来进行教育治理，但是这次立法是以教育所要达到的结果（教育标准）为核心的标准本位的改革，涉及标准的制定、标准的实施、资金拨付与标准相结合等，表现在：

第一，关于标准的制定。

1994年对于"1965年初等和中等教育法案条款1'Title I Of The ESEA'"的修正案规定："1997—1998学年始，州至少要在阅读和数学领域制定或采用具有挑战性的内容标准，该标准具体规定孩子要知道的内容和能够达到的技能是什么（内容标准），并规定挑战性的成绩标准，该标准要显示孩子所掌握的内容标准的程度。州为所有孩子制定或采用的标准一定要用于条款I的目的。到 2000—2001 学年，州将至少要在阅读和数学领域制定或采取高质量的年度评估，以评估孩子是如何得到条款I（资助）的，以及'下面'如何根据州制定的内容标准使孩子掌握学习的材料。"

"2000年目标：美国教育法案"规定："各州在自愿的基础上进行必要的教育改革……该法案要求，各州将自己原有的一些核心科目的标准，从成绩、学习机

① Judith D. Chapman. The Reconstruction of Education: Quality, Equality and Control. London and New York: Cassell Wellington House, 1996:9.

② 国家教委管理信息中心.教育参考资料[M].

143

会或战略等角度与国家教育标准相结合。法案同样表示将资助各州在自愿基础上进行的系统改革。"

2002年1月8日，《不让一个孩子落伍2001年法案（简称NCLB）》不仅强化了上述两个法案关于推行教育标准的核心精神，而且是迄今对《1965年初等和中等教育法案》的最大的改革，表现在"它改变了联邦政府在K-12教育中的作用。因为它强制要求美国的学校关注每个孩子达到的结果。这次法案的一个重要的精神就是要围绕教育标准建立'一个负责的教育制度'"，它明令规定：州必须以联邦政府颁布的教育标准为基础，开发相应的标准，并通过与标准相一致的考试来评估每个孩子的"达标"情况。

第二，关于标准的实施——标准本位的问责制。

问责制是标准本位实施的重要手段，联邦政府通过考试、年度报告等形式大力推行问责制实践。

A. 考试。

《不让一个孩子落伍法》明确规定：一旦标准制定后，州必须根据这些标准，运用与标准相一致的考试来测定每个孩子在达到标准方面的情况。2002—2003学年开始，针对数学、阅读（相当于我国的语文）及科学三科，要以3~5年级、6~9年级、10~12年级为学段进行统考。2005—2006年，针对数学和阅读两科，3~8年级每年都要举行统考，10~12年级至少应选取一个年级举行一次年度统考；此外，至2005—2006学年为止，各州必须制定科学学科的内容标准，并于2007—2008学年开始以上述标准为基础进行统考，统考的对象涉及3~5年级、6~9年级、10~12年级三个学段，考试的频率为从上述三个学段中每学年至少选取一个年级参加年度考试。

B. 年度报告制。

美国政府确定《美国2000教育战略》后，从1991年起，美国国家教育目标审议小组开始发表有关国家教育目标实施进展情况的年度系列报告，其中包括确定国家教育系统的现状的资料以及关于目标与辅助目标的补充资料和相应的州的资料[①]。

1994年，《2000年目标：美国教育法》五项法规中的第二项法规《国家教育改革的主导力量、标准与评审》更是以法律的形式确立了"国家教育目标审议小组"的地位，它负责每年报告州与国家实现国家目标的进展情况，同时使全国注意达标所必须采取的步骤。审议小组还负责认定促进目标的实现以及为全体学生提供良好的学习环境所需采取的行动。

① 秦惠民. 走入教育法制的深处：论教育权的演变[M]. 中国人民公安大学出版社，1998:154.

《不让一个孩子落伍法》规定：为了使所有学生达到州制定的标准，各校各类学生的参考率不能低于95％，每年的考试结果要对照本年度预定的进步率进行评价，看是否达到目标。这种评价不仅要具体到每一所学校，还要将校内各类学生的考分分类计算，包括接受特殊教育的学生、英语水平有限的学生和少数民族学生等。只要有一个类别的学生没有达标，整个学校就没有达标。同时，因为中小学教育责任制的总目标规定全国所有学生的阅读、数学和科学的成绩在2014年前必须达到熟练水平（Proficiency，大约相当于A、B、C、D等级分中的B等级）。为了实现这一总目标，各州必须根据学生目前的学业水平和总目标之间的差距制定一个逐年递进的充分年度进步报告（Adequate Yearly Progress，AYP），年度进步报告要向联邦教育部递交，报告的内容涉及以教育标准为基础的教学、考试及相应计划，还要提交年度测试结果以供审核。最后，由联邦教育部以其年度考试为主要参考，审核各州学校本学年是否取得了充分的年度进步。学校和学区的成绩将在学区和州报告卡中向公众公布。如果学区或学校在达到标准方面没有足够的进步，它们将要为此负责。根据《不让一个孩子落伍法》和各州的考试结果，2002年6月美国8652所中小学被贴上了需改进学校的标签，约占全国9万多所中小学的10％。[①]

第三，标准的批准和审核。

联邦政府还通过批准和审核各州上交的教育标准来推动标准本位运动。《2000年目标：美国教育法》规定：国家教育标准与推动委员会负责制定和批准以自愿接受为原则的国家教学内容与学生成绩的标准以及教育机会标准，同时也包括核准各州在自愿基础上呈报的州教学标准和评审考核计划。为实现国家的教育目标，专门制定了国家教育进步评审方案，值得注意的是，这种评审制度仍在发展完善中。国家教育目标审议小组利用国家教育进步评审方案和其他手段，已经开始监测各州实现教育目标的进步情况，"其中有些迹象是令人鼓舞的"[②]。

第四，将资金拨付与教育标准相联系。

《2000年目标：美国教育法》还规定，每一个参加"目标2000"计划的州都要提出各州旨在提高学校质量的改革计划。该立法同时将总额为4亿美金的资金拨付给提交了改革计划的州，改革计划包括内容和成绩标准、机会标准或策略、评估制度、将课程和评估与内容和成绩标准结合、专业发展策略。在此基础上，各州再为实施地方计划的学区下拨资金[③]。因此，通过提供资金和资源来推动标准开发

① 余强. 美国《不让一个孩子落伍法》的实施近况和问题[J]. 世界教育信息, 2004(11):15—19.

② 秦惠民. 走入教育法制的深处：论教育权的演变[M]. 中国人民公安大学出版社，1998:154.

③ Judith D. Chapman, William L. Boyd, Rolf Lander, David Reynolds. The Reconstruction of Education: Quality, Equality and Control. London and New York: Cassell Wellington House, 1996.

145

和实施，也是联邦政府影响各州教育治理的重要手段。

美国教育部于2003年宣布，为了落实以教育标准为基础的评估在各州的实施，各财政年度指向测试与评估的专项资金拨付额度按以下标准执行：2003年度为3.87亿美元，2004年度为3.9亿美元，据称2004年各州及其他机构所得到的在评估方面的资金支持总共达10.2亿美元。美国教育部长在2005教育峰会上又专门谈及："国家2006年财政预算拨有2.5亿美元以资助高中另外两个年级额外增加的标准本位的阅读和数学测试。"研究表明，2004—2005学年始，美国在全国范围内实行了以州为范围的3~8年级统考，全州统考成绩与联邦政府财政拨款挂钩。为了实施《不让一个孩子落伍法》，在财政十分紧张的情况下，联邦政府一直在大幅增加财政资助，2007年度财政预算中用于落实和推动《不让一个孩子落伍法》的专项资金增至240.4亿美元，比2006年增长了4.6个百分点，比2001年增长了40个百分点。这些资金与教育标准和问责制的联系非常密切：纳税人的钱只会给予那些对于改善学校和教学有一个明确的学术课程的期待和标准的州。

联邦政府参与国家教育目标的确定以及围绕教育目标而展开的标准本位运动，是美国第一次制定出所有学校的成绩标准以及衡量这些标准进展情况的办法（主要通过标准本位的问责制来实施）。尽管存在（是否应该建立全国教育目标和标准的）争论，但大家比较一致的看法是，现在美国正接近于建立某种形式的全国教育标准，它是美国社会在战后逐渐形成的关于国家在提高教育质量方面应发挥更大作用的共识逐步付诸实践的标准。它不仅显示了美国联邦教育立法和联邦教育政策的发展，而且全面调动了联邦政府为实现自己提出的教育目标可能采取的各种手段。它是自二战以来美国的教育权进一步统一和强化的产物，也是20世纪80年代中期以后，特别是进入90年代后，这一统一和强化过程明显加快的标志。新的改革法案、改革措施以及实现目标的手段仍在不断推出。如今，教育标准本位运动正在得到强化，"在这个制定更严格的教育标准的新时代，人们似乎正在强化标准本位的改革，如一些改革者计划将测验结果与教师的薪水、学生的升学以及最终学生的中学毕业联系在一起。在2000年第七届美国教育年会上，教育部长Richard Riley呼吁对标准本位改革进行中期检查。但是他的呼吁并不是要停止这项运动，而是'确保每个人理解标准本位改革的含义'。他进一步指出为学生制定教育标准应该具有一定的挑战性，同时兼顾现实性，而且'制定高的期望值（标准）并不意味着期望高到只有少数学生才能够达到'"[①]。随后的《不让一个孩子落伍法》更是教育标准本位运动的强化与深化。

---

① Robert G. Owens. Organizational Behavior in Education: Instructional Leadership and School Reform. Needham Heights, MA: Allyn and Bacon A Pearson Educational Company, 2001:385.

（二）标准本位运动与州政府的角色和作用

如前文所述，标准本位运动的展开离不开各州的配合，伴随着联邦政府为主体的推动，标准本位运动开始在各州的教育实践中开始大规模运作，其中州级标准本位的问责制是教育标准实施的重要手段，形成了以标准本位为核心的新问责制运动，其主要表现是：

1. 以国家教育目标和教育标准为指导，普遍开发和制定州级教育标准

自1989年第一次教育峰会以来，美国许多州都开始进行课程标准制定的工作。早在20世纪末，全美大部分的州就已经或即将在本州实施全州范围的标准。"除衣阿华州以外，工会中的每一个州都宣布已经开发或正在开发州一级的学术标准（教育标准）。无一例外，这些州都坚持他们的新标准是严格的。"[1]

当然，各州制定教育标准的程度和范围各异："各州均出台了不少帮助学校达到全国教育目标的不同教学方案。大多数州都颁发了有助于学校向学生提供共同知识教育标准的大纲和原则。虽然这些原则的形式与内容不同，但大多数州分别确立了英语、数学、理科和社会科学四个核心科目的指导原则。各州不断修改和调整其标准，以加强本州教学水平。美国教师联合会（AFT）进行的分科目分析表明，在大多数州，数学和理科比英语和社会科学标准更加清晰，内容也更充实。州立标准中，英语和社会科学较差，原因在于全国英语教师协会对于'全国性'标准以及全国学校历史中心对'全国'的历史标准'争论不休'。"[2]

2. 以教育标准为核心，各州已普遍建立州级考试制度

在联邦政府的强力推动下，州级考试制度已经在全美各州普遍建立，学业考核的重点是基础和核心课程。至2003年，全国50个州均有本州特色的问责制计划到位；从涉及的对象看，几乎影响到所有的中小学生："为了保证评估的全纳性和公平性，学校必须保证至少95%的学生参加考试……只有因特殊原因不能参加考试的学生方可不影响学校的考试参与率。"

就考试题型而言，标准化题型是各州广泛采用的一种方式，即美国教育界所说的"标准化测试"。"我们的评估的……努力几乎都是放在用标准化测试来促进学校的有效性。"[3]五次教育峰会推动的标准本位学校改革行动发展迅速、影响深远，更使各州围绕教育标准的标准化测试日益频繁，越来越多的州利用测试得

---

① Al Ramirez. Assessment-driven Reform: The Emperor Still Has No Clothes, Phi Delta kappan, 1999, 81(3):204-208.

② 此"标准化"与标准本位运动中的"标准"不同，前者是采用客观题型进行考试的方式，而后者的含义前文已述。但是两者也有一定的联系：目前许多标准化测试是围绕标准来进行，成为标准本位运动推进的重要手段。

③ Richard J. Stiggnis. Assessment, Student Confidence, and School Success. Phi Delta Kappan, 1999.

出的"成绩单"给学校评定等级。①

就各州考试形式看，可采取标准考试或常模考试形式，可进行全州统考或全州统考与地方考试相结合，但无论考试形式如何，它必须以州制定的教育标准为依据，并以此检测出每所学校和每个学区的年度进步情况。

3. 围绕教育标准的实施，普遍采用公众报告制

公众报告制是一种常见的问责制类型。所有州都提供或要求下辖学区向社会公布本州和本学区公立教育、学区和州的年度教育报告。该报告包括就学率、辍学率、毕业率、学校纪律、安全情况、教师学历水平、班级规模、经费投入等情况。但是在标准本位运动的推动下，目前，各州正在加强对于学生在以教育标准为基础的州级考试中的学习成绩的公众报告制。

4. 评估的结果使用

主要是奖励先进、惩罚后进，最终目的是提高中小学的办学质量。因为地区差异，各地的评估结果使用也有所差异。但是几乎各地的评估结果都主要针对三个方面：学校、学区和学生，而从实际看，主要是针对学校。近年来，美国各地纷纷建立了校本问责制，地方教育行政当局在给予学校更多办学自主权的同时，更加强调学校要为学生的学习负责，因此突出了学校层面的评估，要求学校为办学成绩负责。州政府对办学质量高的学校进行奖励，对未达标的学校进行惩罚。按照《不让一个孩子落伍法》的规定，未达标的学校将受到逐年升级的惩罚：如果连续两年不达标，学校就会被贴上"需改进学校"的标签，并公之于众，接受《不让一个孩子落伍法》第一条款资金的学校还得给予学生转校的权利；如果连续3年不达标，学校就得为来自贫困家庭的学生提供各种补充服务，如课后个别辅导、周末补课等；如果连续4年不达标，学校就必须更换教师或课程；如果连续5年不达标，学校就得重组、关闭或由州接管。目前至少有16个州按照规定明确提出了学校（而非学区）对办学负责。

为了推进教育标准本位运动，各州在考试、评估以及评估结果使用方面都进行了强化，"各州都在试图建立评估与新的教育标准相联系的学生学习的新系统。这个以教育标准运动为核心的相关的问责制正在全国广泛深入地展开……早在20世纪末，48个州已经采用了州范围的测试，36个州用了学校报告卡，19个州运用了学校等级分类，19个州奖励成绩高的学校，19个州为成绩低的学校提供帮助，16个州针对成绩低的学校作出处罚"②。据2003《教育周刊》的质量报告，2002—2003

---

① Robert G. Owens. Organizational Behavior in Education: Instructional Leadership and School Reform. Needham Heights, MA: Allyn and Bacon A Pearson Educational Company, 2001:384−385.

② Shris Gallagher. Teachers Reclaiming Assessment Through Rethinking Accountability. Phi Delta Kappan, 2000(3):507.

学年，所有50个州和哥伦比亚特区都通过考试来测试学生至少几个科目的学习情况，有47个州主要以考试分数为基础发布了学习报告卡。有29个州和学区公开评估其学校，至少是低效学校。到2003年5月中旬，已有14个州的学校绩效责任计划根据《不让一个孩子落伍法》得到了美国教育部的批准。[①]此举可谓美国新问责制实施过程中的一个里程碑式事件。总之，在联邦政府的大力推动与州政府的共同努力下，标准本位运动正在联邦一级和州一级呈现蓬勃发展之势，其在实践中也正通过标准本位运动对美国的公立教育治理产生深刻影响。

综上可知，标准本位运动错综复杂，涉及公立教育治理的方方面面，而且处于不断发展变化中。值得一提的是，在《不让一个孩子落伍法》颁布实施13年之后，2015年美国总统奥巴马签署《每一个学生成功法》（Every Student Succeeds Act, ESSA），使其成为正式取代《不让一个孩子落伍法》的一项新的基础教育立法，该项立法的最大特点是将"教育管理的权力重新从联邦政府下放给州和地方学区，终结了《不让一个孩子落伍法》所规定的以测试为基础的联邦问责制……将教育的控制权归还各州，将改进学校质量的问责制返回给州和地方政府……维护各州自行制定课程标准和学业评估的权力……《每一个学生成功法》之所以能够高票通过，是因为保留了《不让一个孩子落伍法》的若干基本原则，即为所有学生提供高标准课程；坚持各州与地方问责制……"[②]。《每一个学生成功法》将于2017—2018学年全面生效，各州仍需向联邦教育部递交问责制计划。毋庸讳言，新法出台后，虽然联邦政府权力有所收敛，各州权力却有增无减，政府推进标准本位责任制的决心并未减退。尽管表现形式各异，美国标准本位运动的核心就在于它是一种针对传统的科层制的解科层的形态，其最主要的表现是：就标准本位运动而言，联邦政府和州政府试图以推行教育标准的方式为公立教育所应达到的结果提供一套可供参照的指标系统。而标准本位问责制的根本则是以教育标准为核心，通过考试、公众报告等形式强化教育标准的实施，最终实现提高公立教育质量的目标。这种政府取向的公立学校治理形态与传统的科层制公立教育治理的最大不同在于它力求改变规则导向的科层治理，走向目标导向的解科层治理形态，以避免科层管理的层级管理、僵化管理，从而为提高教育治理的效益并最终促进公立教育质量的改善和"达标"服务。

三、标准本位运动实施的案例

鉴于标准本位运动的复杂性，下文从不同角度介绍两个案例，案例一主要侧

---

① 王俊景. NCLB下美国K-12教育改革的新特点：绩效责任制的新发展. 基础教育参考, 2004(11):22-26.

② 张力. 从教育改革法治化视角看美国《每一个学生成功法》[N]. 华东师范大学学报（教育科学版），2016，34(2):5-7.

重于基层参与，从中可了解地方参与标准本位运动的情况；案例二则主要侧重于州政府在标准本位运动中的作为，从较为宏观的角度了解州推动标准本位运动的做法。

案例一：内布拉斯加地方评估模式项目（Nebraska Local Assessment Models Project）[①]

1998年秋，内布拉斯加教育厅（Nebraska Department of Education）获得了来自美国教育部《2000年目标：美国教育法》的资助，并号召地方教育机构递交实施新的州标准的计划。教育厅表示它尤其鼓励以下计划：（1）开发实施阅读/写作和数学方面的地方评估；（2）在这些领域为教师和行政管理人员提供职前和在职服务；（3）教育厅致力于促进其下辖各地在教育评估中的责任，鼓励各地运用多样的评估过程开发以教育标准为核心的评估措施。在州的号召下，来自内布拉斯加写作项目、中心项目的学校以及9个地方学区的代表组成联合班子，着手起草了计划。该计划提出了一个旨在开发和实施数学和写作的地方评估模式的为期一年的项目。

1. 项目分为四个阶段

（1）研究阶段：内布拉斯加写作项目和中心项目的8名指导者对来自内布拉斯加9所学校的40名教师和行政管理人员进行为期5天的暑期指导，旨在开发适合地方课程和州（教育标准）的数学和阅读/写作评估。

（2）开发阶段：在为期一学年的时间里，来自每所参与该项目的学校的教师和行政人员着手开发适合地方、面向参与教师所在年级的数学和阅读/写作评估。每个评估开发小组在州教育标准的框架内继续进行评估模式的研究，分析参与教师的课堂情况，每月在一名指导者的帮助下开一次会，制订和完善评估计划，为实施评估做准备，并准备在下一暑期的研讨会上做发言。

（3）实施阶段：到学年末，每一位参与者所在的学校就教师和行政人员开发出来的项目进行评估项目的实验。

（4）展示阶段：在下一个为期5天的研讨会上，原来的参与者向应邀参加会议、来自其他学区的30名教师和行政人员展示他们的评估模式。

2. 该计划的项目目标

（1）该项目将产生9个适合地方的数学和阅读/写作评估项目。因为在未来的几年内，该州内的所有学区都将要表明其学校达到或超过新的州立教育标准，以及指导教师和行政人员在这方面如何去做。

（2）希望提高教师在评估方面的技能。因为其假设基础与以前的假设不一

---

① Shris Gallagher. Teachers Reclaiming Assessment Through Rethinking Accountability. Kappan, 2000(3):506-507.

样："我们不认为对于学生的可信的评估主要应该由'外面'的人来实施，由'遥远的专家'来实施，我们的观点与此相反：那些与学生朝夕相处的人和那些最熟悉地方具体情况的人能够而且可能最能为我们提供关于学生的学习评估的可靠的、有用的信息。这个项目结束之际，我们将会拥有在教师研究和地方评估方面的一批老师，他们可以为全州的老师提供榜样。"[1]

（3）教师的真正参与。该目标与前一个目标是密切关联的。鼓励教师相互交流评估方面的知识与技术，在全州范围内创设视评估为教师日常工作的文化。在项目中参与的第一批40名老师和行政人员代表的学区与900名教师和15 000名学生密切相关，如果再算上该州第二年邀请的来自其他9个学区的30名教师和行政人员代表，该项目可能影响的人员数量将升至1800名教师和30 000名学生。

这种改革模式并没有否认教师和学校应该"负责"，但是，它是将学校和教师视为其社区的专家，给他们以机会通过公众参与来展示他们的能力。

内布拉斯加未来几年发展如何，目前尚无定论。"但幸运的是我们州有一位明智的教育厅长以及一向致力于开发州级地方评估制度的评估政策。我们可以运用我们州的传统来为地方控制努力。如果我们的项目奏效，评估将会是地方的责任，通过集体的探索和专业的模式来形成对话。但是我们同时也意识到，现在我们面临的一个严峻现实（在全国大多数州，公众和媒体对于标准化测试和自上而下的评估的追求），也使我们的州面临走向州级标准化测试的巨大压力……但是我要坚持我的也许是一种理想化的信念：教师自己能够而且会成为评估者，如果教师在改革中能够有话语权，我想我的信念也许再也不会是理想了。"[2]

案例二：马里兰州推进标准本位运动的举措[3]

遵照《不让一个孩子落伍法》关于制定教育标准及相应评估体系的要求，为了推进标准本位运动的实施，马里兰州自21世纪初开始进行了相关方面的大胆变革。表现在：

1. 制定明确的内容标准

马里兰州下设24个学区。过去，每个学区按照马里兰州内容标准（Maryland Content Standard）分别制定各自的课程标准。州内容标准只是列出了学生在小学、初中和高中阶段需要学习的基本内容，未列出每一个年级需要教学的内容，各个学区自己制定的课程标准有相当大的出入。《不让一个孩子落伍法》颁布后，为确保所有学生都能达到其所规定的学术要求，在原有学习内容标准基础上，马里

---

① Shris Gallagher. Teachers Reclaiming Assessment Through Rethinking Accountability. Kappan, 2000(3):506-507.
② 同上.
③ 驻美国使馆教育处. 美国提高基础教育质量的改革尝试. 2005.

151

兰州着手制定新的州自愿课程标准（Maryland Voluntary State Curriculum），与原课程相比，该标准目标更加明确，要求更加详细，它规定了各年级各学科（语文、数学、科学、社会学、艺术、健康、体育和外语）的教学内容。各学科的课程标准分为三部分进行说明：内容标准（Content Standard），评价指标（Indicator Statement）和具体学习目标（Objective）。新课程标准产生后，各学区可以依此执行或将它与他们自己的课程标准结合起来执行。

2. 设计严格的评估体系

为满足《不让一个孩子落伍法》的要求，马里兰州目前分别改革了针对小学、初中和高中的全州统一考试体系。其特点是提高了要求，增加了考试难度。其中，初中和小学的原有考试体系（Maryland School Performance Assessment Program, MSPAP）被新的考试标准（The Maryland School Assessment, MSA）所取代。新标准要求每年的三月份对3~8年级学生的英语和数学进行考试。科学学科的全州统一考试最早在2008年后进行。考试分四天进行（语文两天，数学两天），每一天的考试时间为90分钟，内容包括多项选择和问答题，要求学生独立完成。评价标准分"基本掌握""掌握"和"高级"三档。考试成绩通知家长，考试成绩单上列明学生的考试成绩及其与全校、全学区和全州的学生成绩对比情况，以让家长知道其孩子成绩在全校、全学区和全州范围内的位置。学习成绩单的公布，不仅对家长有压力，对学校、学区、州教育机构的官员而言，都是一种不小的压力，因为从对比情况就能得知学校的进步情况。

2003年秋季，马里兰州教育理事会取消了原有的高中考试标准（Functional Testing Program，只考基础的阅读、写作和数学），而代之以更具挑战性的新的全州高中考试标准（Maryland High School Assessment），该项目的主要考试科目包括英语、代数、美国政治和生物等，学生学完一门考一门。凡是2001年秋季及以后进入高中就读的学生，必须把他们这几个学科参加全州高中考试的成绩写在成绩报告单上。目前按照规定，所有学生都要参加全州高中科目的考试，但对分数不作要求。但2009年后入学的高中毕业生必须把通过全州高中考试作为其毕业的先决条件。

3. 调整评估标准

除了制定更加严格的考试标准外，各学区对学生的评估标准也作了些改变。以马里兰州的蒙哥马利郡为例，为了使该学区的评估标准与州的课程标准、评估体系一致，校方于2005—2006学年起对小学一至二年级的学生采用新的基于标准的评估体系，到2008—2009学年后全面实施。具体地说，即学生的成绩等级将以各个学科和年级的课程标准为参照，反映学生在依据学区课程标准所规定的应掌握的知识和技能方面的表现，而不像过去那样反映每个学生在为其制定的学习目标方面所取得的成绩。也就是说，以后学生的成绩将与学科标准相比，反映他掌握了多少知识，而不是与他本人过去学习成绩相比。过去的成绩反映的是学生在考试、完成作业、课堂表现、个人成果等方面的综合情况，而新的评估标准则包括两个部分：学习成绩和学习技巧。学生的学习成绩按照年级水平和课程目标来评定，并准确反映他们的学习程度。学习技巧包括学生的努力程度（参与性、任务/作业完成情况、反馈）和行为（合作性、纪律与规范、团队活动）两部分。新的标准将对学生的作业种类、参与性、努力程度、上课记录等采取不同的评价方法，有的作为学习成绩的依据，有的归入学习技巧类进行评定。总的来说，是分类更加明确，要求更加严格。

第二节　公立教育解科层治理政府取向的理论研究

公立教育治理的政府取向理论并非指传统的政府控制理论，而是以解决公立教育治理的科层制问题所提出的新政府控制理论，核心思想在于变科层制治理中的"前验控制"为解科层的以结果为导向的后验控制。所谓前验控制，其特征或精髓是"以规则为导向，规则不仅确定行政管理的任务，它规定行政的功能与作用范围，规定行政组织的一般运行机制"[①]；而后验控制则是对前验控制的一种"替代"，主要是削减或简化规则控制，并通过规定组织要达到的结果（标准）来进行管理的思想。就公立教育治理而言，其实质是通过重建公立教育治理中政府内部各部门之间的（控制与被控制）关系来达到公立教育治理领域的解科层的目的；如何才能实现政府内部各部门之间科层关系的解构呢？该理论认为问题的关键不在于是否应该解除政府各部门之间的控制与被控制的关系（这种控制与被控制的关系无疑具有存在的合法性），而在于应该改革政府各部门之间控制与被控制的方式，传统的控制方式是以严格的科层制所建立的一套烦琐的规则来进行控制，这种控制方式在当今社会正在面临严重危机，导致了僵化、效率低下等问题。因此，要以"后验控制"为指导思想，建立一个后验控制的机制，通过明确被控制的组织要达到的结果来进行控制。至于如何达到这个结果，则各"下级部门"有更大的自主权。因此，笔者认为公立教育治理的政府取向的理论基础是政府的后验控制理论。本节第一部分综述政府的"后验控制"理论[②]，第二部分分析公立教育治理的后验控制理论，前者是后者的理论基础，后者为前者在公立教育

---

① 杨冠琼. 政府治理体系创新[M]. 经济管理出版社，2000:352.

② 张成福，党秀云. 公共管理学[M]. 中国人民大学出版社，2001.

治理领域的具体化。

一、政府的后验控制理论

（一）政府的后验控制理论的合法性——前验控制的危机

政府的科层制管理的一个主要表现就是以规则控制为导向（Rule-oriented）的前验控制。这种行政控制的范式"主要表现是基于规则的合法性（Rule-based legitimacy），专注于限制错误和违反规则行为的（规则）控制系统必然导致'前验控制'的绝对占优，由于科学技术迅速发展而引起的社会变化节奏的加快和不确定性、非稳定性的增加，使这种控制机制在规范功能方面不断出现障碍"①。作为对前验控制失败的回应和替代，后验控制理论应运而生，它主张削减或简化规则、机构、程序，通过控制组织要达到的结果并通过对结果的评估来进行更具灵活性、变通性的新的行政范式的监控与规范，以达到提高行政管理效率的目的。

（二）后验控制理论的历史演变

实际上，"关注于结果导向的政府重塑早在美国的'进步时期'就已提出，但由于对于结果的评估方式和手段的约束，使这种理念变形为一种科层组织的垄断性活动，因而评估本身与其他的科层组织一样，受科层组织内在的、不可避免的局限性的困扰，使评估成为一种流于形式的、失去实际意义的官方的例行程序"②。而随着信息网络化的迅速发展及知识经济时代的到来，社会已经发生了"革命性的变革"，从而使结果导向的控制方式具有了全新的客观基础和控制方式与途径，成为"有实际意义的真实话语"③。

（三）后验控制理论的核心思想④

在后验控制理论中，绩效（Performance）是核心概念，它既是结果的具体化，又是后验控制的核心手段。

1. 绩效（结果的具体化）指标体系框架

不同公立部门的绩效指标具有很大差异。但总体而言，一般包括公立部门所提供的服务的数量与质量。而"对于某项具体的项目而言，则包括一套目标（Goals）、一套社区状况指标、一套具体的目的指标以及一套成绩指标"⑤。所谓具体指标是指机构所要达到的目标，成绩指标则是对于公共部门提供的服务质

① 杨冠琼.政府治理体系创新[M].经济管理出版社，2001:346.
② 同上书，第65页.
③ 杨冠琼.政府治理体系创新[M].经济管理出版社，2001:65.
④ David Osborne, Ted Gaebler. Reinventing Government: How the Entrepreneurial Spirit in Transforming the Public Sector.
⑤ 杨冠琼.政府治理体系创新[M].经济管理出版社，2001:65.

量的具体测量与评估，这些指标显示政府公立机构满足社会需求的状况。

2. 绩效评估的作用及实施

绩效评估的主要作用是为政府提供公立部门机构的结果信息，以达到激励公立部门、提高治理效率的目的，其评估的手段主要是通过结果来鉴别公立部门的成功与失败，对成功进行激励，对失败进行及时改进或惩罚。

就公立教育治理而言，其后验控制的合法性则表现为：在上级政府（如联邦）对下级政府（如州）以及各级政府对学校的治理中，以规则为导向的科层制产生了严重的问题，因此而产生了对学校治理的后验控制的需要——以结果为导向进行公立教育的治理：联邦确立教育的标准和结果评估方式（教育标准和评估方式的制定过程也包括州政府的参与），州政府根据联邦确定的标准和评估方式再对学校进行治理。其核心思想就在于以一定的绩效指标体系（教育标准）为框架进行绩效评估（新问责制）的实施。它直接指导了美国的标准本位运动和新问责制的实践，以下具体分析解科层的后验控制理论在公立教育治理理论中的具体化——公立教育治理的后验控制理论。

二、公立教育治理的后验控制理论

所谓公立教育治理的后验控制理论，本文中特指公立教育治理中不同于传统的通过规则对公立教育进行管理的思想，它以教育标准为核心，通过对公立学校的结果（这里的结果主要是指学校和学生达到联邦、州制定的教育标准的状态，因此是与教育标准相关的结果）进行评估的政府取向的理论。

（一）公立教育治理的后验控制理论的核心思想

众所周知，美国公立教育管理采取的是大同小异的模式：从一开始，虽然联邦没有作出任何规定，但是各州对于怎样组织和管理公立学校教育有着不谋而合的共识——将公立教育的组织和管理分权化，"在各州的各个地方以城镇边界或教区为边界设立学区，由学区对公立学校进行直接管理，由此而最终在50个州形成了一个在全世界都是开创性的、独一无二的体制"[①]。自第一次教育峰会之后，标准本位运动稳步发展，趋势日益强劲，随着标准本位运动的展开，公立教育治理的后验控制理论也呈现长足发展之势。"这项改革的理论假设与市场驱动的改革策略截然不同：它们建立在不同的假设和不同的理论基础之上。"[②]前者作为一项政治治理思想，它认为要解决现有公立教育治理的科层制问题，问题并不在于市

---

① Robert G. Owens: Organizational Behavior in Education: Instructional Leadership and School Reform (seventh edition). Needham Heights, MA: Allyn and Bacon A Pearson Educational Company, 2001.

② 同上.

场的全面引进，而是要变传统的规则控制为结果控制：不是要弱化政府对于公立学校的所有方面的控制权，而是要一方面弱化政府通过规则对公立教育进行控制的科层倾向，另一方面要强化政府对于公立教育的结果的命令—控制权力。它是一种尽力使现有的政治体制焕发活力，使它们能够更加有利于学校改革的思想，认为在公立教育治理中通过重建政府各级部门之间的关系能够达到解除公立教育治理科层制的问题。

后验控制理论就其本质而言，是一种政府取向的公立学校解科层制治理形态，它试图通过放松政府各级公立教育治理机构之间的规则控制的关系来达到弱化科层控制的目的，只是其解科层的表现方式是通过改变控制的方式来重新调整政府内部的关系。

（二）公立教育治理后验控制理论的实现机制

如前所述，虽然后验控制理论并非是一个成体系的理论，但是就其核心而言，是对组织要达到的结果进行控制。但就如何实施后验控制这个问题，仔细分析之后，笔者认为它的理论实际上表现为两派之间的斗争：技术自由主义和人本自由主义理论[①]。技术自由主义和人本自由主义这两派观点倡导的是不同的公立教育治理后验控制的实现机制，对教育管理政策进行评价的主要标准也不同。两者具有本体论和认识论上的区别。总体而言，人本自由主义是建立在普遍的人的发展基础之上的，主要受到激进的民主社会主义思想的影响。人本自由主义反对有助于特权化的等级的社区，并且在治理和学校中促进参与的结构。技术自由主义受到社会保守思潮的影响，认为个体是不平等的，部分个体应该服从于合理的权力，倡导代议制民主。他们把努力放在促进统一的国家文化上。其差异具体反映在以下几个方面：

1. 教育目标

人本自由主义的观点是，应该为学生提供机会帮助他们获得平等的结果。后验控制理论应该考虑到文化差异并力求适应个别学生的独特需要。对于技术自由者来说，公立教育的最重要的目标就是为全球竞争准备未来的人才。因此，为国家的集体的经济繁荣服务是教育最重要的目的。

2. 课程

对人本自由主义者来说，以学生中心的教育目标为指导，课程应该为学生的需要服务，不论其能力和文化背景如何，应该使他们在学校中感到平等、舒适与成功。因此，要开发螺旋式的课程和整体的学习经验，鼓励教师通过学习经历来满足学生独特的需要与能力。教育最重要的知识来自当地的教师、家长与学生。

---

① Manzer, R. Public Schools and Political Ideas: Canadian Educational Policy in Historical Perspective. Toronto, Canada: University of Toronto Press, 1994.

因此，提倡分权化的教育治理制度，以给予教师和当地的领导对于教育决策（包括与课程有关的决策）的自治的权力。人本自由主义倡导参与式的民主，并认为在教育中家长、教师不是"顾客"，而是教育的积极参与者。

相反，技术自由主义者鼓励核心课程。认为全球竞争的最重要的知识应该由州或联邦制定。而且，为适应全球竞争，应该有一个所有学生必须掌握的重要的知识体系。因此，明确课程的内容是至关重要的，教育要放在学生对这些核心课程内容的掌握方面。在这里，需要通过制定课程框架和教育标准对学校教育的质量（结果）进行控制这个思想并没有争议。有争议的是体现在课程中的不同的观念，是相信人的本质，还是相信人是公共产品。人本自由主义者认为，课程的重点应该放在容纳多元性以促进个体的发展。而技术自由者来说，课程应该放在统一性上和重要知识的灌输以促进整个国家的文化。因此，课程和学习策略的实施反映了背后的政治哲学基础。

3. 对学生的评估

就如课程一样，在公立教育中需要评估并没有争议，有争议的是对学生的评估究竟应该怎样实施。在学生中心的自由主义哲学里，教师对学生的评估被认为是学生评估的最有效的形式，因为教师在与家长和学生的接触中，是学生进步的最好的评判者。此外，形成性的评估也得到重视，因为它几乎实现了对于教学与学习的"无缝连接"。这样，重点就放在强调个人的成长。应该抛弃标准化测试，因为它不能容纳多样化的现实和个体学生的需要。

相反，技术自由者拒绝依靠教师为本的测试，因为他们的评估具有偏向性。要对学生掌握特定知识的程度进行评估，最好的手段应该是通过标准化测试来进行，目前国家级甚至国际级的测试，反映的就是这种技术自由主义者的观点。"教育界不容易接受这样的观点：对于结果不作测量很难显著地提高学生的成绩，因此要以教育标准为核心，围绕测试结果来进行教学，最终后验控制理论要解决的问题就是学生的学习成绩是否达到了预期的教育标准。"①

（三）从公立教育治理的后验控制理论的角度看目前的标准本位运动

目前的标准本位运动无疑是一种典型的后验控制理论。但是就其实现机制而言，虽然是技术自由主义与人本自由主义两种倾向兼具，但是不能不承认处处存在技术自由主义和人本自由主义的斗争，而在这个激烈的斗争中，技术自由主义是占上风的。因为其存在明显的集权化的成分——"我把它叫作'强大的问责制的集权化目标的形成（Centralized Goal Formation With Strong Accountability）'。它包括在州或国家一级具体规定理想的课程标准，并运用新问责制来使学校和学

---

① Fagan, L. P. Performance Accountability in the Newfoundland School System, Canadian Journal of Education, 1995, 20(1):66.

生为达到课程标准而学习……其实质在于从根本上限制了地方学校修订中央关于课程的决策的机会，而地方学校要思考的问题就是如何围绕教育标准实施这些课程，它们的自由只是限制在达到教育标准的方法方面（它们的自由只是实施的自由）。限制地方的工具就是利用州级测试来判断学生和学校的成绩"[1]。也正如Owens所说，"不论好与坏，这项改革行动是一个对组织和管理采用命令—控制方法的典型例子"[2]。只是这种命令—控制方法采用的是一种后验控制，其基本假定是，教育标准由州决定，变成命令层层往下传递到学区来执行。通过各州对强制性的、全州标准化考试的管理来对地方执行的情况进行管理。与以往通过规则导向进行前验控制的科层制管理不同的是，上级部门放松了通过规则束缚下级部门的思想，代之以结果导向的治理，其解科层治理思想的体现是希望政府各级部门之间的关系由传统的密切控制与服从的关系转变为"上级"控制教育治理的结果而"下级"在治理过程中享有较大的自主权，因此从理论上说，在公立教育治理的后验控制中，"下级"政府部门的权力较之以前应有显著的增强。

第三节　对公立教育解科层治理政府取向的评析

一、公立教育解科层治理政府取向的实践分析

在美国，政府取向的公立教育解科层治理实践的主要表现形式是标准本位运动，而标准本位运动在实践中的重要实施手段是标准本位的问责制（新问责制）。本节主要从标准本位运动及新问责制的特点以及存在的问题进行评析。

（一）标准本位运动及新问责制的主要特点

在美国公立教育治理领域，以标准本位运动为表现形式的政府取向的公立教育治理分析呈现出前所未有的特点，主要表现在：

1. 呈现从传统的投入管理型（Input）转向产出管理型（Output）的趋势

"美国的州教育机构已把服从于规则和专家管理（投入管理）的问责制转向了追求学生成绩最大化的新问责制（结果管理）。"[3]虽然建立这种新问责制政策的指导思想各州可能有所不同，但在实践中采取的形式基本上包括：学生的内容和绩效标准，与标准密切相关的评估系统，与成绩为本的教师许可证，公共报告

---

① Reynold J. S. Macpherson (edit). The Politics of Accountability. California:Corwin Press, 1998: 203.

② Robert G. Owens. Organizational Behavior in Education: Instructional Leadership and School Reform (seventh edition). Needham Heights, MA: Allyn and Bacon A Pearson Educational Company, 2001:382.

③ Reynold J. S. Macpherson (edit). The Politics of Accountability. California. Corwin Press, 1998:5.

制度如"州报告单",对成绩得以改善的学校给予物质奖励,州干预成绩低下的学校等。在美国许多州处于开发和实施新问责制的过程中,"这些系统即使在实施的过程中也处于不断变化之中"[①]。新问责制因各州而异,但从原则上说,这种新的政策系统的突出的特点在于三个方面[②]:(1)因为新问责制目的在于提高学生的成绩,因此州政策的核心在于产出而不是投入(过程)的标准;(2)这种新的制度力求修订学生的评估系统,使这种系统以新制定的标准为基础,核心放在学生应该掌握的知识和能够掌握的知识;(3)新问责制力求将以往的相互割裂的州政策(课程框架、评估、认证、评估、成绩报告、奖励、许可和证书颁发)等整合为一个有内在联系的、相互强化的系统。

而传统的问责制比新问责制的范围更窄、影响也更小。一般而言,传统的问责制依靠的是标准参照测试,学生测试成绩的好坏也不与毕业、升级等挂钩,在州的总体政策系统中也属于独立的一块。当然,这并不是说以往的问责制没有多大影响,例如20世纪70—80年代引进的最低能力测试"Minimum Competency Tests"对于学校当然有影响(现在这种测试已经成为历史)。但是,总体而言,作为改革驱动者的州传统问责制政策产生的结果是另人失望的。新问责制政策反映的是走向更加综合的改革目标和重整州政策结构的趋势。这种政府取向的公立教育治理形态目的在于改变规则导向的科层治理,走向目标导向的治理形态,以达到避免科层管理的层级管理、僵化管理的问题。虽然还不能充分证明这种新问责制是否比过去的政府的努力更成功,但是其勃勃雄心显然甚于过去。

2. 联邦和州在标准本位运动中的作用得到前所未有的强调

首先,联邦政府的作用得到了充分重视。虽然历史上美国的教育系统是一种分权式的管理;但是,"一些改革(包括新问责制)却强调联邦在州和地方教育项目中的更为重要的角色……自1989年布什总统和50个州长汇聚一堂的高峰会议以来,联邦在教育中的作用微弱的传统被一举打破,标志一个新时代的诞生"[③]。目前,美国已经制定了国家教育目标,对于课程标准也在进行国家一级的前所未有的讨论。正如美国教育部在《美国2000:教育策略》里所说,"最近,联邦政府影响教育的一个突出的例子是建立公立教育的国家目标。共和党和民主党的总统都与州决策形成合力来为州和地方学校系统推荐国家目标和课程标准……撇开目标本

---

① Elmore, R. F., Adelman, C. A., & Fuhrman, S. H. The New Accountability in State Education Reform: From Process to Performance. In H. F. Ladd(Ed.), Holding Schools Accountable: Performance-Based Reform in Education, Washington, D. C. : Brookings Institute, 1996:65-98.

② Reynold J. S. Macpherson(edit). The Politics of Accountability. California:Corwin Press, 1998:79-92.

③ Paul C. Bauman. Governing Education: Public Sector Reform or Privatization. A Simon & Schuster Company, 1996:115.

159

身不谈，这至少表明了治理权力走向政府权威的更高和更集权化的层次"①。"以往在组织和管理公立学校中非常注重地方学区对学校的控制权，而标准本位学校改革则把地方学区的参与放到了边缘位置，重申联邦政府和州政府的权力。"②

为配合联邦政府作用的发挥，"州长们甚至发布一个蓝皮书，意在指导州如何完成国家制定的教育目标"③。同时，州政府的行为也得到了强化。"强调建立强有力的州政府的作用，特别是在制定目标和标准方面。"④因此在以教育标准本位运动为核心的新问责制方面，州政府的作用被认为是"没有先例的"。与此相应的是，采取地方为本的新问责制的州不多，即以学区为主为本学区内的学校订立评估标准的州较少，因此在联邦和州政府作用得到强化的同时，地方学区在标准运动和新问责制中的作用相应削弱了，表明了政府的后验控制的明显趋势："上级"政府部门以结果为导向进行解科层治理的实质在于对结果进行控制。

3. 标准本位运动和新问责制在美国已经具有相当程度的影响

"自2002年1月8日小布什签署《不让一个孩子落伍法》以来，实施这个目标宏大的中小学改革法一直是布什政府内务政策的第一重点，也是美国9万多所中小学日常工作的中心和美国民众关注的焦点。"⑤围绕着教育标准的制定，"新问责制政策在课堂、学区、学校、地方、州和国家正起着作用"⑥。"二十年来，我们在教育评估界通过新的测试提供关于学生成绩的准确信息方面已经取得了重要的进步。目前正在进行的评估（学区级、州级、国家级的评估）项目达到了技术质量的可以接受的标准。"⑦因此标准本位运动和新问责制在美国的影响非常广泛。为了检测各州制定的教育标准和问责制体系是否符合《不让一个孩子落伍法》的要求，联邦教育部专门要求专家对各州提供的教育方案进行评估。迄今为止，按照立法的要求，"所有50个州和哥伦比亚区具有问责制规划到位，并对3~8年级和高中某个年级阶段的学生的阅读和数学科目进行统考，45万名符合条件的学生接受了免费的课外补习或参加了择校"⑧。"到目前为止，所有州的教育方案都已得到联邦教育部的评估和批准，同时47个州的方案还得到了各自州立法机构的批准，这些

① U. S. Department of Education. America 2000: An Education Strategy. Washington, DC: 1991.

② Robert G. Owens. Organizational Behavior in Education: Instructional Leadership and School Reform (seventh edition). Needham Heights, MA: Allyn and Bacon A Pearson Educational Company. 2001:382.

③ Paul C. Bauman. Governing Education: Public Sector Reform or Privatization. A Simon & Schuster Company. 1996:115.

④ 同上书，第117页.

⑤ 余强. 美国《不让一个孩子落伍法》的实施近况和问题[J]. 世界教育信息，2004(11).

⑥ Reynold J. Macpherson (edit). The Politics of Accountability. California:Corwin Press, 1998:1.

⑦ Richard J. Stiggnis. Assessment, Student Confidence,and School Success, Phi Delta Kappan. November. 1999.

⑧ No Child Left Behind's 5th Anniversary：Keeping Promises And Achieving Results. http://www.ed.gov/print/nclb/overview/importance/nclb5anniversary.html.

方案已成为各州实施教育改革、提高教育质量的蓝图。"[①]

4. 标准本位的运动和新问责制在各州实施的程度和效果不一

在联邦政府的大力推动下，标准本位运动与新问责制在各州以各种形式在进行，但实施程度和效果并不一致。有研究表明，这场改革在提高学生，尤其是处境不利的学生的阅读和数学成绩方面已取得了一定成效。例如，美国大城市学校委员会（The Council of the Great City Schools）代表着60个大城市学区、全国15%的中小学学生，它于2004年3月发表报告说，在2003年，大城市四年级学生的阅读成绩达到熟练或更好水平的比率上升了4.9%，达到了47.8%；数学成绩达到熟练或更好水平的比率上升了6.8%，达到了51%。尽管有人认为不能把这些进步都归功于《不让一个孩子落伍法》所推动的改革（标准本位运动和新问责制），但无人否认它所起的相当重要的作用。[②]而联邦政府对此次改革也多为肯定之词，美国国情咨文指出，自2002年布什签署《不让一个孩子落伍法》以来，美国学生的学业成就得到了很大提高，近5年9岁儿童在阅读成绩上取得的进步，是过去28年的总和。就各州实施新问责制的情况看，多数州新问责制采取的是以州级测试为主的评估方式，也有少数州开发了比较有特色的新问责制。以华盛顿为例[③]：（在新问责制方面）华盛顿为了通过教育标准和问责制促进学校改善，开发了更有思想更为复杂的方法，其特色在于它具有广泛支持的研究基础和实施资源，并注重与相关的所有的团体进行交流，最值得注意的是其对教师的专业发展的承诺。围绕着提高教师的技能，该州做了很多工作，如该州"学生学习委员会"专门出版刊物，列出了评估学生成绩所需的七项能力，每一项都有简洁的阐释，并且培训工作正在全州范围内进行，以使教育者获得他们需要的关于评估方面的技能和知识，这种以教师专业化为核心的新问责制可以说是华盛顿新问责制的特色。此外，如内布拉斯加州的评估地方化也是一个典型例子（见本章第一节案例部分）。

但是，此项改革在全国各地的实施效果并不一致，在一些地方似乎取得一定实施效果的同时，有的地方则处于被动状态。而对于已经取得的成绩也有不同看法。一些批评人士即指出，改革法案造成学生成绩的提高幅度随着年级的上升而下降。在低年级学习基础课程时，学生的成绩显著提高；但到中学以后，考试内容多为概念题时，学生成绩进步不大。法案还规定如果学生成绩在一年内没有提高，学校必须允许学生免费转到其他成绩好的公立学校。如果下一年学习成绩仍无提高，学校必须免费提供课外辅导。但很多学校的课外辅导只能由本校老师进行，而这些老师的教学本身已经证明没有使学生成绩提高。所以，尽管很多家长

---

① 驻美国使馆教育处供稿（2005年）："美国提高基础教育质量的改革尝试"。

② 余强. 美国《不让一个孩子落伍法》的实施近况和问题[J]. 世界教育信息，2004(11).

③ Al Ramirez. Assessment-driven Reform: The Emperor Still Has No Clothes, Phi Delta Kappan, 1999(11):206.

赞成增加课外辅导，但它除了延长学生每天的上课时间外，没有其他实际意义。

5. 强调对不利群体的关注

为了将提高不利群体的教育标准和教育质量，强化针对该部分群体的新问责制的政策落到实处，美国政府采取了系列有力措施：第一，从法律上对不利群体所达到的结果进行测试予以强制性的规定，如《不让一个孩子落伍法》规定：各州的统考中，各校各类学生的参考率不能低于95％，每年的考试结果要对照当年度预估进步率进行评价，看是否达到目标。这种评价不仅要具体到每一所学校，还要将校内各类学生的考分分类计算，包括接受特殊教育的学生、英语水平有限的学生和少数民族学生等。只要有一个类别的学生没有达标，整个学校就没有达标。第二，对于考试不达标的贫困生制定额外措施，例如规定连续3年不及格的学校中的贫困学生有权享受公费的额外服务，主要形式是个别辅导，由州教育委员会批准的提供商提供。基本做法是由学区和提供商订合同，每个学区一般和几个或几十个提供商订合同，然后给家长一份提供商名单，让他们从名单上选择，提供商派辅导教师在学生家里、社区图书馆、学校等地方或通过网络对学生进行辅导。提供商主要是私人公司，其次是学区和中小学，另外还有高等院校或其他机构。但是，从这两年的情况看，实际接受个别辅导的学生并不多，全国有权享受此类服务的学生中大约只有 15%真正接受了这类服务。第三，允许择校，主要是向薄弱学校的学生提供"机会奖学金（Opportunity Scholarships Program）"等项目，使低收入家庭学生可以转学到私立学校、跨区转学或获得强化辅导，并且在转入新学校后仍可获得资助。例如，2006年有1800名低收入家庭的孩子从华盛顿机会奖学金项目（The D. C. Opportunity Scholarships Program）的资助中获益得以择校入学，而同年10月布什总统提议设立全国性的机会奖学金项目（Opportunity Scholarships Program），此提议将使28 000名低收入家庭的孩子择校入学。第四，改造薄弱学校，尤其重视提高薄弱学校的师资水平。例如，明尼苏达州州长在2003年年底提出了一项计划，该州雇用一批优秀教师，充实5所最贫困地区的连续不达标学校。优秀教师的年薪最高可达10万美元，对那些有效地提高了学生考分的教员，可拿到高达4万美元的奖金。第五，增加对于不利群体的拨款以促进教育发展的公平性，例如面向低收入地区的补贴2001年为88亿美元，2002年增至104亿美元，2004年又增至123亿美元，三年间增幅达到了40%。

在联邦政府的强势推动下，许多州不利群体的达标状况均有了一定程度的改善。例如在2003年3月，全国只有24个州决定将英语水平有限的儿童100％地包括在州测评中，至2004年1月，已有45个州将这类学生包括在内，其余6个州也已部分地有了相应政策。2003年3月，全国36个州决定将接受特殊教育的儿童100％地包括在各类州考试中，至2004年1月，全国50个州有了这一政策，余下的一州也部分地进入了轨道。2003年3月，全国只有12个州将学生考试结果分类统计的政策，至2004年1月，全国42个州已将考试成绩分类统计，另有7个州已部分地进入轨道。2003年3月，全国只有9个州按学生分类的标准评价学校，至2004年1月，已有41个州按学生的分类评价学校，6个州部分地进入轨道。由此，不利群体之间的差距似乎呈现了缩小的趋势。据美国大城市学校委员会的报告，在阅读测验上，73.1％的四年级班级、53.8％的八年级班级和38.9％的十年级班级缩小了白人学生与黑人学生之间的成绩差距；60％的四年级班级、68％的八年级班级和44.4％的十年级班级缩小了白人学生与拉美裔学生之间的成绩差距。近年来的统计也表明，《不让一个孩子落伍法》在基础教育阶段的实施在某些领域见到成效。首先主要体现为学生的总体学业成绩有所提高。自 2002 年 NCLB 生效以来，学生各项测评成绩都有所提高。根据美国国家教育进展评估（National Assessment of Educational Progress，NAEP），四年级学生的阅读、数学考试成绩呈上升趋势，其次，不同族裔学生成绩鸿沟缩小。NCLB施行前，非洲裔和西班牙裔学生学业水平提升缓慢，甚至在一些年份出现倒退；2002 年以后，尽管非洲裔、西班牙裔学生和其他欧洲裔学生在学业水平上仍有一定差距，但其进步的幅度明显增大。[①]尽管有人认为不能把这些进步都归功于《不让一个孩子落伍法》所推动的改革（包括标准本位运动和新问责制），但无人否认它所起的相当重要的作用。[②]

（二）标准本位运动和新问责制存在的问题

上文谈及，标准本位运动和新问责制在美国产生了深远的影响，此影响还可能一直持续下去，但它所引起的争议也从来没有停止过，这些争议主要是围绕以下问题展开的：

1. 没有将学校和学生摆在恰当的位置

虽然在目前的标准本位的运动与新问责制中，也出现了所谓"真实评估""Authentic Assessment"[③]。其主要思想是倡导学生在有意义的"真实世界（如为真正的读者写作）"活动中参与评估与被评估。它体现了强调学生参与的趋势。但是从标准本位的运动与新问责制的总体情况而言，忽视学生和学校的真正参与是一个重要问题。"教育峰会推动的标准本位学校改革行动发展迅速、影响深远。各州的标准化测试日益频繁，越来越多的州利用测试得出的'成绩单'给学校评定等级，但是，这个自上而下的行动存在重要问题，问题的起因在于忽

① 邹一戈.《不让一个孩子落伍法》颁布后美国基础教育演进特征及策略走向[J]. 世界教育信息，2015（17）.

② 余强. 美国《不让一个孩子落伍法》的实施近况和问题[J], 世界教育信息，2004(11).

③ Shris Gallagher. Teachers Reclaiming Assessment Through Rethinking Accountability. Phi Delta Kappan, 2000(3): 502-507.

视了学校和学生。"① "到了我们重新根本性地思考评估与有效学校之间关系的时候了。这个重新评价不是放在我们如何评估学生的成绩上，而是我们如何运用评估来追求学生的成功。"②

测试并不能直接解决学校的有效性和学生的学习动机的问题，由于新问责制主要针对宏观的体制层面，其内容很少涉及如何激励学生的积极性和提高学校的有效性，这个问题正在被人们所关注。针对这个问题，一些州开始根据测验成绩来决定学生是否留级、特别是针对像3、5、8年级这样处于关键转折阶段的学生。但是，仅根据学生的测验成绩来决定其"命运"又会产生许多"应试教育"的问题，问题的实质在于测试不是为学生的发展服务，而是学生为测试而学。

2. 标准本位的新问责制产生了一些负面作用

不仅新问责制在关注学生和学校的参与方面存在争议，一些批评还直指其产生的负面影响，尤其在年度考试、达标评价和逐步升级的惩罚的压力下，很多公立学校都程度不同地存在"应试教育"的倾向。主要表现是：从教学目的看，将课堂的实践降低为为考试而教，教学注重低级技能和机械记忆，而不是更为重要的高级技能的培养，分散了教师和学生的注意力，使教学服从于"外面"的评判；从教学内容看，将课程的内容简单化，强调"遥远"的专家认为最重要或者是最容易测评的知识和技能，"在基层的学区和学校里，《不让一个孩子落伍法》成了日常工作的指挥棒，中小学加班加点，采取的应对措施首先是侧重于州考科目的教学，在时间、资源、教师等各个方面都予以加强。而不考的科目，包括社会学习、美术、音乐、职教、体育和外语等，则被大大地削弱，甚至被完全放弃。如马里兰州人文学科委员会报告，该州的安尼阿伦德尔县（Anne Arundel）2003年将一至五年级的社会学习课课时平均减少了33%"③；从教学对象看，对于不利群体尤其是英语为第二语言的学生不但没有起到鼓励作用而且还使他们处于更不利的地位。

因此，新问责制如果实施不当，有时候还会产生适得其反的效果。假如教师努力了而成绩仍然糟糕可能会导致教师单纯走向应试教育或者感觉沮丧而"跳槽"。学生在应试无方的情况下也会产生"自暴自弃"的心理。正因为如此，有一些研究者不无忧虑地指出："新问责制的压力……导致违反教育性的学校氛围的产生。"④

---

① Robert G. Owens. Organizational Behavior in Education: Instructional Leadership and School Reform (seventh edition). Needham Heights, MA: Allyn and Bacon A Pearson Educational Company, 2001:384-385.

② Richard J. Stiggnis. Assessment, Student Confidence,and School Success, Phi Delta Kappan. November, 1999:191.

③ 余强. 美国《不让一个孩子落伍法》的实施近况和问题[J]. 世界教育信息，2004(11).

④ Sykes, G., Elmore, R. F. Making Schools Manageable: Policy and Administration for Tomorrow's Schools. New York: Falmer, 1988:91.

3. 新问责制的实施能否达到预定目标争议很大

《不让一个孩子落伍法》明确规定：法案的总目标是在2014年前使全美中小学生的阅读、数学和科学成绩100％地达到熟练水平。但由于上文所述问题的存在，最终导致的结果是：尽管目前决策者对评估所产生的效果期望值很高，但关于新问责制的实施能否达到预定目标存在很大的争议："过去我们通过测试来推动教育改革，如20世纪80年代以来的最低能力测试项目（Minimum-Competency Testing Programs），条款1项目（Title I Program）和1994年的条款1修订项目（Title I Program），这些都没有起到预想的效果，这种最近的（新问责制）政策行动似乎与过去的评估如出一辙。"①

新问责制研究专家对在成绩糟糕的学区实施新问责制的障碍进行了个案研究。例如Reynold的研究结果认为："许多问责制模式是不可能改变地方的实践的。外部驱动的更大的问责制的需求还没有产生任何真正的影响，内部的问责制方法趋向于依赖并不存在的能力，而学区的问责制系统常常无法提供必要的条件。这些挑战，就从技术上超过了教育政策制定的范围。"②他们的个案研究具有重要意义。因为自《国家处于危机之中》颁布以来，许多州都运用标准化测试作为学校质量的指标，建立包括与结果相联系的收入（资金和奖金）激励机制，并制定了一定的惩罚政策，例如成绩过于糟糕的学校将由州直接接管。这种治理思想把学生学习的过程简单化了（学生的学习动机形成并非简单的奖励—惩罚就能奏效的），忽视了学习条件和社会背景。同时，在新问责制中强调课程标准制定和实施教师的专业发展对于许多低绩效的学校和学区收效甚微，因为考试分数仍然还是学习的关键指标。

而且，因为以教育标准为基础的考试的熟练水平和年度进步率都是各州自己定的，而法案对连续不达标学校的惩罚又十分严厉，于是，为了避免把越来越多的学校划为需改进学校，许多州便以各种方式放宽标准。如加州2003年英语阅读成绩的年度进度率及格标准仅定为12％的学生达到熟练水平。得克萨斯州三年级阅读标准测验有36个题目，原定答对24题为及格，2003年将标准降低为答对20题便及格。密歇根州原定75％的中学生在州英语测验上及格才达到年度进步率，2003年改为46％的学生及格就达到了年度进步率标准。③因此新问责制是否真的能够达到对学生"高标准、严要求"的理想状态就受到了一些质疑。

此外，新问责制在目标达到方面之所以存在争议，除了其本身的固有问题之外，还因为教育评估的结果还受到诸多其他因素的影响。例如，Betty等人指出，

① Al Ramirez . Assessment-driven Reform: The Emperor Still Has No Clothes. Phi Delta Kappan, 1999:206.

② Reynold J. S. Macpherson (edit). The Politics of Accountability. California:Corwin Press. 1998: 导言.

③ 余强. 美国《不让一个孩子落伍法》的实施近况和问题[J]. 世界教育信息，2004(11).

评估分数主要受到四个变量的综合影响：单亲家庭还是双亲家庭、父母的受教育程度、孩子所在的社区的类型、州的贫困等级，因此测试反映的是贫富差距而不是在课堂上实际教的内容。此外，不同类型的评估还受到使用范围的限制，在一定范围内有效的评估并一定能适用于其他范围："在几个州试图用文件夹评估作为大型评估项目中评估学生的关键手段，但遭到了教师的批评，因为给教师增加了繁重的负担，而且在大型评估项目中其效果也并不好。这种被认为在课堂中是一个很好的评估工具的思想运用到大型评估中却有很多缺点。"①因此在使用评估作为改善学校治理的政策、使教育达标（达到标准）之前，还需要"使别的东西到位"②。

综合以上关于标准本位运动以及新问责制的特点及其存在的问题可知，政府取向公立教育治理的最大特点在于变规则导向的科层制治理为结果导向的解科层治理，虽然它在美国的影响程度不一，但是其对于美国公立教育治理的影响总的来说却呈现"前所未有"的趋势，而且联邦政府与州政府在其间起到的作用日益明显。其目的在于改变政府在公立教育治理中的僵化管理的科层制传统，通过结果导向的解科层治理的方式提高公立教育管理的成效。但是目前标准本位运动和新问责制存在一些根本性问题以及"令人担忧"的效果，需要"重新思考我们为公众负责的新问责制"③。这种标准运动和新问责制希望能够通过重建公立教育治理中政府部门之间的关系来达到结果导向的解科层治理，但它们是否真正实现了政府部门间关系的重建？是否真正实现了结果导向治理的初衷？对于这些问题的答案尚不清楚。

二、对公立教育的后验控制理论的评析

（一）后验控制理论对公立教育解科层治理理论的贡献

1. 为解科层治理理论提供了一条具有一定现实性和操作性的思路

目前，关于政府在公立教育治理中的角色和作用问题众说纷纭，而以政府的后验控制理论为基础的公立教育治理后验控制理论在诸多讨论中越来越受到关注，因为它的假设基础仍然是现有体制的合法性，只是摒弃了原来的科层管理的思想，期望建立一个结果管理的体制，以达到重建政府间关系的目的。它与市场取向的解科层治理以及公民社会取向的解科层治理相比，具有更强大的现实制度为保障，为公立学校解科层治理的思想提供了一条具有一定现实性的改革思路。

①　Al Ramirez. Assessment-driven Reform :The Emperor Still Has No Clothes. Phi Delta Kappan, 1999.

②　Betty E. Steffy and Fenwick W. English. Curriculum and Assessment, for World-class Schools. Lancaster, Pa. : Technomic, 1997:6.

③　Richard J. Stiggnis. Assessment, Student Confidence, and School Success, Phi Delta Kappan, 1999:191.

2. 后验控制理论以效率、公平为其追求的目标

从理论上说，后验控制理论试图通过构建指标、通过评估来实现所谓"4E"：经济（Economic）、效率（Efficiency）、效能（Effectiveness）、公平（Equity）[①]。所谓经济是指评估组织绩效时关注它是否以尽可能低的成本提供与维持既定数量和质量的教育。所谓效率是组织在一定时间与预算投入内，究竟产生了什么样的结果。而效能则关注公共服务实现目标的程度。公平则关心那些需要照顾的弱势群体是否享受到了更多的教育服务。这种后验控制理论在公立教育治理中的实质就是追求效率优先、兼顾公平的目标。

（二）后验控制理论存在的问题

1. 理论假设的问题

后验控制理论假设存在的问题是：只要制定教育标准，并围绕该标准对教育结果采用各种各样的评估就能够改善教师的教学，就能促进学生的学习。正如Ramirez所指出的，"（测试的）熟悉而又模糊的假设是，学生动机不强，教师技能不足，地方的学区、学校董事会成员和学监不知道他们的学生应该学习什么和学到什么程度，州领导和社团，需要一种立竿见影的结果，而通过测试的新问责制会迫使系统改进"[②]，"它们是建立在关于评估与教师、学生的动机的天真的假设上的，认为只要学生害怕测试成绩糟糕就会更加努力，最近的媒体（关于学生学科成绩）的报告的主要导向是：我们最好要提高我们在世界民族的标准，否则就冒着经济和社会衰退的危险。这样，我们就在测试上层层加码，意在提高教育者对于提高教育质量的关注从而更加努力地工作，以提高学生的成绩和测试分数"[③]。

虽然标准本位的新问责制存在一定的价值：能够给教师、学生、领导者以更多的压力使其达到更高的教育标准，而且评估结果还能为教育决策提供重要信息。但是只有当学生想要成功而且感觉到他们有能力成功时他们才会在学业上取得成功，因此评估的问题就转化为两个方面：如何帮助学生想要学习而且感觉到他们能够学习。只有将问题解决的根本落实到促进学生学习的目标上，才可能真正实现结果导向的治理。

2. 后验控制理论本身存在的问题

尽管目前决策者对公立教育的后验控制理论所产生的效果期望值很高，但是其实施效果并不明显。主要原因在于后验控制理论希望借助评估来实施后验控制，但是评估本身存在缺陷："评估是一门有着许多局限的技术……在现在朝向

---

① 张成福，党秀云. 公共管理学[M]. 中国人民大学出版社. 2001:273-274.

② Al Ramirez. Assessment-driven Reform: The Emperor Still Has No Clothes. Phi Delta Kappan, 1999.

③ Richard J. Stiggnis. Assessment, Student Confidence, and School Success, Phi Delta Kappan, 1999.

167

标准与问责制的运动中，我们不应忽视评估技术的缺点……关于评估与严格的学术标准相联系的改革丰富了评估的技术与理论（例如文件夹评估、学生设计展示等），但是这些新观念在许多地方却无法实施，因为创建这样一个评估系统的成本和努力超出了实施者所能承受的范围。"[1]

3. 后验控制理论的价值观

后验控制理论主要反映的是一种对教师不信任的精英控制式的文化。用葛兰西的一个术语说，现在的教育评估是"霸权"[2]。首先，"测试是一项有利可图的工业……工商业界的巨头是测试行业的主导"[3]。其次，在目前"教育危机"之声危言耸听的时候，新保守主义者等人经常煽风点火，激起对教育的怀疑，从而导致公众也认为："标准太低，学生基础训练不足，学校和教师一定要'负责'。"[4]于是就自然产生了对于教师的不信任感。为了"负责"，达到新问责制，就产生了这样一种模式：遥远的"专家"开发标准本位的测试和一揽子课程，交给学校领导，校领导保证教师忠实地实施这些计划。学生根据永远不会到课堂来的专家的规定而成型了。在这里，教师成了仍然是最底层的工人。

当然，客观地说，后验控制思想本身也并非要完全排除教师的作用与参与，它也期望与教师形成"伙伴"关系，让教师担当测试开发者的"顾问"，但是这只是"公众关系和政治的权宜之计"[5]。而且国家教育标准本位运动和新问责制是两党采取的行为……是联邦压倒地方的教育控制。据此，John Jennings所明确表述的思想是：围绕国家教育标准和测试的立法和讨论的历史中，教师在教育改革运动中少有声音。[6]因此，在标准本位的新问责制思想中，面对来自市场的、公众的、政治界各界的"霸权"，教师在公立教育治理的后验控制思想中的地位并没有得到应有的重视。

总之，尽管政府取向的公立教育治理在解科层学校治理中无论从理论还是实践来说，均占有不可忽视的一席之地。它试图从重建政府之间关系的角度来建立解科层的公立教育治理，但是就其实践效果及理论本质而言，似乎并未达到其初衷。虽然后验控制思想本身的出发点和方向并没有错，但是这种思想的完善和成功实施却

[1] Al Ramirez. Assessment-driven Reform:The Emperor Still Has No Clothes. Phi Delta Kappan, 1999:205.

[2] Antonio Gramsci. An Antonio Gramsci Reader, ed. David Forgas. New York: Schocken Books, 1988.// Shris Gallagher. Teachers Reclaiming Assessment Through Rethinking Accountability. Phi Delta Kappan , 2000(3):502.

[3] Shris Gallagher. Teachers Reclaiming Assessment Through Rethinking Accountability. Phi Delta Kappan, 2000(3):502-503.

[4] 同上书，第502页.

[5] Antonio Gramsci, An Antonio Gramsci Reader, ed. David Forgas New York: Schocken Books, 1988 // Shris Gallagher. Teachers Reclaiming Assessment Through Rethinking Accountability. Phi Delta Kappan, 2000(3):503.

[6] John F. Jennings. Why National Standards and Tests? Thousand oaks, Calif. : Sage, 1998.

并非易事。

三、成功实施公立教育解科层治理政府取向的条件

由于公立教育解科层治理政府取向表现为标准本位运动，而标准本位运动的主要实施手段是以标准为本的问责制，因此这里以探讨成功实施新问责制的条件为主。

（一）标准本位运动和新问责制系统一定要以高质量的内容标准为核心

标准本位运动和新问责制系统一定要建立在高质量的内容标准上，该标准允许学区、学校和教师在开发和传授课程方面具有创造性、灵活和主动思考，以保证课程达到规定的标准，但是这个标准不能过于狭隘以致限制了多元化课程和民主的社会教学所需要的课程的丰富性。"我们可以确信的是命令性和惩罚性的问责制（通过排名和比较产生的压力）无疑会使课程狭隘化并限制学生对于课程的选择性。"[1]如果要追求多元性与共同性共存的教育，其指导思想不应该是"所教即所考"。考试的内容固然重要，然而在问责制体系下如何保证不在考试范围之内的内容得到重视？如何保证在州级评估和问责制的情况下给教育者提供机会在课堂中实施他们的创造性和灵活性？"我认为答案不在于给所有的科目进行更多的测试。常识和智慧告诉我们，决定不测试什么与决定测试什么的问题同样重要。而且，不测试的内容与测试的内容一样应该在课程中有同样的位置。如培养孩子彼此尊重的品质和参与社会的责任感比花时间测试这些内容重要得多。"[2]因此在标准本位运动和新问责制中，除了端正考试所处的位置，最重要的是制定的内容标准（教育标准）不是限制性的而是开放性的，不是学习为考试服务而是考试为学习服务。

（二）重视教师在标准本位运动和新问责制中的参与

标准本位运动和新问责制系统一般应该包括支持和督导由教师持续参与的课堂为本的评估，并注重评估与高质量的课程和内容标准具有一致性。"几十年来课程和测评专家告诉我们：很清楚，评估、教学和学习必须联系起来，而不是仅把课堂的评估（和教学与学习）与州一级的评估和责任系统结合起来。"[3]"如果我们要追求优异的教育，就要确保每一位教师收集关于学生日常学习的可靠的信息，而且知道如何去运用它来使学生受益。这个行动必须成为所有学校改革实践

---

[1] Lorrie A. Shepard. The Effects of High-stakes Testing on Instruction. Paper Presented at the Annual Meeting of the American Educational Research Association. Chicago, 1991.

[2] Kenneth A. Sirotnik and Kathy Kimball. Standards for Standards-based Accountability Systems, Phi delta Kappan, 1999:213.

[3] 同上书，第212页.

的核心。它能够使任何一所学校委员会成员、立法者、学区的学监和学校管理人员能够诊断学生的课堂问题……但是目前的标准本位运动和新问责制并没有充分地重视教师的课堂评估的作用。"[①]一定要意识到，"教师能够而且必须成为评估者——评估'专家'"[②]。为了有效地开发教师在问责制中的作用，政府应该在以下几个方面努力：

（1）通过法律强制性地颁发教师在评估方面的合格的标准。

（2）给予教师必要的评估方面的训练，使教师不但明确学生需要达到的标准，而且知道如何开发高质量的课堂评估。

（3）为校长监督和领导课堂评估进行必要培训。

总之，评估关注的方向应该保证教师在课堂评估方面的专业发展，要促进课堂评估与专业发展的联系，其最终目的是做到："问责制系统一定要包括支持和督导有意义的、长期的专业发展机会使教师和校领导能够钻研他们的科目、回顾和修正他们的教学内容和教学、领导技能（包括评价和评估）。"[③]

（三）开发学生参与的自我评估

研究表明，"只有当学生对于他们的目标有清晰的认识时，学生才能作出正确的自我评估，从而学生在课堂评估中的成绩才会有显著的提高"[④]。因此需要重新思考评估与学生动机之间的关系，而不要将其视为奖励—惩罚的简单的操作机制。学生的学习动机的获得主要不是来自一年一度的学区、州、国家和国际级评估，而是来自形成性的课堂评估。因此也就需要发挥教师在评估中的关键作用，并确保教师能够将评估与学校有效性有机联系。为了通过有效的评估激发每一个学生自身的学习动机，需要做到：

（1）学生参与的课堂评估。开放评估过程并把学生作为评估伙伴。在教师的精心安排下，对于学生自己各方面表现的评估，无疑学生在其中应起到重要作用。其目的是帮助学生理解教师对于他们的学术成功具有重要意义。这种在课堂中的评估最终目的是建立师生之间的信任与学生自信。

（2）学生参与的成绩记录。通过反复的自我评估把学生纳入监督他们自己成绩改进的过程中。一种方法就是让学生建立他们自己的成功的档案，让学生对他们自身的变化做周期性的自我反思。学生通过持续参与课堂评估树立一面他们看

① Richard J. Stiggnis. Assessment, Student Confidence, and School Success. Phi delta Kappan, 1999.

② Shris Gallagher. Teachers Reclaiming Assessment Through Rethinking Accountability. Phi delta Kappan, 2000(3):502-507.

③ Kenneth A. Sirotnik and Kathy Kimball. Standards for Standards-based Accountability Systems, Phi delta Kappan, 1999:212.

④ Paul Black, Dylan William. Inside the Black Box: Raising Standards Through Classroom Assessment. Phi Delta Kappan, 1998:139-48.

到他们自己成长的镜子，这对于树立学生的自信非常有效。

（四）新问责制应该是以一种更加综合化、系统化的指标为基础

问责制不能仅凭一项单一的指标（如测试分数）而应该以综合指标为基础。如果以单一的指标作出评估，就过于简单化了，而且要注意的是，对学生的评估是教育的整体系统的一部分，但不是全部，以往关于标准本位运动和新问责制的许多讨论均涉及这个问题。该问题的关键在于：我们从测试所包含的信息中能够得出关于学生和学校的何种结论？因为测试分数只是指标之一，因此这个问题关系对于测试本身的分析。"目的不是一味批评或者摒弃测试，而是要深入思考它们在关于教学方面能够告诉我们的信息是什么，不能告诉我们的信息是什么。"[①]如果标准本位运动和新问责制要达到改善学校的目的，他们必须不受测试分数这个单一指标的限制而应该将一系列社区、学生、教师和学校为本的指标纳入进来，运用综合指标对学校作出有效评估。这就要求标准本位运动和新问责制不仅要根据一所学校与别的学校的对比去评估学校，还应该根据该学校的具体情况去评估该校，切忌主观判断。应该把如何建立这样的一个有效综合性指标（教育标准）的目标提上日程。

（五）标准本位运动和新问责制应注重地方社区（公民社会）的参与

"从理论上说，我认为公平的'问责制（Accountability System）'概念来自清楚的界定：谁对谁负责——为了什么。我相信学校不应该对公司实体负责，也不是遥远的教育专家，或被媒体炒作的听众，学校应该对地方社区（公民社会）负责。"[②]与此同时，"责任"不应该是单向的，社区也必须为学校负责，社区（公民社会）也应该参与到与学校的对话中来，而学校本身也应该就是社区的一部分。如果把社区看成是社团主义的，以责任为基础的，那么，社区就必须参与学校决策活动。这里，教师与社区成员，包括家长、其他纳税人、地方商业、政治人士、社区领导等一起通过对话来共同参与评估。

在宏观的标准本位运动和新问责制政策对地方层面的影响方面，政府应该意识到的是真正的标准本位运动和"'真正的问责制政策'是那些为地方所接受的问责制，是鼓励地方官员为提高学生成绩而努力的评估，是与内容和绩效标准密切联系的评估制度"[③]。

如果要有效利用标准本位运动和新问责制，首先要保证其本身的有效性，

---

① Kenneth A. Sirotnik, Kathy Kimball. Standards for Standards-based Accountability Systems, Phi delta Kappan, 1999:209.

② Shris Gallagher. Teachers Reclaiming Assessment Through Rethinking Accountability. Phi delta Kappan, 2000(3):502-507.

③ Reynold J. S. Macpherson (edit). The Politics of Accountability. California: Corwin Press, 1998:5.

因此最重要的决策不仅以一年一度的测试为基础，它还"以日常的课堂评估为基础，（只有）在活生生的课堂里，教师、学生和家长做出的许多关键评估才能为促进学生学习的决策提供有用的信息"①。

四、美国公立教育解科层治理的政府取向对我国基础教育行政改革的启示

美国公立教育解科层治理的政府取向直接回答了这样一个教育管理界所关心的问题："政府究竟可以在公立教育中如何作为？"20世纪90年代后期至今，我国政府也在大力推行义务教育课程标准的颁布与实施，课程标准日益成为用全面、协调、可持续的科学发展观指导基础教育课程改革的重要指针。关注和研究我国义务教育课程标准的发展是研究政府教育行政管理改革的重要方面（详见以下背景资料）。义务教育课程标准与传统教学大纲的本质区别在于课程标准赋予相关行为人更多的权力和责任："教学大纲的最大问题是对教师的课程意识关注不够，对学校因时、因地、因人制宜创造性地实施课程重视不够，而且，它割裂了课程与教学的内在联系——把课程视为自上而下的'指令'，把教学视为完成'指令'的工具或手段"。②因此，将我国课程标准的颁布与实施视为改革传统的科层制治理、走向政府取向的解科层应该没有什么疑问。在这一点上，美国政府正在面临的挑战和应战思路可以为我国基础教育教育行政改革提供有益的启示，表现在以下几个方面。

（一）推动公立教育政府取向解科层治理的前提在于关注作为个体的人

前文提及，虽然美国政府取向的解科层治理（以标准本位问责制运动为基础）的主要推动力在于政府，但作为个体的人（校长、教师、学生乃至家长、社区公民）却是治理改革的落脚点，没有他们的参与性、主动性与创造性，改革将无法取得预想效果。因为不论政府如何努力，如果不能引发教育相关行为人的主动性，这种公立教育治理改革只能算是政府的"单相思"。如果说公立教育的科层制治理的核心问题在于政府试图通过僵化的规章和制度来规定鲜活的个体在教育治理中的行为，那么解科层治理的关键就在于政府通过"结果管理"来激发个体的积极性，即要重视人，而不只是重视效率。若政府能以对所有人的尊重为基础通过合作和分享问责制的过程来运作的话，那么从长远的观点来看公立教育治理就更有可能获得成功，而在教育个体的价值和利益并未取得充分关注的情况下试图控制教育个体的做法注定最终要失败。正如弗朗西斯科所认为的那样，"你

① Richard J. Stiggnis. Assessment, Student Confidence, and School Success, Kappan, November, 1999.

② 张华. 我国义务教育课程标准发展报告，引自网络更新日期为2006年11月的http://math. cersp. com/CourseStandard/CEDU/200611/2831_3. html.

可以雇到一个人到指定的工作岗位，你可以买到按时或按日计算的技术操作，但你买不到热情，你买不到创造性，你买不到全身心的投入，你不得不设法争取这些"[1]。这对于我国公立教育治理改革同样是适用的，因为"个体"受到关注与重视从而其参与性得到激发是任何改革要取得成功的前提，只有通过作为个体的人对其自己行为的主动控制才能起作用，这也是公立教育治理改革的关键所在。我国的义务教育标准的制定和实施的重点同样是发挥人的主体性的问题，没有教育行政部门组织内部的人发挥主动性和积极性，一切所谓的课程标准都只能是按章行事的僵化作业，没有学校层面校长、教师、学生的参与，一切课程标准都只能是空洞的按部就班的规则推行，这种管理将依然是另一种形式的科层制，不但效率低下，而且收效甚微。

背景资料1

我国义务教育课程标准的颁布与实施[2]

为贯彻《中共中央国务院关于深化教育改革全面推进素质教育的决定》和《国务院关于基础教育改革与发展的决定》，教育部决定，大力推进基础教育课程改革，调整和改革基础教育的课程体系、结构、内容，构建符合素质教育要求的新的基础教育课程体系。为此，教育部组织制定并颁布了《基础教育课程改革纲要（试行）》，明确提出本次课程改革的指导思想、目标和任务，并对课程改革有关方面提出具体政策性意见。成为指导我国基础教育课程改革的纲领性文件，集中体现了本次课程改革以提高国民素质为宗旨、全面推进素质教育、培养学生创新精神和实践能力的根本指导思想，并将这一思想渗透在课程目标、课程结构、科目设置、课程实施、课程评价以及课程政策中。构建适应时代要求的新的基础教育课程体系，是一个关系重大、意义深远的系统工程，整个课程改革涉及培养目标的变化、课程结构的改革、国家课程标准的制定、课程实施与教学改革、教材改革、课程资源的开发、评价体系的建立和师资培训以及保障支撑系统等，是一个由课程改革所牵动的整个基础教育的全面改革。其中课程标准是教材编写、教学、评估和考试命题的依据，是国家管理和评价课程的基础，成为整个基础教育课程改革系统工程中的一个重要枢纽。2010年颁布的《国家中长期教育

---

① 刘正周. 管理激励[M]. 上海财经大学出版社，1998:172.

② 本文根据以下来源综合而成：张华等. 我国义务教育课程标准发展报告. 引自网络更新日期为2006年11月的http://math.cersp.com/CourseStandard/CEDU/2；基础教育新课程改革的背景与路向——以国家课程标准的结构及其特点分析为例. 引自网络更新日期为2003年11月14日的http://www.zstvu.cn/JWK/xiaojiaobk/keclun/hot%20problem.htm；义务教育18科课程标准全面修订标准将在今年颁布. 引自网络更新时间为2006年9月18日的http://paper.ttstudy.cn/classmodification/200609/199177.html.

改革和发展规划纲要（2010—2020）》明确提出"严格执行义务教育国家课程标准"。2011年年底，教育部印发了语文等19个学科课程标准（2011年版）。

一、涵义

何谓课程标准？它与传统的教学大纲最本质的区别在于：各学科教学大纲不仅对教学目标和教学内容做出了明确的规定，而且用大量的篇幅具体规定了日常教学中所可能涉及的所有知识点的要求。课程标准关心的是课程目标、课程改革的基本理念和课程设计思路；关注的是学生学习的过程和方法，以及伴随这一过程而产生的积极情感体验和正确的价值观。以"数与代数"为例，教学大纲主要侧重有关数、代数式、方程、函数的运算，《标准》对此作了较大地改革：重视数与符号意义以及对数的感受，体会数字用来表示和交流的作用。通过探索丰富的问题情景发展运算的含义，在保持基本笔算训练的前提下，强调能够根据题目条件寻求合理、简捷的运算途径和运算方法，加强估算，引进计算器，鼓励算法多样化。具体来说，相对于教学大纲，课程标准具有以下性质：课程标准不同于教学大纲，它不是对内容的具体规定（大纲或教科书），而是对学生学习结果的描述；是某一学习阶段的最低的、共同的、统一的要求，而不是最高要求；标准的描述是分层次的、可达到的、可评估的、可理解的；隐含着教师不是教科书的执行者，而是教学方案（课程）的开发者；课程标准具有法定的性质，它是教材编写、教与学、课程管理与评价的依据。

各科课程标准一般由四部分组成："前言""课程目标""内容标准""实施建议"。"前言"规定本学科的基本性质、课程基本理念和设计思路。"课程目标"从知识与技能、过程与方法、情感态度与价值观有机统一的角度描绘了学生学习本学科所期待和实现的目标。"内容标准"描绘通过什么内容以达到所期待的课程目标。这是课程总目标的展开和具体化，也是课程目标在内容中的体现。"实施建议"是对教师及其他课程开发人员如何进行课程实施的具体建议，包括"教学建议""评价建议""教材编写建议"及"课程资源开发和利用建议"。

二、意义

新颁布的课程标准力图在"课程目标""内容标准"和"实施建议"等方面全面体现"知识与技能、过程与方法及情感态度与价值观"三位一体的课程功能，从而促进学校教育重心的转移，使素质教育的理念切实体现到日常的教育教学过程中。表现在以下四个方面：一是突破学科中心及改变课程内容繁、难、偏、旧的现状，关注学生的兴趣与经验，精选学生终身学习必备的基础知识和技能。二是改善学习方式，引导学生主动参与、亲身实践、独立思考、合作探究，从而实现学生学习方式的变革，改变单一的记忆、接受、模仿的被动学习方式，发展学生搜集和处理信息的能力、获取新知识的能力、分析和解决问题的能力。三是体现评价促进学生发展的教育功能，引导学校的日常评价活动更多地指向学生的学习过程，从而促进学生的和谐发展。课程标准中建议采取多种方法进行评价，如成长记录与分析、测验与考试、答辩、作业（长周期作业、短周期作业）、集体评议等。四是为课程实施提供广阔空间，重视对某一学段学生所应达到的基本标准的刻画，同时对实施过程提出了建设性的意见；而对实现目标的手段与过程，不做硬性规定。从而为教材的多样性和教师教学的创造性提供广阔的空间。

三、实施步骤

教育部在义务教育课程标准的实施过程中采取了分布推进的步骤：

（一）课程标准的准备阶段（1996年7月至2000年5月）

1996年开始，教育部先后组织专家进行调查研究。1999年1月，教育部正式成立了"基础教育课程改革专家工作组"，由来自师范大学、省教研室、教科院的课程、教育、心理方面的专家及中学的校长代表40多人组成。专家组就课程目标、课程结构与设置、课程标准、考试、评价、实验区工作以及各门学科的课程标准、综合课程设计、农村课程改革、课程政策改革等，组织召开了100多次专题研讨会。2000年5月，通过课题申报、评审、签署合同等程序，教育部确立了11个国家基础教育课程改革重大项目，其中包括从幼儿园、小学、初中到高中各门课程的国家标准。义务教育课程标准制定的准备工作也就此拉开了序幕。

（二）课程标准研制阶段（2000年6月至2001年8月）

自2000年6月始，各科课程标准项目组系统展开课程标准的探索与研制工作。各项目组的主要人员构成包括：学科专家、中小学教师、课程专家。每一个课程标准组的研制工作包括下列环节：①本学科教育现状调查；②本学科教学大纲的历史发展分析；③本学科课程标准国际比较研究；④本学科课程重建的基本理念与思路；⑤完成课程标准征求意见稿；⑥面向中小学和广大社会征求对课程标准的意见和建议；⑦根据征求意见进一步完善课程标准；⑧对课程标准展开实验并修订完善。

（三）课程标准实验阶段（2001年9月至2003年9月）

2001年经国务院同意，颁布了《基础教育课程改革纲要（试行）》，同时印发了《义务教育阶段课程设置方案（试行）》和21个学科课程标准（实验稿），并根据新的课程标准，组织编写、审查通过了147套、近千册义务教育各学科新课程实验教材；2001年9月起，在全国27个省的38个国家实验区（以县区为单位）开始了新课程标准及基础教育课程改革实验，涵盖中小学义务教育18门学科的国家课程标准研制完成，9月1日起进入基础教育课程改革实验区；2002年秋季，除上海、西藏外，全国范围内有530个省级实验区（以县区为单位）开始新课程标准和新课程的实验，参加实验的学生数达870余万人，约占同年级学生总数的18%~20%；2003年秋季，又有1070个县（区）参加新课程实验。至2003年秋季开学，全国共有1642个县（区）、3500万中小学生使用新课程，起始年级采用新课程的学生数达到同年级学生的40%~50%，占义务教育阶段学生总人数18.6%。

（四）课程标准的修订完善阶段（2003年至现在）

从2003年开始，一方面继续深入开展义务教育各学科课程标准实验，一方面研究、总结各科课程标准的成就和问题，为课程标准的修订完善奠定基础。从2003年下半年开始，各科陆续展开课程标准实验稿的修订工作。截至目前，各科课程标准修订工作接近尾声。

四、主要成就

2003年3月至8月，教育部基础教育司、教育部基础教育课程教材发展中心对新课程各科课程标准实施状况组织了大规模调查研究，旨在了解、倾听实验区广大一线教师的意见，以为进一步修订课程标准提供依据。在本次调查研究中，接受调查的教师人数达6886人，涉及的实验区有42个，覆盖全国29个省、直辖市、自治区。从调查结果看，各科课程标准取得的成就令人欣慰和鼓舞，表现在：课程改革的基本理念已得到广大教师的理解与认同；课程功能正在得到转变；课程内容的选择比较合理，"繁、难、偏、旧"状况正在得到缓解；课程标准中的教学建议有助于教学方式和学习方式的转变，学生正在成为学习的主人。研究表明，在《基础教育课程改革纲要（试行）》和各科课程标准的指导下，一种新的课程文化正在广大实验区发育形成，广大教师的精神面貌焕然一新，数以千万计的学生的身心正在新课程所创设的氛围中以前所未有的势头健康发展。

五、问题

研究同时也发现，各科课程标准尚存在一些不容忽视的问题。主要包括：①"基本理念"和"总目标"部分的表述语言尚存在公式化和形式化的倾向；②"内容标准"部分课程内容的选择和组织有待进一步合理化和精致化，部分学科的部分内容还存在"难"和"繁"的现象；③"实施建议"部分特别是其中的"评价建议"的可操作性和针对性尚待加强，否则容易造成教师的盲目和无所适从；④地区与地区的差异、学校与学校之间的差异客观存在，课程标准仍然没有很好地解决这个问题。

（二）法治是促进公立教育治理改革的重要手段

前文已重点提及，在美国，公立教育解科层治理的政府取向中法治起了重要甚至是根本性的推动作用。例如其《不让一个孩子落伍法》的颁布及实施在推动美国公立教育解科层治理的过程中起到独一无二的作用，是政府在公立教育治理改革的发挥作用的重要保障。而研究同样显示，更完善的法治将提高社会（当然也包括公立教育治理领域）的总体效率，因为"法治意味着国家的正式的规章为公众所知晓，并通过透明的机制按照预知的程序加以执行"[①]。正是由于法治的力度和效度才使美国的"标准本位问责制"虽面临重重阻力仍得以稳步推行。毋庸置疑，在我国，要推动公立教育治理改革从而实现教育质量的提高（或者说真正实现素质教育），法治建设是必经之路，2006年6月我国人大常委审议通过了新修订的《中华人民共和国义务教育法》（该法于2015年4月24日进行了修改），为我国基础教育行政管理提供了重要的基础和保障（详见以下背景资料）。然而，由于中美历史和文化的差异，我国在此领域的法治建设之路还很长很长，这意味着不仅面临教育法律制定的挑战，而且还面临教育法律执行的挑战。更进一步说，我国义务教育课程标准的推行虽然目前还没有上升至法律层次，但实际上在某种程度上已经具备了法律的效果。可以预见，如果我们要保障义务教育课程标准的效果，相关的法律支持，包括在法律上规定财政支持、信息发布、学校鼓励与惩戒等条款，无疑都是必要的。

背景资料2

　　1986年，全国人大审议通过了《中华人民共和国义务教育法》（以下简称《义务教育法》），标志着我国义务教育走上了法治轨道。《义务教育法》实施20年来，我国义务教育事业取得了伟大的历史性成就，实现了跨越式发展。在新的历史时期，义务教育面临着新的形势和任务，党中央、国务院对义务教育提出了新的政策措施，社会主义现代化建设对义务教育提出了新的要求，广大人民群众对义务教育提出了新的期望，需要我们在更高层次上实施义务教育，有必要对《义务教育法》进行修订，用法律形式保障义务教育持续、健康发展。

　　新修订的《义务教育法》，集中体现了20年来我国义务教育改革发展实践中的成功经验和重大成果。一是进一步明确了我国义务教育的性质。即义务教育是国家统一实施的所有适龄儿童、少年必须接受的教育，是国家必须予以保障的公益性事业，从而明确了义务教育的国家行为和政府责任。二是新修订的《义务教育法》明确规定，实施义务教育不收学费、杂费，并要求国务院制定不收杂费的实施步骤，为广大适龄儿童、少年接受免费的义务教育打下了坚实的基础。三是进一步完善了义务教育管理体制。即义务教育实行国务院领导，省、自治区、直辖市人民政府统筹规划实施，县级人民政府为主管理的体制。这是对"以县为主"管理体制的进一步完善。四是完善了义务教育经费保障机制，这是《义务教育法》修订中最大的热点问题。新修订的《义务教育法》在经费保障方面作出了重

---

① 世界银行. 2000/2001年世界发展报告——与贫困作斗争[M]. 中国财政经济出版社，2001:104.

大创新，成为一大亮点。它强调了国家建立义务教育经费保障机制，将义务教育全面纳入财政保障范围，实行国务院和地方各级人民政府根据职责共同分担，省级人民政府统筹落实的体制。这是对我国教育经费投入体制的重大改革，为义务教育的持续、健康发展打下了坚实的基础。五是将素质教育写入法律，明确了义务教育的目标和教育教学的新要求。新修订的《义务教育法》第一次将素质教育从一般的政策指导转变为统一的法律规定，强调义务教育必须贯彻国家的教育方针，实施素质教育，提高教育质量，使适龄儿童、少年在品德、智力、体质的功能方面全面发展，为培养有理想、有道德、有文化、有纪律的社会主义建设者和接班人奠定基础。六是强调推进教育均衡发展。新修订的《义务教育法》从政府职责、基本办学标准、合理配置教育资源等方面对均衡发展做出了规定，为实现区域内教育公平打下基础。七是对义务教育教师队伍建设提出了新要求。教育大计，教师为本。提高教育质量，关键靠教师。新修订的《义务教育法》对教师的地位、职务、待遇及社会保障制度做出了详细的规定，对于提高教师素质将会发挥重大作用。八是对弱势群体接受义务教育的权利给予特别保障。新修订的《义务教育法》对家庭经济困难子女、流动家庭子女、残疾儿童少年接受义务教育作了特别规定。①

（三）政府在公立教育治理中可以积极作为

作为美国政府取向解科层治理的重大历史事件——教育标准本位问责制运动所清晰表明的是：在提高公立教育治理的绩效方面，政府不是无能为力而是可以大有作为的，虽然其间困难重重。政府可以在很多方面作出尝试。（1）改革科层制按章行事的传统做法，使规章制度渐趋模糊，而让位于对教育产出的重视。奖惩也逐渐依靠最后成果来体现，对于没有达到要求的学校则实施帮助整改甚至完全革新。（2）建立绩效信息系统，保证评估准确和有效。首先是定期收集学校的相关信息，其次建立信息传播和扩散的渠道（包括充分利用现代信息技术），大力加强政府教育行政的透明度和民主化程度，为公立教育的绩效提高提供可资利用的载体。我国在教育行政改革的实践中也非常关注公立教育的质量问题，例如前文提及的以教育部推动，酝酿于20世纪末开始于21世纪初的义务教育阶段的课程标准的制定与颁布就是一大举措，体现了政府从教学的基础——教学内容入手提高义务教育质量的决心，在实践中也产生了重大的影响。然而，若要真正实现政府推行课程标准的初衷，还需要更多的配套措施跟进，例如对课改的结果进行深层次多方面的评估；对优秀案例的共享、对实践中产生问题的反馈与修正；对相

① 加快教育改革与发展，依法保障公民受教育权——访教育部副部长陈晓娅，引自：http://www.humanrights-china.org/china/newzt/2006magazine/200602006822150501.htm.

关信息的发布与透明化；等等。因为提高教育的质量与绩效并非一朝一夕之功。（3）关注不利群体的教育。对于不利群体，关注其接受教育的机会是重要步骤，而关注其教育质量的保证也是不容忽视的。我国各级政府对于不利群体（贫困家庭、农村群体、弱势群体等）的教育的关注也是史无前例的，采取的政策措施有效地保障了受教育群体的教育机会（详见以下背景资料），但是我们面临的如何保证和提高不利群体的教育质量的挑战依然严峻。美国采取种种措施促进不利群体教育标准和教育质量提高的实践表明，保障不利群体的教育是政府不可推卸的职责，因为它事关教育公平的实现。公平不仅意味着教育投入的公平，还意味着教育结果的公平，虽然此目标的达到并不容易。

背景资料3

我国政府致力于保障贫困家庭子女和农村地区义务教育的经费投入

2001年以来，国家实施"两免一补"（免学杂费、免教科书、补助寄宿学生生活费）政策，帮助贫困家庭子女接受义务教育。2004年我国农村义务教育预算内拨款占到了农村义务教育总投入比例的80.61%，改变了长期以来农村义务教育主要由农民负担的状况。2005年国务院决定分两年免除农村地区义务教育阶段学杂费，享受城市居民最低生活保障政策家庭的义务教育阶段学生，与当地农村义务教育阶段中小学生同步享受"两免一补"政策，从而大大改善了经济困难家庭子女上学条件，有效解决了农村孩子上学难的问题。2005年年底中国政府进一步决定，用两年时间全部免除中国农村地区义务教育学杂费，将农村义务教育全面纳入公共财政保障范围，逐步完善中央和地方共同分担的农村义务教育经费保障机制。今后五年，除教职工工资以外，中央与地方各级财政累计将新增农村义务教育经费约2182亿元。而2006年6月全国人大常委会通过的新修订的《中华人民共和国义务教育法》在经费保障方面作出了重大创新。它强调了国家建立义务教育经费保障机制，将义务教育全面纳入财政保障范围，实行国务院和地方各级人民政府根据职责共同分担，省级人民政府统筹落实的体制。这是对我国教育经费投入体制的重大改革，为义务教育的持续、健康发展打下了坚实的基础。[①]

---

① 加快教育改革与发展，依法保障公民受教育权——访教育部副部长陈晓娅，引自：http://www. humanrights-china. org/china/newzt/2006magezine/200602006822150501. htm.

我国地方政府关注不利群体义务教育的政策
——宁波政府通过制度建设促进教育公平①

我国浙江省宁波县致力于通过助、奖、补、减、帮、勤等多元化帮困助学手段全面落实弱势群体帮扶制度，有效保障他们的受教育权利。2003年，宁波市教育局出台了《关于进一步推进宁波市帮困助学工作的通知》，保障弱势群体接受各级教育（从中小学教育到高等教育）的机会。就中小学教育而言，要求各中小学在学（杂）费中提取10%，用于学生的奖励、助学、帮困及减免等费用。具体帮困助学的范围为：对"低保"、低收入、特困家庭的子女实行全免费教育；对依法由社会福利机构监护的未成年人、革命烈士子女、列入农村"五保"供养范围的未成年人，在接受义务教育时予以免去课本费、作业本费、住宿费和借读费。对于"三残"学生在本市公立特教学校接受义务教育免收学费、杂费和住宿费；因受灾、疾病等原因造成家庭经济困难的学生酌情予以减免。这项制度实施以来，共计资助困难学生30余万人次，减免经费近2亿元。

（四）政府在公立教育治理中应注意公共权力的分享

在美国标准本位问责制中，虽然教育标准的制定与执行是以政府为推动力的，或者说主要是政府公共权力的行使，但此过程却同时表现为多方（学校领导者、教师、学生、家长等）的深度参与，否则只能是走形式，达不到预想的效果。从根本上说，政府必须认识到公共权力不是经济思维的产物，而是政治思维的产物，这意味着政府更多要关注权力在社会中的分配情况。②也就是说，无论政府通过何种形式推进公立教育治理，拓宽公共参与、关注公众的声音是第一步。这不仅有利于改革政府在公立教育治理中的质量，而且有助于鼓励越来越多的人去履行其参与公立教育治理的责任。

因此注重权力的分享是公立教育治理的重要"法宝"，这就是说，即使在政府主导的解科层治理中，要为权力对应方的参与提供机会，要引入多方参与的机制，对接受政府领导权力的对象进行重新定位，将其视为不仅仅是传统意义上的被领导者、服务的接受者，而是政府公共部门的架构者，以便使他们的言行符合公共的利益和价值。分享领导权的理念和做法可能会带来更多的相互尊重、彼此适应和相互支持。特别是通过基层人员（一线教师、学生）或与基层人员一起

---

① 摘编于国家教育发展研究中心：《研究动态》副刊"教育热点问题快报"总第97期2007年1月25日.

② Janet V. Denhardt & Robert V. Denhardt，新公共服务——服务，而不是掌舵[M]. 丁煌，译. 中国人民大学出版社，2004:58~61.

来行使领导权可以改变参与者的态度和行为。政府有责任担当公共权和民主对话的促进者，社区参与的催化剂以及基层领导等角色来促进治理权的分享。它向我们预示着：权力分享不仅是义务教育课程标准在我国的实践中展开必然面临的挑战，同时也是我们要进步—推行课程标准、保障素质教育真正落实的切入点。

综上可知，虽然美国的标准本位运动和新问责制是以政府为主体的解科层行为，而它为我国基础教育行政改革所能提供的经验是：政府作为同样依靠包括政府行政人员在内的相关行为人（政府官员、学校管理人员、校长、教师、学生、家长等）等参与方在其间发挥各自的主体性和独特作用，否则也必将难以达到理想的效果；政府应该制定有效的高质量的教育标准促进而不是限制基层自主性发挥的标准；学校的教师和学生在教育质量提高的过程中不是处于服从和被动的地位，而是要积极发挥自身的能动性，等等。公立教育政府取向的解科层治理同样是激发教育个体和教育组织活力的过程。

结语 公立教育解科层治理之理论与实践对中国基础教育行政改革的启示

以解科层为角度、以美国为案例对公立教育治理的实践与理论进行研究对中国基础教育行政改革究竟有何启示？对该问题的思考一直伴随着本书的整个写作过程。笔者认为：20世纪80年代中后期以来，美国的公立教育治理的实践与理论对我国基础教育行政改革主要是两方面的启示：理念的启示与实践的借鉴。但在对上述两方面进行论述之前，本部分首先需要解决的问题是：中国基础教育行政改革与美国公立教育解科层治理是否存在可比性？这是结语部分首先需要解决的问题。

第一节　中国基础教育行政改革与
美国公立教育治理之间的可比性

中国基础教育行政改革与美国公立教育解科层治理之间是否存在可比性？这是关系中国基础教育行政改革能否向美国公立教育管理改革有所借鉴的关键性问题。两者存在不同之处是显而易见的，本节需要解决的问题就是：在差异客观存在的前提下，两者是否存在可比性？即美国的教育管理改革能否向中国提供启示？

一、美国公立教育解科层治理与中国基础教育行政改革的差异

总体而言，笔者基本同意宋世明教授关于中美两国行政改革居于不同发展阶段的观点：它们"是在现代化道路上的两种不同阶段的改革"，"从所处的现代化阶段来看，我国所处的现代化阶段与工业化国家所处的现代化阶段是现在与未来的关系，政府与社会关系的基本格局不同"。[①] 因此美国公立教育解科层治理与中国基础教育行政改革的差异的根源在于两国发展阶段的差异导致了两国教育行政改革的技术基础、经济发展程度、改革侧重点的不同：

第一，技术基础不同。美国已基本处于信息社会，中国虽处于信息社会的时代背景之下，但中国发展的不平衡性决定了中国仍有很多地区处于工业文明的时代，或处于向工业文明过渡的时代，只有部分地区和城市已基本处于信息社会的前沿。信息时代的科技经济、社会结构对上层建筑所提出的具体要求，肯定不同于工业社会的科技经济、社会结构对上层建筑的具体要求，从而决定了教育行政改革的政策选择不一样。信息时代要求美国政府在公立教育治理方面实现科层制转型，探索走向解科层公立教育治理的新模式。工业社会的时代则是更多要求教育治理的科层组织的理性化，即处于尽量完善科层组织的阶段。在教育治理中，理性化的科层组织在没有完成其特定历史使命的情况下，是不会退出历史舞台的。因此，科层组织完善的任务在很大程度上仍然是我国所担负的历史使命。

第二，市场经济的发展程度不同。美国已是成熟的市场经济社会，且这种市场经济的发展，已经经历一个从自由市场到政府干预，再从政府干预回归自由市场经济的否定之否定阶段。而中国正处于由传统的计划经济向市场经济的转型期。美国自20世纪80年代以来同西方其他国家一起（如英国、荷兰、西班牙、法

---

① 宋世明. 美国行政改革研究[M]. 国家行政学院出版社，1999:382.

国、德国等国）同时卷入以市场化为导向之一的行政改革浪潮中。但中美市场化的具体含义却大不相同。美国的市场化取向实际上是指在市场经济已经发育成熟的前提条件下，减少政府干预，让经济主体充分利用市场机制去配置资源，且在公共服务的供给领域引进市场机制。中国的"以市场化取向"实际上是从计划经济的非市场经济，经过艰难的转型走向市场经济。两者的经济体制初始点是不一样的，故两者"市场化"的具体内容有很大的不同。两国不同的"市场化"的成熟程度和具体差异势必对教育行政改革产生不同的影响。

第三，在教育行政改革中民主发展过程面临的问题不同。促进民主的发展是教育行政改革义不容辞的目的之一。美国的公立教育治理已经到了通过立法监督、司法审查可以有效约束教育行政权力运行的阶段。中国教育行政改革则正在把权力纳入依法运行的轨道，寻求教育行政决策的民主化、科学化。中国正在向教育行政权运行中注入民主要素，美国则正在向教育行政权力中重新注入效率因素。这并非说中国的教育行政权力运行机制富有效率，美国传统的教育行政权力运行没有效率，而是因为两者面临的问题不同而导致改革的侧重点不一样。

二、中国基础教育行政改革与美国公立教育解科层治理之间的共同性

但是，因为美国公立教育解科层治理反映了教育行政改革的一些共同的规律性因素，因此，美国公立教育解科层治理为中国基础教育行政改革提供理念及实践方面的启示亦是可能的。这种共同的规律性因素主要表现在美国公立教育解科层治理反映的一些规律已成为一种全球的共性：

（一）针对科层制所产生的问题而进行教育行政改革成为一种全球性趋势

在过去的20年中，"世界上没有一个这样的国家和地区：那里的国家对公共部门的科层制和文官制度表示满意……这种情况对第三世界国家来说更为真实……大部分的国家都卷入了改革的浪潮中。与此相联系的是改革内容的全面性——行政体制大部分的方面和环节都受到审视和改革浪潮的冲击"。[①] 因此当代行政改革的激进性无疑是空前的，它在许多国家"体现了公共管理方式的根本性的方向性调整……打破传统的行政模式，建立适应后工业社会和信息时代的'后科层制（解科层）的行政模式'"[②]。

发达国家教育治理的科层制问题自不必说，包括中国在内的发展中国家教育行政管理的科层制也得到公共管理学者的关注："不用说，发展中国家的公共部门具有遵循传统的科层制的公共行政模式的特点。韦伯的科层制与泰勒的科学管

① 周治恩. 当代国外行政改革比较研究[M]. 国家行政学院出版社，1999:3.

② 同上书，第1—4页。

理都成功地输出到了发达国家和欠发达国家，并在发展中国家独立后形成传统模式的基础……发展中国家的行政部门确实是科层制组织，是科层控制或官员控制的政府。甚至可能还有一种'科层制的生产模式'"[①]。

"如果认为传统官僚制（科层制）模式是适合于发展中国家的唯一的管理形式，尤其是当传统的行政模式在过去明显失败时，那么这将是一种不切实际的说法。"[②]因此可以得出的一个结论是：研究美国公立教育解科层治理的实践和理论、进程、主要措施、实践效果及经验教训，对于实现我国教育行政管理现代化具有重要的借鉴意义。

（二）世界经济政治思潮的影响及相关理论的迅速传播

随着20世纪70年代西方新自由主义经济理论和80年代英、德、美、加政治保守主义对第三世界各国政府产生的影响，当代各国教育行政改革呈现趋同性。其核心就是减少政府干预，"管得更少，但管得更好"的思想在西方国家收到了积极的实效，也迎合了被财政危机困扰的许多第三世界国家的要求，所以被许多国家的政府所吸收，并运用到教育行政改革（以及其他公共部门的行政改革）中去，管理思想的传播呈现国际性的特点，"有可能意味着外来的模式和理念会给本国带来公共行政结构、规则和价值等各个方面的彻底变革"[③]。这是资本积累、国家经济和社会的发展、信息和网络通信技术的应用发展、国际组织和意识形态的多元化等多种因素综合作用的结果。

我国学者也充分关注了教育管理研究的国际化方面的特点："今天的教育管理学研究正越来越呈现出国际化的特点，这种国际化至少可以从研究问题的相似性这一点上反映出来。例如，翻开不同国家的教育管理学著作，都可以看到研究者在讨论相似的问题，如管理体制问题、学校效能问题、教师的动机与专业发展问题、校长领导问题……此外，在讨论这些问题时，所引证的理论也表现出惊人的一致，如行为科学理论、系统论、人际关系说等。"[④]造成这种现象的原因，主要是随着公共教育制度在各国的普遍建立，不同地区的学校教育形式及教育管理形式越来越接近。其次的一个原因是现代工商管理思想在各行各业的普及及推广，为解决教育管理问题提供了理论参照。

尤其是在逐步进入信息时代的今天，人类正日益走向全球一体化的轨道。虽然政治权力的全球一体化还十分遥远，但经济的全球一体化已成为不争的事实。

---

① [澳]欧文·E·休斯（Owen E. Hughes）著. 公共管理导论[M]. 彭和平，等译. 中国人民大学出版社. 2001:244、247.

② 同上书，第261页.

③ 顾丽梅. 信息社会的政府治理[M]. 天津人民出版社，2003:30.

④ 吴志宏，冯大鸣等. 新编教育管理学[M]. 华东师范大学出版社，2000:31.

行政体制的国际接轨、全球化经济条件下提高竞争力、全球化条件下行政改革的传播效应等给各国带来的挑战和压力推动了各国包括教育管理改革在内的行政改革。"借鉴其他国家行之有效的改革措施的压力无疑是巨大的，即使这些措施与本国的政治和行政体制和传统不完全适应。"①也就是说，经济的全球化及与此相关的全球趋同性不仅形成了各国行政改革的内部动力，而且产生了改革的外部压力，即学习其他国家有效改革措施的压力。

（三）当代教育行政改革面临相似的国内环境

目前，各国政府所面临的一个相似的压力是：一方面，公众对政府期望的增高，希望政府提高包括公立教育在内的公共部门的服务水平和质量，另一方面各国政府几乎都面临财政危机，而公民又不愿增加税负的双重压力。面对这种"工作更好，成本更少"的要求，提高效率和生产率成为政府教育行政改革的唯一出路。此外，私营企业革新的成就对政府也具有压力和示范效应，从而推动了教育行政的改革。

其中政府面临的困境无疑是教育行政改革的主要动因。"毋庸质疑，当代西方世界的行政改革主要是由严重的财政赤字引起的……急剧削弱的预算不能不影响到政府组织和功能，会引起政府组织质的变化。②于是自20世纪70年代末期开始，包括美国在内的西方国家纷纷开始行政改革，整个西方进入了"行政改革的时代。"这一改革浪潮不仅发生在美国、英国、荷兰、丹麦、加拿大、澳大利亚和新西兰，而且还发生在德国、法国、意大利、希腊、西班牙等国家。"不仅导致了各国政府设法节约行政开支，而且还导致了各国政府行政与组织的内在变革。这些变革主要体现在两个方面：一是中央政府、区域政府与地方政府不同层次的政府与社会或者政府与市场之间关系的变革。二是中央政府内部管理和组织的变革。"③公立教育行政管理作为政府行政职能的重要部分，其改革力度也是前所未有的，美国在公立教育治理领域重建政府与市场、公民社会的关系以及大力改革政府上级部门与基层部门（学校）的关系就是这一世界性行政改革的大趋势的具体体现。

而对于包括中国在内的第三世界国家来说，一方面其国家经济和财政结构受到国际的严重冲击而面临财政危机；另一方面，第三世界国家普遍奉行国家干预的政策，机构臃肿，开支巨大，效率低下。"为了调整经济，克服危机，第三世

① 周治忍. 当代国外行政改革比较研究[M]. 国家行政学院出版社. 1999:8.

② 瓦·基克特. 荷兰的行政改革与公共部门管理[M]. 转引自国家行政学院国际合作交流部编译：西方国家行政改革述评. 国家行政学院出版社，1998:196、177.

③ 毛寿龙. 西方政府的治道变革[M]. 中国人民大学出版社，1998:298.

界各国政府不得不考虑在如此经济困难条件下政府的出路。"①不言而喻的是财政危机是各国政府在教育行政方面面临的共同困境。

（四）行政管理发展的内在要求

行政管理作为一门科学，有其内在的不断进化的发展规律，它必然要求政府采取各种措施不断克服教育行政管理面临的困境和弊端，提高教育行政的效率和统治能力。

因此，教育行政本身的科层制问题、教育行政改革所面临的相似的国际和国内环境的变化以及政府的行政管理本身的内在规律性，导致了"当代各国行政改革在总方向上趋于一致，而且这种趋同似乎超越了意识形态上的差别"②。"在世界各地，政府正在成为人们瞩目的中心。全球经济具有深远意义的发展使我们再次思考关于政府的一些基本问题，它能做什么和不能做什么，以及如何最好地做好这些事情。"③国家公共行政（包括教育行政）经历了大致相同的发展道路——科层制公立教育治理模式的建立和发展也面临大致相同的危机和问题。作为对过去经验教训的总结和反思，当代行政改革在总方向上必然具有相当的一致性。这有助于解释为何政府职能优化、市场化与竞争机制、管理者自主权、从规则为本到结果为本的管理、公民参与等对各国教育行政改革都表现出巨大的吸引力。

上述方面的阐述以及前述几章关于美国公立教育治理的研究有力说明：美国的公立教育管理改革在较大程度上反映了教育行政改革的共性和趋势，这是美国的解科层治理为中国基础教育行政改革提供可资借鉴之处的坚实基础。

三、中国教育行政改革如何借鉴美国解科层公立教育治理的经验

如前所述，中国教育行政改革与美国解科层公立教育治理既存在明显的差异性，又体现了共性的一面，中国教育行政改革在借鉴美国解科层公立教育治理的经验之时，如何处理差异与共性的矛盾呢？

（一）借鉴的前提是充分认识到中国教育行政改革的特殊性

当今世界是一个多样化的世界。多样化的政治、经济和社会制度伴随着多样化的行政传统模式，由此产生不同的行政体制及行政改革的方式。美国教授彼得斯把当今世界的行政体制分为七大模式或传统④：如美国的教育行政体制属于盎格鲁-撒克逊模式，中国的教育行政体制属于儒家模式等。不论其划分和特征归纳的科学性与合理性如何，学术界普遍认同的一个观点就是承认行政传统和模式的多样性。

---

① 周治忍. 当代国外行政改革比较研究[M]. 国家行政学院出版社，1999:419.

② 同上书，第1—4页.

③ 世界银行.1997年世界发展报告：变革世界中的政府[M]. 中国财政经济出版社，1997:1.

④ 周治忍. 当代国外行政改革比较研究[M]. 国家行政学院出版社，1999:534.

（二）借鉴的方向是分析当代教育行政改革的趋同现象

然而，与传统多样化相对应的是当代行政改革中的政策趋同。即当代各国教育行政改革在总方向上趋于一致的现象，本书各章的分析所涉及的市场化、放松规制、管理者自治、结果为本等管理原则和相应的管理技术，"在实践中似乎表现出超意识形态、超越国家和行政传统、超越发展阶段的普遍适用性"[①]。而这种当代教育行政改革中的政策趋同"主要不是政策简单传播的结果，更多是特定环境下必然做出的选择"[②]。

由此产生的一个重大理论问题是：在教育行政传统和行政模式多样化的情况下，当代行政改革的总方向和主要措施是否适应各国国情？

笔者得出的基本结论是：在不同教育行政传统所形成的不同环境下，相似的政策在不同的环境下有着不同的含义并带来不同的过程和结果。例如，市场取向与校本取向在不同的国家会有不同的表现形式，因此"对某一民主国家环境中的公共行政管理的作用作出的概括，不能普遍化并运用于不同环境中的公共行政管理"[③]。明智的做法应该是在宏观层次上承认当代教育行政改革主导方向的必然性，微观层次上注重具体改革措施与国情的适应性，创造性借鉴应成为保证教育行政改革的国情适应性的主要方式。也就是说，教育行政管理改革研究在关注国际化倾向的同时，不应丢失教育管理的本土研究的传统。如果说理论是普遍性的，那么时间条件和由此得出的实施结论则完全可能是区域性的，因此要注意国际化倾向研究与教育管理的本土研究的结合。

总之，由于发展阶段不同，我们现阶段的教育行政改革无法直接吸收美国教育治理改革的经验作为我们的改革政策选择。但从学理上说，首先，中国的行政改革与西方的行政改革几乎处于同一个时间断面上；其次，就其抽象内容而言，也都是以调整政府与市场、国家与社会的关系为主要目标的。美国在公立教育治理中所出现的问题及对策，又反映了现代化发展态势的一些共性。因此，一方面，我们不能直接生搬硬套他们在特定历史阶段上的行政改革选择；另一方面，我们又不能对发达国家现代过程中出现的问题及对策视而不见，否则我们自身的发展将会具有相当程度的盲目性。科学的态度是：我们可以将其作为未来发展阶段的一种"前瞻"来研究，在对其纷繁复杂的具体的改革实践选择过滤之后，提炼其中一些富有启发的理念，然后把这些理念不失时机地注入现在和将来的行政发展当中，这应该是我们研究和借鉴美国公立教育治理改革的指导思想。

---

① 周治恩. 当代国外行政改革比较研究. 国家行政学院出版社，1999:535.

② 同上书，第543页.

③ 罗伯特·达尔. 公共行政科学：三个问题[M]. 彭和平，竹立家等，编译. 国外公共行政理论精选，中央党校出版社，1997:160、165.

第二节　美国公立教育解科层治理对中国教育行政改革的理念层面的启示

同处于信息时代（尽管成熟程度不同）、教育行政管理的发展有其一般的规律、教育科层组织的弊病有共同性、面临共同的国际环境与类似的国内财政困境、世界政治思潮在教育行政改革领域广泛传播等要素，决定了美国公立教育解科层治理的理论与实践对我国教育行政改革会有有益的借鉴。本节试图要解决的问题是：在公立教育（在中国对应公立教育的当属义务教育或基础教育）治理领域，美国的解科层治理能够为我们提供何种理念方面的启示？笔者认为，该启示来自它对于政府管理教育的根本性问题的探求：政府在公立教育治理中的性质究竟是什么，换句话说，就是政府为何要出现在公立教育治理中，它有何不同于其他治理主体（市场、公民社会等）之处？对此，笔者认为可以从中得出的结论是：政府介入公立教育治理的原因在于政府本身所应具有的性质——公共性，也就是说，公共性是政府介入公立教育治理的根本指导思想。然而，政府的公共性却是一个牵涉多方面的概念，下文将从不同角度对政府的公共性进行剖析。

一、公共性是政府介入公立教育治理的根本理念

"行政实践的根本性质可以定义为它的公共性……政府的公共性是政府作为公共部门构成部分的根据。"[①]可以说，政府不同于企业最重要的差别就在政府的公共性，它是政府公共服务的一块基石。同样，政府在公立教育中如果不具有公共的性质，必将失去其存在的意义。政府应当极力去理解公立教育治理领域一切具有公共性质的社会需求的合理性，并主动去满足这种需求。所谓具有公共性质的社会需求，简言之，若从可操作的定义分析，就是维护公共利益。迄今为止，综观美国的公立教育解科层治理过程的实质就是社会利益在教育领域不断分化和不断重新组合的过程，政府的主要任务就是在这种教育领域的利益重组中维护整个社会的公共利益，并把不同的社会集团的利益冲突限制在可以有效控制的范围内，从而在社会进步中起着导向作用。在教育行政管理的具体操作中，政府不断通过教育政策、法令等形式来确定和强化相关公共利益的内容和范围。但是，公共利益的概念却并不容易界定，"明确地表达和实现公共利益是政府存在的主要理由，公共利益的概念却

---

①　张康之. 公共行政中的哲学与伦理[M]. 中国人民大学出版社，2004:18、37.

具有歧异和多变性。公共利益决不是所有私人利益的加总，也不是消去私人利益的各种加号和减号剩下的和。它是以共同价值为基础，从私人利益内部和私人利益之间产生，又超越了私人利益的某种有特色的东西，它可以使人类能够实现某些最高抱负和最深切的信仰的东西"①。大致来说，所谓公共利益，它应具有如下三个明显不同于某一社会集团或阶层利益的特征：（1）它不仅是目前的利益，也包括长远的利益；（2）它不仅包括某些集团、阶层的利益，也包括全社会的利益；（3）它不仅包括经济上的利益，也包括政治等方面的利益。

而政府的公共性是相对于市场的私益性而言的。因为现代社会是建立在市场的基础上的，市场的发展与政府的发展有着密不可分的联系。"整个社会在抽象的层面上被划分为公共领域与私人领域，私人领域与公共领域应当被理解为私人的利益要求和愿望的领域与私人的利益要求和愿望实现的领域。"②通俗地说，一方面，社会成员作为"私人"存在，有着个人自身的利益要求；另一方面，他的利益要求的实现方式又不是任何一个作为私人的个人可以提供的，而是整个社会中作为私人存在的全体社会成员个人的公共性的有机整合。具体到公立教育治理领域，一方面，它是相关行为人（教育行政人员、校长、教师、家长、学生）在其间寻求个人利益的领域（例如校长从中得到的物质利益和个人得到自我实现的精神利益），否则他们就没有参与此领域的必要；另一方面，他们利益实现的方式却是需要集体提供的，例如需要政府投入资金、需要政府制定相关的教育制度和教育政策，否则他们在此领域的个人利益无法得到实现。

由此，我们可以得出的一个确切结论是：对于公共领域和公共部门，需要用公共性的概念来判断和检验，公共性不足就意味着存在一些需要加以解决的问题，就需要进行改革。相应地，对私人领域、私人部门和私人物品，则需要做出私益性的合理性的判断，如果私益性不明确，则意味着制度不健全，需要进一步建立、完善制度。所谓"私益性"的概念，适用于那些在私人领域中活动着的人及其行为的解释和描述。政府私益性的假设是不利于正确认识公共部门的本质的，即当前我们以私益性的概念去考量政府是没有逻辑依据的。即使当前政府确实存在私益性，这是因为没有意识到这是公共部门与私人部门的分化尚未完成、制度建设尚未完善的结果，导致"公"中有"私"，"私"中有"公"现象的存在。但这种现象却应该只是暂时的，正如美国公立教育解科层治理所体现的那样，改革的方向就是探索平稳而迅速地实现公共领域与私人领域、公共部门与私人部门分化的途径。可以肯定的是，公立教育治理方案的理论根据决不是政府私益性的提法。

---

① Janet V. Denhardt, Robert V. Denhardt. 新公共服务——服务，而不是掌舵[M]. 丁煌，译. 中国人民大学出版社，2004：63-79.

② 张康之. 公共行政中的哲学与伦理[M]. 中国人民大学出版社，2004:121、123.

二、政府的公共性与公立教育治理的效率与公平理念

（一）政府的公共性与公立教育治理之效率理念

效率是公立教育行政管理改革追求的重要价值。"在管理与组织生活中，高于一切的元价值是效率和效用。迄今为止，大概没有人主张组织运转应该缺乏效率与效用。"何谓效率，通俗地讲就是以最小的消耗获得最大的回报。"效率标准指在给定资源条件下取得最大结果的选择。"①从经济学的角度看，教育管理活动自始至终追求的价值就是效率，教育管理改革的根本目的也就是提高效率。而政府的公共性质与效率存在何种关系？笔者认为，政府的公共性质越是得到发挥，公立教育治理的效率也就越高。因此，政府的公共性是公立教育治理的效率得以实现的根本前提。

关于公立教育治理中的效率问题的分析，美国的公共选择学派的观点有一定的说服力，可谓是从效率角度对传统的公立教育科层制治理的重新思考，同时也可用来对前述几章关于公立教育解科层治理中追求效率思想的系统总结。该学派的特点是用经济学方法来研究政府的管理活动以及各个领域公共政策的制定和执行，因此又被称为"官僚（科层）经济学"②。它对于科层制教育治理下产生的困境及诊断的根源作出了如下诊断：（1）政府机构的关键性特征之一是其产出的非市场性质（公共性）。允许一个机构对特定服务的提供进行垄断的通常理由是为了避免浪费性重复生产，但其结果是使这些机构免除了竞争压力而变得没有效率。（2）政府机构产出的质、量难以测定和量度，加上在垄断服务的同时垄断了信息，公众和民意机关难以对他们的工作效率实施有效的监督和控制。（3）公共机构内部的科层式的规章制度严格而又死板，缺乏有效的激励机制，从而在公务员内部形成了逃避风险、不事创新、不求有功、但求无过的普遍心态，使公共机构失去追求效率的内在动力。（4）由于历史原因和技术上的困难，政府预算未能和效率联系起来，于是产生了预算的误导作用：机构负责人视工作成绩为扩大本部门预算的能力，提高效率节省开支只能导致下一年度预算额的削减。其净效应只能是政府规模的巨大扩张。因此为了追求政府在教育行政管理中的效用，该学派认为"没有任何逻辑理由证明公共服务必须由科层机构来提供"。其思想和核心在于主张：既然政府内部问题重重且历次改革收效甚微，那么最好的出路是打破政府的垄断地位，建立公私机构之间的竞争，从而使公众得到自由选择的机会。它主

---

① Simon, Herbert A. Administration Behavior: A Study of Decision-making Processes in Administrative Organization. New York: Free Press. 转引自文森特·奥斯特罗姆. 美国公共行政的思想危机. 1999:48~49.

② 周志忍. 当代国外行政改革比较研究[M]. 国家行政学院出版社，1999：21~22.

张组织类型的理性选择、市场机制与个人选择、分权化（权威分化）、公共服务组织小规模化、放松管制，通过这种种手段达到教育行政管理的最优效率。

然而不难看出，科层经济学的分析只将传统公立教育治理之效率不高的原因简单归结为科层制，并将提高效率的思路笼统地概括为打破科层制。实际上，如果我们从政府在公立教育中存在的基本逻辑——公共性出发，就能够使问题分析迎刃而解：科层制的问题症结在于其虽追求公共性，但缺乏相应的体制，例如缺乏公众监督、公职人员没有动力等，正如科层经济学派自己宣称的那样："理想的科层已不复存在。个人主义、利己主义在追求公共效用（公共利益）时至少部分地追求个人效用的最大化。"①它提出的改革思路，就其实质而言，也是在坚持公共性的基础上，走强化政府公共性的解科层之路，所谓解科层，不外乎就是将公立教育治理领域本身进行分化，将可以"私化""市场化"的部分还原其本来面目（如择校、私人提供某种形式的公立教育管理等），而将不能"私化"的公共性因素分离出来，并在政府层面予以强化（如通过立法提高公立教育的质量、照顾不利群体的利益等），正如美国的公立教育解科层治理的改革实践所显示的那样，这才是提高公立教育治理效率之本。在我国，教育行政管理效率低下的问题亦越来越受到关注，"教育行政组织效率不高、效益不大的情况相当普遍"②。因此，教育行政管理改革的一个重要内涵就是现代化的效率观念，要求教育行政行为的高效化和科学化，排除非理性、非科学因素干扰，以科学、理性的态度进行管理，突出基础教育管理领域相关行为人的知识化、专业化，不断运用科学的理论、方法、技术和手段，在学校组织内部积极激发个体的创造力。然而，单纯谈论效率观念却不一定必然导致效率的提高，重要的是效率背后的决定条件——政府公共性能否得到充分发挥。

（二）政府的公共性与公立教育治理之民主理念

要理解民主的概念，要将它们与公平、平等、自由等相近的概念结合起来。可以说，这些概念具有相通性，但它们的适用范围和理论指向是不同的。如果说平等强调主体间关系的对等性的话，自由则突出了这种对等关系中主体的独立性。而民主则是向某种权威力量（政府为典型代表）提出的维护平等和自由的要求，在这个意义上，可以将民主、公平与公正等词视为同义词（在本文使用时也不作刻意的区分），只是公平、公正强调政府在维护平等和自由方面的出发点，而民主则更强调政府在维护平等和自由方面的过程，它们是政府努力的方向，解决的是有关教育行政管理的社会效应的问题。政府的公共性质与民主存在何种关系？笔者认为，政府的公共性质越是得到发挥，民主水平就越高，政府的公共性是民

① 周志忍. 当代国外行政改革比较研究[M]. 国家行政学院出版社，1999.
② 陈孝彬. 教育管理学[M]. 北京师范大学出版社，1999:174.

192

教育强国战略研究系列

主之价值得以实现的根本保障。现代社会是一个市场经济社会，市场经济创造了私人领域，使之与公共领域并存，平等和自由是私人领域个体的原则和基础，而民主则是私人领域向公共领域的行为要求，只有实现了政府的公共性，民主才具备了实现的基础。因此，公立教育领域的民主、公平正是政府在公立教育中实现公正性的表现和结果。正是在这个意义上，有学者毫不犹豫地断言："只有公共的，才是公正的……只有公共行政，才能担负起提供社会公正的使命。"①

反过来说，民主水平的高低又直接影响到政府公共性的实现。正因为如此，为了促进政府公共性的发挥，民主于是成为现代社会治理过程中不可避免的趋势。列维坦说得好："一个民主国家不仅要以民主原则为基础，而且还要民主地行政，让民主哲学渗透行政机器"，沃尔多则直指科层制与民主思想的背离并畅想了后科层制时代的民主理想："真正放弃那些趋向于支配我们行政理论的权威—服从，上级—下级的思维模式……我们多么希望能有一瞬间乐观的时刻可以享受一下对未来社会的梦想：按照这个梦想，教育和大众将与一个所有的人都是以'领导者'和'追随者'双重身份并且按照众所周知的'游戏规则'参与的工作领域相一致。这样的一个社会将会是后科层制的。"②具体到公立教育治理领域，就表现为：政府在教育行政中越是追求公共性，就越要依赖于民主，民主理念越得到贯彻，就越强调个人以平等、自由的身份参与进来，它们是政府公共性发挥的关系链上的联结点，相互牵制、相互联系。

当然，民主与上文所讲的效率又是密切相关的。正因为对于教育行政管理的效率与民主的关注，也正因为注重效率、民主背后的公共性因素，美国在教育解科层治理中才不惜精力与经费大力投入教育标准运动以及标准为本的问责制，以提高其整体的教育质量为目标。其治理之所以从科层制的过多关注投入的旧典范转变为更加重视资源的利用以满足组织的目标的解科层治理，是因为"以结果为导向的方法要求机构更加关注执行中的计划和行动所能达到的效率和效能水平"③。美国在教育治理方面以强化政府部门的公共性为根本提高效率和民主水平，它的革新思想和力度无疑在探索公立教育行政管理的公共性追求方面积累了很多可资借鉴的地方。

目前，关于公立教育治理究竟是效率优先还是民主优先的问题争论不休。笔者认为，这种争论可以终结了，因为它们都可以统一在政府公共性的发挥这一理念的基础上，假如政府在公立教育治理领域的公共性得以充分实现，那么无论是

①　张康之. 公共行政中的哲学与伦理[M]. 中国人民大学出版社，2004:252-253.

②　Janet V. Denhardt & Robert V. Denhardt. 新公共服务——服务，而不是掌舵[M]. 丁煌，译. 中国人民大学出版社，2004:155-156.

③　[澳]欧文·E·休斯. 公共管理导论[M]. 彭和平，等译. 中国人民大学出版社，2001:256.

效率问题，还是民主问题，都找到了解决的切入点。

三、政府的公共性与公立教育治理之权力

在英文中，power（权力）一词来自法语的pouvoir（权力），而法语的pouvoir来自拉丁文的potestas或者potentia，意指能力。从理论上说，权力的定义虽然多种多样，但普遍认同的是，权力是根据自己的目的去影响他人行为的能力，也就是说，权力是一种力量，依靠这种力量可以造成某种特定的结果，使他人的行为符合自己的目的、以获得预期的利益。具体到公立教育治理中的权力，简言之则是指教育相关行为主体（包括政府、教师、学生、家长、公民等）对他人产生预期效果、实现预期利益的能力。权力在政府行政的分析中居于重要地位，因为"权力问题构成了一切组织理论的核心问题"[①]。具体到公立教育治理中，权力同样也是一个核心概念："教育行政不是和学校一起产生的，而是由于国家权力对学校的介入才产生的，离开了国家权力就谈不上教育行政。"所以在公立教育治理中权力是一个关键性问题，其中权力中的公共权力又是政府治理公立教育的核心，而且"在近代工业化的进程中，由于法制的确立和公民的出现，权力在很大程度上已经朝着公共化的方向前进[②]。政府的公共性正是通过公共权力的运行才得以体现的。正如张康之先生所言："行政权力在形式上被看作公共权力已经得到了人们的公认……相对而言，行政（治理）权力由于更加直接地面向社会公众，因而在形式会表现出拥有更多的公共性。"[③]教育行政改革中的一个关键性方面也就是公共权力如何重新配置以更好地实现公共性的问题。公共权力的存在及其运行方式问题是政府在公立教育治理过程中追求公共性所必须面临的一个根本性问题。以下着重从公共权力的角度阐述政府教育行政的公共性问题。

（一）分权

公立教育治理的权力从科层制的集权分化至市场、公民、学校的方向，无疑是构筑现代政治公共性的基础。在教育行政改革中，往往从分权入手，通过分权强化政府之外的主体在教育治理中的参与，从而为教育行政管理的公共化提供了前提和保障。从美国公立教育解科层治理的几大取向可以看出，解科层的过程也就是市场、公民社会、学校参与权力分化（Decentralization）的过程，权力分散（或曰分权化）是其显著特征之一，而"分散化和非科层化的实质就是生产的民主化"[④]。因此教育管理权的"下放（或者说分权）"本身就是教育民主化和实现

---

① [法]米歇尔·克罗齐埃. 科层现象[M]. 刘汉全，译. 上海人民出版社，2002:179.

② 张康之. 公共行政中的哲学与伦理[M]. 中国人民大学出版社，2004:65.

③ 同上.

④ 常士訚. 政治现代性的解构：后现代多元主义政治思想分析[M]. 天津人民出版社，2001:152.

教育领域的公正的过程，并最终促进政府在公立教育治理中的公共性的实现。美国在公立教育治理领域的公共化进程的改革积累了很多宝贵的经验和教训，为我们探索教育管理改革的公共化方向提供了独特的思考素材。中国教育行政改革的理论基础是邓小平的改革理论，其间明确体现着权力下放的思想，这是我国公立教育治理改革的政治内核，与美国公立教育治理改革中体现的分权思想是不谋而合的。我国教育行政改革的目标也是要彻底改变公立教育治理中的集权状况，以权力制约权力，提高教育行政管理的效率，并推进教育行政改革的民主化进程，以此调动各方面的积极性，提高公共权力的运行效率，从而推动教育治理公共化的进程，并最终促进教育生产力的加速发展，这种改革方向的正确性是不容置疑的。总的来说，美国公立教育治理在分权方面为强化政府的公共性提供的启示是：

1. 教育行政改革应贯彻分权优先的原则

（1）分权优先的含义。

在教育行政改革中，所谓分权主要是指两个方面：权力在政府与社会（包括市场和公民社会）之间的重新分配；权力在政府的部门之间进行重新分配（包括政府上下部门之间和政府与学校之间）。在教育行政改革中权力的重新分配首先应该贯彻的原则是分权优先于集权，因为"政治分权本身也是政治权力整合的过程，目的在于削弱权力在集团制中的个性化特征，使其获得社会总体性的内容，也就是成为真正属于全社会的公共权力"[①]。就美国的公立教育解科层治理来说，不论是解科层治理的市场取向、公民社会取向还是校本取向，亦或政府取向，其实质都是权力在政府与市场、公民、学校之间的重新配置，通过权力的重新分化与组合来增强政府的公共性，即能体现政府公共性的权力在政府身上得强化，同时公共性不强的权力则向个体和私人身上转移。因此分权与政府公共性发挥的必然联系是显而易见的。

（2）为何要贯彻分权优先的原则。

从政府权力的系统构造来看，权力的出现本身是权力集中的过程，即分散的权力向一个中心集中，正是这种权力集中才可能造成一个中心状态的权力——集权。近代工业革命则改变了权力集中的运动方向，开始了分权的运动过程，它运行的方向是从集中到分散的。"政府机构结构功能从混沌一体到日渐分化，实质上是政府权力从集中到分散的过程……如从集中在君主手中到分散至立法、行政和司法机关。"[②] 因此分权运动是一个历史趋势，反映了人类政治文明的发展，代表了"还民权于民"的趋势，任何一个政府都不可能改变这一客观过程。为何政府在强化其公共性时，权力会从集中走向分散？原因在于：首先，社会发展带

[①] 张康之. 公共行政中的哲学与伦理[M]. 中国人民大学出版社，2004:141.

[②] 施雪华. 政府权能理论[M]. 浙江人民出版社，1998:90.

来资源总量不断增长，围绕社会资源总量的配置问题所展开的社会事务管理权力在扩张。这样，社会越发展，管理社会事务的权力就越膨胀。在政府权力总量迅猛扩张的情况下，如果其内部结构不从集中走向分散，那么就可能造成政府权力不但无法实现公共性反而阻碍公共性的后果。其次，现代政府建立的社会基础是商品经济及其自由平等的契约原则。现代商品经济的发展，要求现代政府也以自由、平等的契约原则来对待社会和公民，处理国家和社会、政府和公民之间的关系。随着社会的发展，当政府管理权力日益扩张之时，公民的权力也必须随之增长，否则就会造成社会权力整体系统的严重失衡，政府就会因集权而专制，与公共性的初衷背道而驰。所以，现代社会中公民社会的成长发育与政府权力系统的扩张往往是同时进行的。其深刻根源在于社会具有权力系统自我平衡的调节机制，社会也只有在权力平衡中才能发展。孟德斯鸠说："要防止滥用权力，就必须以权力制约权力。"[①]

此外，分权还有助于提高教育行政管理的效益。"分权可能失灵，但集权更可能失灵，在公共领域，也必须诉诸更多的分权，而不是更多的集权。"[②]在目前的财政危机和教育事务日益复杂的情况下，分权比集权更容易提高效益。"分权的目的是实现有效的管理。"[③]分权优先的原则，从经济学的角度说，这就是把"公共决策落实在最低成本收益核算单位"[④]，它有利于发挥成本核算单位提高效益的积极性。此外，从分权本身的性质来看，在权力分化的同时必然伴随的是责任分化，因为"权力与责任同在，在分权的同时，往往伴之以一定责任的"[⑤]。正如研究政府组织权力的专家Joel Handler所说："分权化指将更多的责任分配到下面的组织单元的过程。组织的权力的分配与重新分配是有意识的行为。"[⑥]这种责任的分化不仅使政府沉重的教育行政管理的责任"卸载"，而且发挥了市场和社会的积极性，从而为提高教育行政管理的公共性创造了条件。

（3）教育行政改革分权过程中的问题。

长期以来，由于对分权问题理论探讨的不足，以至于分权的实践演变成权力分散，从而造成了与分权的目的相悖的结果，出现了一种分散化、多样性化的"小集权"。例如，在我国的一些学校，所谓校本管理改革的表现形式只是权力从上级政府简单地下放到校长，导致了校长的一言堂，就是小集权的典型。可以

---

① 孟德斯鸠.论法的精神[M].上海三联书店，2009.

② 毛寿龙，李梅.有限政府的经济分析[M].上海三联书店，2000:300.

③ 常士闇.政治现代性的解构：后现代多元主义政治思想分析[M].天津人民出版社，2001:156.

④ 毛寿龙，李梅.有限政府的经济分析[M].上海三联书店，2000:300.

⑤ 常士闇.政治现代性的解构：后现代多元主义政治思想分析[M].天津人民出版社，2001:158-159.

⑥ Joel F. Handler. Down form Bureaucracy: the Ambiguity of Privatization and Empowerment. Princeton. Princeton University Press. 1996:3.

说，权力分散是在分权运动中衍生出的一个政治怪胎，这种权力分散，形似分权，而在实质上却仍然是集权，是一种用众多的集权取代单一集权的运动，成为腐败的结构性根源，大大腐蚀了教育行政的公共性。就其实质而言，它是权力被分流或分配之后便失去了控制，从而使行政权力的公共性质遭到扭曲，执掌权力的人可以在为公的名义下滥用权力，将公共权力转化为追求个人利益的工具。这样一来，分权走向了它的对立面，变成了集权。表现为，地方诸侯化，地方保护主义，是用众多集权取代单一集权的运动。正如有的学者所言："分权和增加管理的灵活性有利于提高效率，但也导致本位主义、分散主义、保护主义以及公共开支和行政成本的提高，出现了一系列失调和失控。"①目前在我国的教育行政改革实践中，针对科层制所存在的弊端，遵循简政放权的解科层思路进行改革的过程中，虽然打破了集权体制的格局，调动了各方面的积极性，但改革的经验证明，这种放权往往会在需要进一步深入的地方遇到阻碍，成为权力下放的瓶颈，从而滋生很多问题，这是公立教育治理改革中分权所要解决的核心问题。由此，我们可以得出一个确切结论：教育行政改革所面临的问题是如何强化其公共性，在行政权力的运行方向上，不是要不要分权的问题，而是如何分权的问题，分权过程中要特别注意防止产生"分散化的集权"的现象。

（二）集权

权力的分化却并非意味着公共权力的削弱，相反，就目前而言，政府所代表的公共权力不是削弱而是加强了。但是"国家权力的加强不是简单扩充权力，更不是任意滥用权力，而是改变国家权力的运行方式，使之趋向合理化、规范化、科学化"②。它要取得的效果是不仅使政府系统内部各部分之间采用结构功能优化的方法达到牵制与平衡，而且使政府与社会之间走向分工与合作，其目的是达到政府实现政府公共性的目的，这就要求分权与集权的平衡。

在教育行政管理领域日益分权化的今天，集权的存在是不言而喻的。研究美国民主问题的大师托克维尔一针见血地指出："决不能设想一个国家没有强大的政府集权会生存下去，尤其会繁荣富强。"③问题在于：如何实现分权与集权的平衡？美国公立教育解科层治理的经验与教训所揭示的是这样一个原则：分权与集权的调和在于权力的优化合理配置以促进政府公共性的发挥，期间的关键在于解决两个方面的问题：谁参与权力配置体系？权力如何划分来实现配置？

在参与权力配置体系的主体方面，美国公立教育治理与传统教育管理模式

---

① 国家行政学院国际合作交流部编译. 西方国家行政改革述评[M]. 国家行政学院出版社，1998:10-11.

② 桑玉成，等. 政府角色：关于市场经济条件下政府作为与不作为的探讨[M]. 上海社会科学院出版社，2000:269.

③ [美]托克维尔. 论美国的民主（上卷）[M]. 商务印书馆，1991:97.

197

相异的是市场和公民社会以及学校以正式主体的身份参与权力配置，例如公民具有学校经营权（办学权）能够直接办学（特许学校），家长具有学校选择权（择校），作为市场体系中的个人和团体具有学校经营权（教育管理公司），学校作为基层单位有自主经营权（校本管理）。而在传统的公立教育的科层制体系中，经营权、选择权主要是由政府所垄断的。因此政府将部分权力转移给传统上基本没有权力的主体，让他们进入权力配置体系是一个重要改革实践。

但是，政府不可能把教育行政管理的所有权力全部转移，因此要明确的是政府的某些权力向市场、社会或者学校基层转移，与此同时，中央政府比以往更强化了对基层和社会及市场的宏观调控权。因此要对权力本身进行划分，也就是说，某些权力适宜向其他主体转移，某些权力则更适宜在政府一级得到强化。从公共性的逻辑基点出发，凡是公共性越强的权力，越应该在政府这个主体身上得到强化，其他的权力则应该逐步向其他主体转移，这也是为何在解科层公立教育治理中，市场、学校、公民个人能实质性参与的原因；也正因为如此，美国在公立学校的经营权方面是走放开的道路，将经营权"还给"市场、公民和学校，而在宏观调控权方面却是通过控制教育所要达到的目标呈现后验控制权强化的趋势（教育标准运动及新问责制）。因此，所谓科层制治理向解科层治理转变的方向，就其实质而言，就是针对公共性不足之处，强化政府的公共权力，与此同时，将其他权力分化至更为合适的担当主体。目前，就中美两国的权力运动方向而言，有的学者认为美国在教育治理方面是从分权向集权走，而中国则是由集权向分权走；还有的学者认为中美两国是在走分权与集权的适度平衡。笔者认为，这种说法只看到权力运动的表面现象，说法也很笼统。其实以政府的公共性为分析基点就能比较清楚地看到，两国的公立教育治理在处理分权与集权的关系时，都是围绕公共权力和其他权力的分野展开的，作为集权，"集"的是政府应承担的公共权力，相应地，作为分权，"分"的是公共权力以外的其他权力，在这一点上，两国在公立教育治理方面改革的方向是一样的。此外，为了保证公共权力的有效运行，两国又都是走权力制约的道路，这是下文所重点解决的问题。

（三）权力制约

一个毫无争议的观点是，无论是分权和还是集权，对公共权力进行有效制约是保证权力沿着公共性这样一个预定的轨道健康运行的保障，"可以有效抵制政府权力的变异"[①]，"对权力的制约应该说是民主观的核心"[②]。对权力的制约如此重要，以至于若缺乏权力制约，政府的公共性不但无从保证，反而极容易成

---

① 桑玉成,等.政府角色：关于市场经济条件下政府作为与不作为的探讨[M].上海社会科学院出版社,2000:260.

② 毛寿龙.政治社会学[M].中国社会科学出版社，2001:184~200.

为个别人"寻租"的腐败的根源。在如何制约公共权力的问题上，笔者认为，关键在于对权力主体的制约，因为权力不能脱离权力主体而存在，这里就涉及权力主体的分类问题。[1]一旦把权力与权力主体联系起来，关于权力的理论认识就会获得一个全新的视角。权力有抽象权力和具体权力之分，它们均属于某个（或某类）权力主体，这对于理解权力制约的机制至关重要。抽象权力的主体是国家、政府、政党，是一种以政治法律制度为根据的、有组织的规范力量，是社会各种力量综合作用的产物和结果，体现社会整体的需要，并得到全社会成员的认同。而权力的主体总是要落实到具体的人，一旦权力为具体的主体所掌握，由组织中的人来行使，就产生了在处理具体问题上发挥作用的具体权力。在公立教育治理中，抽象权力的主体是国家、政府以及代表国家和政府行使教育领域公共权力的各级各类教育行政机构；具体权力的主体则是与公立教育治理领域相关的教育行政机构中的具体的人以及相关的学校管理人员、教师以及社区公民等作为个体参与公立教育治理的人。

在公立教育治理中，美国联邦政府和州政府通过《不让一个孩子落伍法》来强制性地提高公立教育的质量就是抽象权力的典型体现，这种权力具有更多的政治性内容，表现为一种公共性，更多是一种服务于社会共同利益的权力，如法案中政府所强制执行的教育标准的达到、不利群体在学业中获得更多的结果公平、公众获得更多的关于学校的信息等都体现了公共性的倾向——增强了整体社会的竞争力、稳定性以及生产力。而在学校运作权、教学控制权、教材选择权、学校选择权、教学内容与教学方法的确定等权力方面更多表现为具体权力，其主体为校长、教师、家长、学生、公民，它具有更多的事务性内容，表现为公立教育事务的管理和运作权力，总是与权力执掌者个体或个性化了的组织联系在一起，例如美国的择校、特许学校等改革形式中表现的各种权力形式。抽象权力是通过法律等形式固定下来的，是合法化、合理化、普遍化甚至神圣化的权力，是基本的组织规范力量。具体权力具有更大的张力、灵活性和主观性。当然，两者又是相辅相成的，前者是后者的形式，决定着后者的性质，后者是前者的内容，是前者发挥作用的现实途径；前者代表某种原则，而后者则是这些原则付诸实施。

由此，权力的二重性——抽象权力与具体权力的分化为我们建立权力制约机制提供了重要的理论基础。首先，针对抽象权力，主要的制约途径在于完善法治的途径，即加强立法、完善制度。由此，目前美国已经大力推行的体系完备的教育法体系和我国正在大力建设的相关教育法律制度是符合抽象权力的制约要求的，它有利于在更高层次上促进政府公共性的实现，此发展方向不可逆转。我国

---

[1] 张康之. 公共行政中的哲学与伦理[M]. 中国人民大学出版社，2004:66~70.

教育法学专家劳凯声明确指出，"近20年的教育体制改革实践证明，不能把教育体制的改革和调整简单地看成是在政府与学校之间的放权或收权，我国教育体制改革面临的问题不仅是要转变政府职能，扩大学校办学自主权，更要根据社会关系变化的新情况确立有效的教育法律调控机制，从法律上保证权力、责任与利益之间，集中管理和合理分权之间的协调一致"[①]。但在我国教育行业，为何又屡屡出现"有法不依"的现象？正所谓"权力无所不在，丝毫也不拘泥宪法的美好。制度性的规范并不是约束权力之河的堤岸，而是权力之河的四处泛滥"[②]。除了存在教育相关法律不够健全以及执法不力等因素外，还涉及具体权力的制约问题。因为作为抽象权力的法律、规章、规定只能起到制度性约束的作用，并以程序化的方式发挥作用，它的制约作用更多只是单向的——自上而下的。而对于拥有具体权力的主体来说，其权力运行方式是复杂多样的，正是这种具体权力才是一种现实的控制力量。因此对具体权力的约束必须与具体权力的执掌者联系，才能找到合理、有效的方案。仅仅寻求法制途径制约权力是片面的，需要在具体权力的主体建构中激发内在的制约力量。要促进掌握具体权力的人适应具体权力运行的要求，具有守法意识，有较强的社会责任感和道德感。使具体权力的执掌者善于在个人利益与公共利益之间谋求平衡。这是在具体权力的主体建构中寻求其内在制约力量的关键所在。当然，此内在制约行为的养成有赖于多种因素，与抽象权力的制约也存在相辅相成的关系，如图1所示。

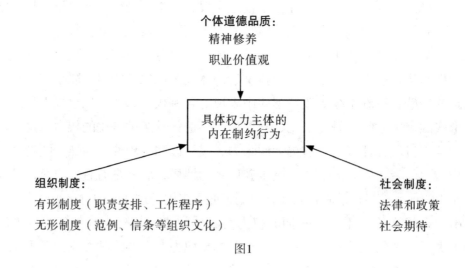

图1

①　劳凯声. 变革社会中的教育权与受教育权——教育法学基本问题研究[M]. 教育科学出版社，2003.

②　Charles J. Fox, Hugh T. Miller. 后现代公共行政——话语指向[M]. 楚艳红，等译. 中国人民大学出版社，2002:30.

综上所述，权力的本质是一种动态平衡，权力关系会随着权力各方力量的变化而变化，"社会主义市场经济体制的建立和发展，极大冲击着中国社会原有的权力关系结构，其中最为主要的是国家与社会关系的重构"①。所谓解科层公立教育治理，从权力的角度来说，就是对公立教育治理中的权力进行重新配置，以实现政府公共性的过程。在教育行政改革领域，其权力的配置结构也已经出现多种权力结构与多种利益主体相结合的局面，初步显示了公立教育治理的公共化道路上纷繁复杂的景象。如何处理复杂多变的权力现象并使其始终朝向公共性的目标是我们亟待解决的问题。仔细分析美国公立教育解科层治理的思想及实践可以看出，其在分权与集权方面进行公共化改革的经验值得借鉴：美国公立教育解科层治理的四大取向中，前三大取向均体现了分权先于集权的原则，只是分权的对象不同而已：或向市场分权、或向公民社会分权、或向学校放权，而政府取向的治理（教育标准本位运动）则是试图在放权的同时通过某种新的集权方式（从规则控制到结果控制）来强化对公立教育结果的管理。它在权力分化与集中方面的经验与教训，以及权力约束机制的建构无疑为我国政府在教育行政改革中如何追求公共性提供了很好的启发。

总之，政府的公共性正是政府治理公共教育的根本指导思想，离开了此指导思想，政府也就失去了存在的合理性。在这一点上，公立教育解科层治理与传统的公立教育科层制治理是相通的，都是以实现政府的公共性为目标的。所不同的是，科层制治理虽然追求公共性，然而却遭遇了效率低下、民主被忽视、权力的运行面临障碍这些它本应极力避免的困境，导致了公共性的实现日渐陷入无法自拔的泥潭。这是因为时代的变化使原本具有优势的科层制日益失去了存在的合法性基础。但是，传统的科层制的没落并不说明政府走向末路，正如美国解科层公立教育治理向我们所昭示的那样，政府的解科层治理就是另一条柳暗花明的通向公共性的道路。至于如何走向这条道路，这是下一节所要解决的问题。

第三节　美国公立教育解科层治理对中国教育行政改革的实践层面的启示

前文所述，公共性是政府治理公立教育的根本性质，而所谓公立教育治理从传统的科层制向现代的解科层制转型的过程，就是充分实现政府在公立教育治理中的公共性的过程，其中公共性强的部分政府的职能要加强，而其中私益

---

① 桑玉成. 政府角色：关于市场经济条件下政府作为与不作为的探讨[M]. 上海社会科学院出版社，2000:59.

性强的部分则逐渐由市场来承担，这是教育行政改革的根本指导思想。脱离了这个指导思想，改革实践就会变得"试错"和盲目。但是，明确了政府在公立教育治理中的公共性只解决了政府在公立教育治理中的指导思想的问题，紧接着的问题是：如何实现政府在公立教育治理中的公共性？也就是说，如何在可操作的层面促进政府在公立教育治理中的公共性在实践中的展开？这是本部分所要解决的问题。

我国政府非常关注教育行政改革的实践问题，2005年3月教育部颁布《实施教育行政许可若干规定》，重申在教育行政部门需要进一步转变政府职能，完善教育法律体系，全面实施依法治教。"其重要目标有三：一是转变政府职能。今后政府主要运用立法、拨款、规划、评估、信息服务、政策指导、执法监督和必要的行政手段对教育进行宏观管理。政府部门的主要职责是创造教育健康发展的良好环境，保证学校正确的办学方向、规范各级各类学校办学条件标准和办学行为，保证教育的公平性和学生平等的受教育权，维护学校、教师和学生的各法权益。二是加强教育宏观决策科学研究，提高教育决策的科学化、民主化水平。完善教育行政决策和管理制度。三是不断加强教育法规建设，进一步健全完善教育法律体系。加强教育普法宣传，加大教育行政执法力度。进一步健全教育督导机构，完善教育督导制度，加强督导检查。"[①]此教育行政改革以政府的公共性发挥为目标是非常清晰的，也明确提出了政府教育行政职能转变的方向，然而在实践中如何推行依然是我们必须解决的问题。针对此问题，笔者认为关键在于对"公立教育治理"进行分解性分析，可以从以下三个方面进行区分：第一，关于"谁来治理"的问题，有政府、公民社会和市场之别，要保障政府公共性在公立教育领域的实现，首先要发挥政府在提供公共物品方面的强势作用，其次还要提供制度安排让市场在教育的私益物品提供方面展示优势，而集体物品则是公民社会的强项。第二，关于"如何治理"的问题，有投资、经营和规制之别，着眼点在于对投资、经营与规制进行分化并进行相应的制度安排。第三，公立教育治理还要关注人的主体性问题，这是教育行政改革的归宿与落脚点。如果说前两个方面主要是从主体分化及领域分化的效率配置层面实现政府的公共性的话，最后一个方面则更多是从民主层面和权力角度落实政府在公立教育治理领域的公共性。它们的共同点在于通过解科层将公立教育治理领域进行解剖，以便分解出其中的公共性元素和私益性元素，而无论是哪种元素，都离不开人的主体性的发挥。本节所涉及的三大方面可以通过表1简单表示。

① 陈永明. 比较教育行政[M]. 华东师范大学出版社，2005:357.

表1　公立教育治理对比分析

公立教育治理		传统的科层制治理	公立教育的解科层治理
理念指导		公共性由政府垄断提供	私益性成分和准公共成分被分离出去，由市场、公民社会分担；公共性成分在政府一方得到强化
部　门		政府	政府、市场与公民社会
领域	投资	政府主体	现代教育产权制度
	经营	政府主办	政府与市场、公民社会及学校的交易
	规制	政府规则导向	政府放松规制、后验控制及解决信息不对称机制
人的主体性		主体性被束缚	主体性得以释放

一、公立教育治理的参与部门

谁来治理公立教育，或者说，谁参与公立教育治理，这是关系政府教育行政改革实践首先要面临的问题。传统的公立教育科层制治理是以政府为唯一部门，这导致了目前公立教育治理效率低下、民主化进程缓慢从而无法充分实现政府的公共性。这里涉及政府、公民社会和市场的功能（优势与劣势）及其在公立教育治理领域的职能分化。因为就该领域而言，不同类型的功能需对应不同的组织治理部门，才能使公立教育治理的效率实现程度达到最优。有些功能的实现最好是依靠政府，有些则需要依靠非营利的公民社会，还有些功能则是市场的强项。根据在公立教育治理领域所提供物品的性质的不同，可以划分三方不同的职能——政府和公民社会的基本职能是提供公共物品，市场的基本职能是提供私益物品，这几乎已成为当代西方经济学界的共识。在公立教育领域中进行私益物品和公共物品的区分，对教育治理而言具有关键意义，它是我们在公立教育制度安排中如何配置政府、公民社会和市场的基本依据。因此，所谓公立教育治理的效率，其实质就是明确其所涉及的物品的性质和政府、市场、公民社会各自的职能配置，从而实现物品提供和资源配置的最合理的安排以达到以最小投入获得最大回报的目的，下文从分别从三个部门的角度对此进行进一步的阐述。

（一）公立教育中的私益物品与市场

私益物品（Private Goods）。因为消费具有竞争性和排他性，效用边界清楚，市场是提供此类物品的最佳方式。本书第二章所提及的美国私人教学教师协会与学校签约提供高中生物教学就是典型案例，正因为该协会提供的物品（生物教学）具有私益物品的性质（消费具有竞争性和排他性），因此采用市场机制达到了提高效益的目的。本书第二章还对市场在美国公立教育的需求与供给两方面介

203

入进行了系统的分析，可以说美国的市场已经拥有一套比较成熟的机制，它们在教育治理中的参与动力大于阻力，在提高公立教育治理的效率方面进行了一些史无前例的探索。事实上，如果某类教育服务的质量度量和考核容易进行，相应地就更容易在消费上满足竞争和排他的条件，那么市场就能引导教育资源的有效配置，例如本书第一章提及的在我国义务教育阶段存在的私立学校，就是市场机制参与教育私益物品提供的明证。尽管我国市场机制还不完善，但这并不能阻止市场在一切可能的条件下发挥作用。这是因为社会对教育的私益物品的需求是客观存在的，私立学校提供的教育服务最具"卖点"的是它的质量和特色，家长购买这种教育服务的个人期望收益远远大于一般质量的基础教育服务，学生获得优质基础教育服务的期望收益比较高。优质教育服务是稀缺的，更接近私益物品。所以，一旦条件成熟，市场在提供私益物品方面的优势就能得到体现。

对于私人领域而言，政府的职责是明晰教育中的产权，维护市场的正常交换和竞争秩序。有些研究政府治理改革的学者认为公共物品可以私营化，可以由私人部门来提供，可以通过市场交易的方式来提供，这是一个认识的误区。因为，凡属公共物品的东西，由私人部门提供或通过交换方式来配置都无法达到最优效果；反过来说，凡由私人部门提供的和可以交换的方式加以配置的，都不是公共物品。张康之指出"所谓教育私有化运动仅仅是改革的表象，而不是实质。是对公共物品的性质、范围进行重新界定的现实运动，还一切不属于公共的却是由公共部门提供的物品以本来面目，即把它们还给社会、市场和私人部门"①。公共物品在性质和内容上都是变化着的，政府在日常运行中有着侵占私益物品和造就虚假公共物品的倾向，因此教育行政改革的根本都是围绕着清理公共物品的内容这个中心展开的。所谓公共部门私有化和私有部门公共化都只是一种过渡形态，在公共部门和私人部门充分分化了的典型形态中，公共部门提供私益物品和私人部门提供公共物品都不具有合理性。但在这种改革过程中，政府的作用不是消极等待，而是一方面强化自身提供公共物品的职能，另一方面为市场提供私益物品创造条件和环境。因为市场在公立教育中的作用需要给予充分的尊重与重视，有学者指出："市场连一根草的价值也不会低估，何况是科教呢？"②

（二）公立教育中的公共物品与政府

公共物品(Public Goods)是指具有消费的非竞争性和非排他性、自然垄断性以及收费困难等特征的物品。非竞争性是指一个使用者对该物品的消费并不减少它对其他使用者的供应，非排他性是指使用者不能排除在对该物品的消费之外，因而对公共物品的消费进行收费是比较困难的。凡能严格满足消费上的非排他性等

---

① 张康之. 公共行政中的哲学与伦理[M]. 中国人民出版社，2004:38.

② 薛兆丰. 科教应该商业化[N]. 证券时报·财经周刊，1999.

特征的物品就是纯公共物品。公共物品的上述特征使得市场不愿意提供、难以提供或难以有效提供，因此必须由市场以外的资源配置机制来提供，这种机制就是现代社会中的集体选择。从本质上说，上文中所说的教育产权的确立就是一种公共物品的提供，因为产权确立就是一种制度供给，而制度的消费是很难具有竞争性和排他性的。"从经济学的角度看，教育制度并不是神秘而不可捉摸的东西，而是教育制度的创建与维护者向教育共同体所有成员提供的一种公共服务。"[①]因此，政府的教育行政管理就是一种集体选择，是社会群体追求有效地从事国家与社会公共事务管理活动的选择，是以提高政府在公立教育治理中的公共性为核心目标的。集体选择的功能是取代私人之间的市场交易，为社会提供公共物品。集体选择之所以会成为提供公共物品的主要方式，是因为它可以有效地解决由公共物品的非排他性带来的无人付费消费的问题。以公立教育为例，由于公立教育本身所具有的义务性和基础性（在我国，所谓公立教育干脆就称义务教育或基础教育），以及以此为基础所表现出来的更多的公共物品的性质，决定了政府要通过强制税收、保障教育资金的到位以及通过教育政策、法规的执行，保障公共利益的实现，这是为何在义务教育领域比其他教育领域（如高等教育）需要政府更多介入的原因。因为公立教育涉及的很多方面主要表现为公共物品的性质（下文将对此详细分析），不可能完全依靠市场机制来提供，像私人产品那样依靠价格信号来调节教育服务的供求，会导致教育服务的供给和需求都不足。由此导致了集体选择形式尤其是政府对教育的干预。因为政府作为一个纯粹的公共领域，在理论合理性上所承担的公共物品供给，往往具有不可替代性。

值得注意的是，这里所谓公立教育治理改革，实质就要削弱它在具有私益物品性质的教育提供中的作用，而不是要削弱它在公共物品供给的职能（包括公共政策制定、公共产品供给和公共服务职能等），相反，它在这方面的职能是需要加强而不是削弱的。美国在公立教育解科层治理中一方面表现为权力向市场、公民社会和学校的分化，另一方面却在立法的基础上以史无前例的力度推动标准本位的问责制改革，意在揭高美国整个公立教育的标准和质量，就是政府强化教育中公共物品提供之责任的明证，尽管在推行过程中还存在诸多问题，但这种改革方向无疑是正确的。因为以立法为基础建立相应的制度提高整个基础教育的质量并促进所有学生在教育结果方面的公平，就是政府为全社会提供的一种公共物品，此公共物品的消费具有严格的非竞争性和非排他性。只有通过政府这种集体选择的途径才能达到最佳效果。"只有教育制度和秩序，在目前看来是教育中公共性质最稳定的公共物品。政府在教育发展中的首要责任，就是区分教育中的公

---

① 周彬. 决策与执行：制度视野下的学校变革[M]. 教育科学出版社，2005:286.

共物品和私人物品，加强公共物品供给的管理。"[1]而我国于2006年6月审议通过了新修订的《中华人民共和国义务教育法》，明确了国家在义务教育财政保障、推进素质教育的方针、促进教育公平方面的责任，同样是进一步发挥政府在公共物品供给方面作用的重大举措。当然，新修订的《中华人民共和国义务教育法》只是明确了一个原则性的方向，仍有待于在教育行政改革的实践中加以完善，完善的方向则在于理论探索与实践尝试的过程中，对义务教育阶段所涉及的教育物品的公共性成分和私益性成分进一步分解，这样才能更好地发挥政府在提供公共物品方面的作用。

（三）公立教育中的集体物品与公民社会

集体物品（Colletive Goods）指在公立教育中，市场和政府并非能够有效治理一切领域，或者提供所有教育物品，此时，介于市场与政府之间的公民社会便应运而生。也就是说，公立教育所涉及的某些物品既无法界定为私益物品，因为它存在消费的非竞争性和非排他性，又不是标准的公共物品，它具有某种程度上的消费非排他性，又不能严格满足消费上的非排他性等特征，一旦超过一定限度，则会出现拥挤现象，表现为所谓"集体物品"的特性。笔者认为，集体物品与公共物品最大的区别在于集体物品消费的对象群主要是针对特定范围内或具有特定性质和特定目标的人群，例如美国的特许学校所提供的教育服务的对象群就是进入特许学校的学生及家长，而不像公共物品那样消费对象的范围无所不在（如一项立法）。特许学校与市场提供的私益物品的最大区别在于它不追求经济意义上的剩余价值，也就是说不拥有"剩余索取权"；与政府提供的公益物品的最大区别则在于它提供了一种有别于"标准化""大一统"的多样化的教育。由于特许学校不以营利为目的，具有自主性、使命感、自愿性的特点，在相当程度上满足了公民对于多样化的教育的需要。

要进一步理解集体物品的含义，还要将集体物品与第二章第二节所涉及的社会资本联系起来，社会资本就是一种主要由公民社会提供的集体物品，社会资本植根于社会关系中，有助于两个或更多个体之间相互合作，"构成社会资本的规范必须能够促进群体内的合作，包含共同价值、规范、非正式沟通网络等"。[2]例如学校的校园文化就是一种典型的作为集体物品的社会资本，良好的校园文化表现为学校的行为人之间团结、协作、相互信任，这种社会资本通过一种非正式的沟通网络有效地促进了学校的效能。因为校园文化的"消费群体"是学校的相关群体，例如教师、学生、学校管理人员等，它并非典型的公共物品，消费的对象是存在于一定范围内的，同时它又不是典型的私益物品，能够轻易实现消费的非

① 康永久.教育制度的生成与变革——新制度教育学论纲[M].教育科学出版社，2003:477.

② 曹荣湘.走出囚徒困境——社会资本与制度分析[M].上海三联书店，2003:72、272.

排他性，因此可以划定在集体物品的范围内，由作为公民社会的与学校相关的群体来提供就显得有效率。

前文所述，美国公立教育治理领域出现了所谓公民社会迅速成长的趋势，一些原先由政府承担的职能被转移给公民社会组织，这些组织在从事社会公共事务管理中采用了不同于政府的运营方式（如美国的特许学校），也就是说，权力作用方式发生了改变。但是，由于它所涉及的内容是公共的，所以又必然是以公共权力为支柱的。一般来说，它从政府得到授权而从事公共管理活动。之所以这部分权力会从政府分离出来，还因为这部分权力影响的对象主要是一定范围内的人群，因此由与这部分人最直接相关的人来执行这种权力比政府执行的效率更高、效果更好。这个新的趋势的意义在于：这些非政府的公共组织分担着科层制下由政府承担的职能，但其运营方式却不同于政府。它在法律和政策的框架下活动，却有着更多的灵活性，能够根据它所服务的对象更加灵活地应变，参与主体能够在行使这种权力时把自己的主观能动性发挥得更充分，最终的结果是借助公民社会提供了不同于公共物品和私益物品的集体物品。例如本书第二章所提及的我国在北京等大城市存在的一些打工子弟学校，它们具有典型的公民社会性，其所服务的对象群主要就是来城市务工人员的学龄孩子，它所提供的教育由打工子弟消费，具有集体物品的性质。据此，笔者认为，对于那些具有一定服务对象群的教育产品，由于政府无法充分获得消费者对教育需求的充分信息，从而导致政府不能有效率地提供相关的教育产品和服务，同时市场也无法有效提供这类产品时，非营利组织的存在就显得相对有效率。当然，这并非说我国政府对打工子弟就可放任不管，实际上，正如本书第二章所述，各地政府都采取了不少措施保障打工子弟接受义务教育的权力。但在政府作为之前，恰恰是与外来务工人员关系最为密切的公民通过创办打工子弟学校在为打工子弟积极寻求接受教育的机会（哪怕是在"非法"的状态下也不放弃），也正是他们的努力才换来了政府的关注与支持。这充分说明公民社会在我国的公立教育治理中提供集体物品的作用不可低估。由此也可以得出结论，公民社会发挥作用的形式可以是单独的，如美国的特许学校和我国的打工子弟学校，也可以在传统的公立学校之内，如校园文化建设。因此简单地将义务教育划归为"公共物品"对于促进教育治理现代化并无多大意义，只有将其进行更为细致的划分才有利于理解义务教育性质，从而更好地进行治理。

政府与公民社会的关系是相互补充、相得益彰的。如果说政府的职能在于提供公共物品，那么公民社会的职能则在于提供集体物品。例如，教育法是一种比较典型的公共物品，而校园文化是一种比较典型的集体物品，如果说教育法是通过强制的正式手段来进行公立教育治理的话，校园文化则是通过学校这一社区内相关行为人之间的团结、信任等非正式的规范来达到提高公立教育治理效益的目的。两者的共同之处在于它们都是通过克服集体行动困境而有助于解决社会秩序问题，"社会规范和普遍信任类似于带有法律强制性的财产权和契约权，他们减少了不确定性和交易成本，促进了交易效率"[①]。两者的差别则在于法律是一种强制性的手段，而校园文化则体现出对于个体的自主性的承认，前者应通过政府来提供，而后者只能通过公民的积极参与而建构。两者无法相互替代。尽管如此，公民社会的公民个体的互动不是要取代有效政府，而是其必要的补充，而政府对公民社会也并非听之任之而是可以积极支持。正如美国的特许学校和我国的打工子弟学校所体现的，政府对公民社会的支持可以从几个方面入手：首先，公民社会若需要有效运转，还需要相应的法律环境的支撑，"完善社区治理能力的法律环境以及使成员从社区成功中受益的财产权分配制度是培养社区解决问题政策的关键"[②]。其次，在存在着强大的公民互动网络和公民之间存在高度社会信任和内聚力的地方，政府可以依靠现存的社会资本建立更为强大的网络，开辟新的对话和讨论渠道，并进一步就民主治理问题进行公民教育。再次，政府能够通过鼓励公民参与公共决策而对增进社会资本发挥积极的作用。

由此，公民社会的出现是公共部门的新的变动，严格来说它依然是公共体系，是公共部门的一个组成部分，其性质归根结底依然是公共性，是政府公共性在公民社会的补充，只是这种公共性所涉及的利益群体不如政府公共性影响的对象那么广泛，而是针对某些或某个特定群体。公民社会在公立教育所涉及的集体物品提供方面所起的作用越来越受到关注，成为政府教育行政管理改革的一个重要方向。

（四）政府失灵、市场失灵与公民社会失灵

目前，在公立教育治理领域学界共同关注的一个重要问题是所谓政府失灵（Government Failure）、市场失灵（Market Failure）[③]与公民社会失灵（Voluntary Failure）。在笔者看来，所谓失灵，实质就是政府、市场、公民社会在公立教育治理领域的职能配置没有效率的代名词，再进一步分析的话，就是政府和公民社会在提供公共物品、市场在提供私益物品、公民社会在提供集体物品方面都没有发挥各自的充分优势。

市场失灵是由于市场的基本假设条件没有得到满足，完善的竞争市场的基本假设是："经济理性人对市场的相关信息能充分掌握，没有任何人为的限制。"[④]

---

① 曹荣湘. 走出囚徒困境——社会资本与制度分析[M]. 上海三联书店, 2003:272.

② 同上书, 第146页.

③ 王绍光. 多元与统一——公民社会国际比较研究[M]. 浙江人民出版社, 1999.

④ 张成福, 党秀云. 公共管理学[M]. 中国人民大学出版社, 2001:54.

假如其基本假设无法满足，则容易导致教育资源配置的无效率；此外，市场也无法解决效率以外的非经济目标（如在教育行政管理中很难兼顾社会公平）。由此，我们可知市场失灵一方面是由于我们期望市场解决它所不能解决的问题，如提供公共物品，因为公共物品是非排他的，导致市场机制在公共物品领域无法有效运转。"因为市场机制的运转要求收益能够抵偿成本，或者要求成本能够追踪到单个使用者身上。由于公共物品的集体消费性不可能将每个消费者孤立开来，不可能毫无代价地监督和排斥他人的消费，所以市场机制便无法运转。"①另一方面是我们为市场发展所提供的条件还不到位，如充分信息的提供、人为限制因素过多等。因此市场失灵的解决办法一方面是为市场发展提供力所能及的条件，如挖掘或公开教育产品的信息，减少对市场的过多干预，另一方面不要期待市场解决它无法解决的问题，如教育的外部性的问题。要发挥市场本身的优势——提供具有私益物品性质的教育的效率是最高的，这就要求政府一方面适当"补位"，另一方面及时"退位"。政府失灵则在于它没有充分发挥在提供公共物品中的优势，如我国教育法制、法规的健全与执行，这种纯公共物品的提供是政府不可推卸的职能，这就产生了我国公立教育急需教育相关法规健全的呼声。如果政府在其间产生了"缺位"，就会导致公共性实现的严重不足。以政府的公共性为基本出发点，我们可以认为：所谓市场失灵，其实质在于市场无法有效提供公共物品；相应地，政府失灵实质恰恰在于政府无法使提供私益物品达到最佳情形，即由于政府本身的公共性质，无法使资源配置效率达到最佳情形，表现为成本与收益的分离、政府组织的低效率以及政策执行的低效率，等等。②要解决市场失灵，关键就在于解决政府公共物品的提供不足的问题，通过建设市场无法发挥作用的公共领域来弥补和保障市场机制的有效运行；而解决政府失灵，也就是解决政府退出提供私益物品的领域、转而由市场来提供的问题。

公民社会失灵最突出的表现则是其所需开支与所能筹集到的资金之间存在巨大的缺口，存在所谓慈善不足的问题（如特许学校的资金不足问题）；同时，还存在志愿组织的业余性问题，不少志愿组织的发起人只是对该活动感兴趣的公民社会的积极分子，但是对于如何办好学校却不一定具有专业知识，也没有受过正式的训练（如特许学校的创建者缺乏管理学校的经验、理财的经验，等等）。此外，公民社会也会出现贪污屡禁不止的问题。例如，出现有的特许学校的创办者钻空子做假账等问题。这一方面说明社会对公民社会所提供的准公共产品的需求旺盛，公民社会对公立教育参与需要大力发展，另一方面说明资源、资金的投入渠道还要拓展、对于志愿人员的培训和部门的监控管制也需要加强。政府和市场

---

① 张万朋，王千红. 基于非营利组织的中小学教育融资问题[M]. 天津教育出版社，2006:36-37.

② 张成福，党秀云. 公共管理学[M]. 中国人民大学出版社，2001:65-68.

209

在其中都可以有所作为。由此可见，所谓公民社会失灵的实质在于：公民社会不能解决所有的问题，例如私益物品的提供和纯公共物品的提供，它分别需要市场和政府来发挥优势。政府方面，公民社会之短正是政府之所长，因为公民社会的资源动员力量依靠自愿性捐款，其能力是有限的，而政府则可以通过强制性的征税手段来筹集资金。研究表明，公民社会对政府在资金方面的依赖呈现越来越大的趋势。[①]例如政府为特许学校提供公共资金应该说是符合特许学校发展规律的。此外，公民社会也出现了运用市场机制的新现象。"近年来，一个新的趋势是公民社会正变得商业化起来，这样的例子几乎随处可见。"[②]这种正在出现的商业化的趋势说明：在非营利组织参与公立教育治理的情况下，涉及的教育物品也可以分解出私益性成分，从而让市场发挥作用。就特许学校而言，近来出现的特许学校与私营管理公司签约，将特许学校的部分服务交由市场运作就是一个明显例子。而为了更有效地加强对非营利组织的监督，除依靠其内部自我监督机制和公民监督机制之外，政府也应在堵塞制度漏洞方面发挥作用，如严格其审批制度、对其进行定期审核、将相关资料向公众公开等。因此政府的支持与监督在特许学校的发展中同样重要，说明在非营利组织参与公立教育治理的情况下，也存在纯公共物品性质的产品的提供，因而需要政府参与。处于公共物品与私益物品之间的集体物品，即政府无法有效提供、市场也无法发挥优势的教育产品，则可以让公民社会大显身手。由此也可以得出结论，公民社会参与公立教育治理改革实质也是在分解出公共性和私益性成分由政府和市场分别提供相关物品的基础上，让公民社会在提供集体物品方面发挥优势。

以上分析简言之即：在公立教育治理中，市场机制可以在私益物品提供方面有效配置资源，不能忽视公立教育中所涉及的私益性成分，它们需要市场发挥作用。政府提供公立教育并不意味着它要亲自提供公立教育的所有环节的所有过程，这种传统的科层制公立教育治理模式已经不能符合现代公立教育治理的需要，解科层的实质就在于将其公共性成分与私益性成分适当分离，公共性成分是政府需要加强的，私益性部分则是市场所擅长的，其余成分则需要公民社会发挥作用。因为在公共物品的提供中，人们对公共物品在质和量方面的偏好不可能是一模一样的。在居民对公共物品偏好存在较大差异的情况下，政府的政策选择如何做到最有效率？韦斯布罗德证明，政府对公共物品的提供倾向于反映中位选民（Median Voter）的偏好。[③]这样做的结果是，一部分人对公共物品的过度需求

① 王绍光. 多元与统一——公民社会国际比较研究[M]. 浙江人民出版社，1999:43.

② 同上书，第98页.

③ Burton Weisbrod. Toward a Theory of the Voluntary Nonprofit Sector in a Three-Sector Economy Altruism Morality and Economic Theory. New York: Russel Sage.

（Excess Demand）得不到满足，而另一部分人的差异需求（Differentiated Tastes）也得不到满足。这样，市场和公民社会组织应运而生，它们的作用是拾遗补缺，即为需求较高的人群提供额外的物品，为需求特殊的人群提供有差异的集体物品，以此来满足他们的偏好。由于搭便车的问题，市场机制无法有效解决公共物品的提供问题，因此需要政府来参与，而政府提供的公共物品满足群体需要的程度有限，余下的部分必须由公民社会组织加以补充。总之，市场、政府、公民社会这三种机制都有存在的必要，它们之间的关系是互补的关系。政府在公立教育中实现效率化治理的首要责任，就是区分教育中的公共物品和私益物品，加强公共物品供给的管理，并因此而为市场和公民社会在公立教育治理中发挥其应尽的作用提供支持。需要指出的是，关于政府、市场与第三部门的职能分化，并不是固定不变的，这是因为一种物品所含的公共性成分不是固定不变的，而是随着其所属的社会环境、供求关系、人们的消费能力以及社会生产力的变化而变化；而且，对一种物品属性的判定，不是由提供者的身份、经费负担的方式、政府参与的方式以及生产方式决定，而主要是由消费特征来决定的。

目前我国的基础教育行政改革领域，同样正在对政府与市场、公民社会和学校之间的关系进行重整："在政府与社会的关系上，改变政府包揽办学的格局，逐步建立以政府办学为主体、社会共同办学的体制；在政府与学校的关系上，政府要转变职能，由对学校的直接行政管理，转变为运用立法、拨款、规划、信息服务、政策指导和必要的行政手段，进行宏观管理。"[①]美国在这方面的理论与实践方面的探索为我们创建教育行政管理中国家、市场、公民社会协同作用的联合机制提供了宝贵的经验。它表明：公立教育的治理不一定非要由政府来提供，其部门可以是政府、市场、公民社会。因此美国解科层公立教育治理的主要贡献在于提出了要解除政府对于公立教育治理的科层制垄断，可以进行多主体治理。其实质是伴随着公立教育领域不同属性的物品由政府、市场、公民社会之间分担提供，教育行政管理的公共性也因公立教育领域相关领域的重新分化而得以优化。以我国目前客观存在的择校问题为例，很多家长通过各种方式（缴费、寻租）进入各个层次的重点学校正在成为一种客观存在。有的学者认为优质基础教育（即便是公立学校提供的）在更大程度上是私益物品，其提供应该让市场介入。[②]然而我国的择校问题更多却是公立教育科层制的结果，因为一些重点的公立学校不是市场发展而是在政府的支持与扶持的基础上发展的结果。笔者认为择校只是让市场在其中发挥"消费者选择"的私益性成分，要从根本上解决问题，一方面要

①　孙成城. 中国教育行政概论[M]. 安徽教育出版社, 1999:57-58.

②　曹淑江. 中国基础教育中择校问题研究报告. 引自http://www. unirule. org. cn/SecondWeb/Article. asp?ArticleID=210.

发挥政府在义务教育中提供公共物品的作用（如产权的确立、相关法律的完善等等），另一方面还需利益相关群体（教师、家长乃至社区）发挥提供集体物品提供的作用，如建设校园文化、提供家长和社区支持网络等。政府、市场和公民社会在公立教育治理中的效率配置如表2所示。[①]

表2 公立教育治理中政府、市场与公民社会的相关效率配置

	政府	公民社会	市场
资金来源	预算拨款（免费服务）	有的依赖预算拨款，有的来源于服务收费和税金	收费
市场信号	弱	有的市场信号清晰，有的市场信号模糊	清晰
影响范围	大	受协议的限制	较小
利益相关者	无所不在	部分利益相关者	个人或股东
目标	最关注公共性（整体的公共利益）	关注一定范围内的群体的利益	最关注私益性
激励	稳定的工作，赞同、任务和角色	满足部分利益相关者的需求	金钱等方面的收益
所提供的物品性质	公共物品	集体物品	私益物品
举例	中华人民共和国义务教育法	校园文化	美国的公校私营
治理目的	优化政府、公民社会和市场在公立教育治理中的职能配置，在发挥公民社会和市场优势的基础上，更进一步实现政府的公共性		

二、公立教育治理的领域及制度安排

传统的科层制公立教育治理领域是没有分化的，即将治理视为一个不可分割的活动及与此相关的理念，政府包揽治理的一切领域。"政校完全合一，学校既是一个行政组织又是一个社会组织，政府作为集政权与财产权于一身的产权主体，排斥个人对中小学教育资源的占有，学校仅仅作为国家所有权的客体以及行政机构的附庸而存在，国家以行政系统为依托，对中小学教育资源的所有、占有、支配、使用和处置的全过程实施统一的指挥和领导。"[②]这正是公立教育解科层治理所要着力解决的问题。目前，就美国的公立教育解科层治理而言，无论是公立教育治理的政府取向、市场取向治理、公民社会取向治理还是校本取向治理均说明：公立教育治理的实践实际上是一个相当广泛而且非常复杂的领域。例如，市场取向解科层治理实际上是在资金提供方面吸纳了作为市场中的个体与团体的资金以及通过家长选择提高资金的使用效率；公民社会取向解科层治理是给予公民社会"正式参与"学校经营的权力；校本取向治理是还办学权于作为基层组织的学校；政府取向治理则希望通过管理方式从科层制向解科层制的转变实现政府职

---

① 此表根据以下资料进行了改编：[美]保罗·C.那德，罗伯特·W.巴可夫.公共和第三部门的战略管理：领导手册.中国人民大学出版社，2001:23-24.

② 张万朋，王千红.基于非营利组织的中小学教育融资问题[M].天津教育出版社，2006:76.

能的优化。由此，在实践中推行解科层治理的关键在于：应该对公立教育治理进行进一步的分化性研究，①并在此基础上考察政府在教育行政管理改革中如何进一步实现公共性的问题。

"近年来，关于福利国家的经济学和政治学研究已经确定了'国家干预'的三种形式，它们与福利政策的三大独立的活动领域相关：如何提供资金(Funding)、如何进行规制(Regulation)、如何提供服务(Provision and delivery)。他们提出政府没有必要独揽所有的三大领域也仍然能够对教育进行总体控制"②。在此基础上，笔者认为，就目前公立教育治理的实践而言，从政府的角度出发、以实现公共性为目的，将公立教育治理划分为投资、经营与规制三大领域是比较合适的，投资解决的是"谁出钱，如何出"的问题，经营解决的是"谁办校、如何办"的问题，规制解决的是"谁来管，如何管"的问题。由此又对应于三大领域的实施主体——投资者、经营者和规制者，此三者的关系，借用一个比喻，就是"出钱人""运动员""裁判员"的关系。投资者的职能主要是投资举办学校、提供必要的办学条件；经营者的职能主要是直接提供教育服务，行使法律规定的办学权力，在专业设置、招生、就业指导、教学工作、科学研究、社会服务、筹措和使用教育经费、人事管理、职称评定、工资分配、对外交流等方面拥有法律规定的权利。规制者是行使教育行政管理权，负责统筹规划和宏观管理全国和所辖地区的教育工作，用计划、法律、经济、评估、信息服务以及必要的行政手段对教育实行组织和领导。公立教育领域中投资者、经营者和规制者的角色分化深刻触及了政府和学校的科层制的传统关系模式，对现行的政府功能构成了新的挑战。上述变化尽管还处于萌芽状态，各方主体的地位及其权责尚不明晰，但已经开始影响教育体制改革中的利益分配和新的权力体制的建构。虽然公立教育治理领域的分化同样涉及政府、市场、公民社会的职能配置问题，但这是以公立教育治理领域本身为基点来考察的，能有助于我们从另一个角度理解政府的公共性在此领域的实现问题。此外，制度安排是公立教育治理必然涉及的问题。所谓制度，根据新制度经济学的通行解释，就是社会上通行的或者被社会成员普遍采纳的一系列行为规则，这些规则用于调节人与人之间的关系，对人的行为进行约束和激励，制度既包括法律、规章等正式制度，也包括道德、习惯等非正式制度。教育领域中的制度我们称为教育制度，也就是在教育活动中约束和激励人的行为的一系列规章、制度、道德、习惯等。制度是无数次交易活动进行的结果，制度安排则是不同制度之间的配合，它们共同为交易活动提供协调性规则。因此无论是公立教

① Roger Dale . The State and the Governance of Education: An Analysis of the Restructuring of the State-Education Relationship. // James Marshall , Cheltenham, UK, Northampton, MA, USA, Edward Elgar Publishing Limited, 1999:289.

② 同上.

育的投资、经营还是规制领域，都离不开制度安排与制度供给。前文所述，当制度作为法律、规章等正式制度时，它是性质比较稳定的公共物品，由政府提供达到最优；当制度作为一种道德、文化等非正式制度时，它更多是一种集体物品，交由公民社会来提供更合适；而制度与市场也存在不可分割的关系，是市场运行的基础与保障，所以下文就三大领域分别进行分析时，将重点结合三大领域进行制度安排的分析。承续上文的逻辑，笔者认为，政府公共性的发挥必然经过解科层的过程，具体而言就是对投资、经营、规制领域进行再解剖，从中厘清公共物品、集体物品和私益物品（或者说公共性成分、集体性成分和私益性成分），从而让政府、公民社会和市场分别发挥其应有的作用，只有通过这样的为政府"卸载""减压"的过程，才能使政府集中精力发挥优势，以"有限、有效、良治"为原则，朝"在公立教育治理中实现公共性"的理想迈进。

（一）投资

投资（有时又称为提供资金、出资、资金投入等）主要解决的问题是：政府如何解决资金投入问题以保障其在公立教育治理领域实现公共性？在传统的科层制的体制中，政府几乎成为公立教育领域单一的投资者，严重阻碍了外部资金的流入，这种现象即使在美国也不例外。而在我国，基础教育的出资渠道更是主要依赖国家财政拨款，由国家计划配置资金。因此，投资渠道狭窄、投资方式的单一是公立教育治理领域存在的首要问题；其次，资金使用效率不高是公立教育治理面临的另一挑战。一方面，投资本来有限，另一方面，资金还得不到充分使用，这是科层制政府执行效率低下无法解决的困境，严重阻碍了政府公共性的发挥。为此，目前美国公立教育治理的解科层呈现的趋势是：在政府投资作为公立教育发展的基础上，增加非政府资金（包括公民社会的捐款以及市场资金的流入，如私营管理公司的投资）的提供，即投资主体的多元化或称投资渠道的拓宽；同时寻求资金使用的效益的提高。它们为我国在教育行政改革中如何解决公立教育治理的投资问题提供了良好的经验。

1. 政府投资依然是公立教育发展的基础

就公立教育（义务教育、基础教育）本身的性质而言，政府以税收方式迫使使用者付费是主要方式，它能够保障公立教育的基本运行。因为义务教育的投资是一项长期投资，且因为投资的目的是增加受教育者的人力资本，由于人力资本的正外部性，人力资本使用和消费中的排他成本较高，因此由市场提供是缺乏动力的，政府的强制性税收无疑成为资金提供的主要方式，即政府在教育行政管理改革中作为提供资金的主体是由公立教育本身的性质所决定的，这无论在美国还是在中国莫不如此。尤其在我国，强调政府投资对公立教育领域的治理仍然具有根本性的意义。因为政府投入不足已经成为基础教育发展的严重障碍。由于义务教育的外部性正是市场机制难以处理的问题，这就导致了作为公共体系的主体——政府的介入。然而，这种投资与传统的科层制下政府对公立教育的投资存在区别，正如本书第四章所分析的那样，科层制下美国政府的投资是依照规则来运行的，关注的是投入，解科层制下政府的投资转而依照结果来运作，也就是说，"科层制的规章制度渐趋模糊、薄弱，而让位于对最后产出的重视"①。此外，美国政府在公立教育领域的投资还更加关注社会的公平，以更加强有力的政策措施照顾不利群体的教育利益。

在加强教育投入方面，我国政府的决心和行动史无前例："自1991年以来，国家财政性教育经费增长明显，财政性教育经费平均比上年增长16.6%，财政性教育经费的绝对数在2002年达到3491.40亿元，较1991年的617.83亿元增长了4.65倍"②；根据2014年全国教育经费执行情况统计公告，2014年国家财政性教育经费为264 20.58亿元，较1991年增长了41.8倍③。但是，我国政府对公立教育事业的资金投入模式影响和阻碍了政府公共性的发挥，仍亟须改进。诚如王蓉教授所言，我国的资金投入仍然是一种"大规模的非公共财政（教育投入中政府投入比例仍不够），小规模的非公共部门（民办教育规模尚小）"的模式，公立学校从非政府渠道强势地汲取资源，在2002年，政府预算内拨款占小学教育全部经费的74.15%，占初中全部教育经费的68.28%，（相比之下在）英国、新西兰和美国，政府为基础教育提供了几乎全部的资金支持（高于90%），（应该找回失落了的）公共教育的灵魂，那就是追求社会公益、追求永恒真理、承载着社会公平理念的原则。④再如我国政府积极推行"两免一补"等政策，保障了农村地区、贫困家庭等不利群体接受义务教育的机会（详见第四章第三节的相关背景资料）。因此，若从政府的公共性出发，保障公立教育的投资额（数量）无疑是政府的重要职能，与此同时还必须关注作为产出的教育质量，因为通过政府的投资来保障公立教育的整体质量就是一种公共物品的提供——教育整体质量的提高无疑是一种惠及全体的公共物品。同时，关注教育的机会均等和公平的达到也是一种公共物品的提供，因为公平问题的解决不仅照顾的是不利群体的利益，而且社会的整体效益也会因此而得到改善，而这些恰恰是市场所不擅长和政府所擅长的。由此，在义务教育的投资领域，我国政府公共性的发挥点不仅在于政府投资的数量，还在于政府投资的质量和方向。也就是说，政府不仅要解决好"做大蛋糕"的问题，还要

---

①　程介明. 从工作状态到教育——知识社会的挑战. 北京大学教育经济研究所简报，2003(3).

②　教育部财务司委托课题. 2005—2020年国家财政性教育投入占GDP比例的研究. http://www. cnsaes. org/homepage/Upfile/20100612/2010061209381174. pdf.

③　http://www. moe. gov. cn/jyb_xwfb/s5147/201510/t20151016_213611. html

④　王蓉. 也谈"教育产业化". 北京大学教育经济研究所、高等教育研究所简报，2004(31).

解决好"划分蛋糕"的问题。在此，我们面临的挑战是极为严峻的。

2. 投资主体多元化

然而，政府在公立教育领域的投资并不排斥其他投资主体的介入。事实上，财政日益紧张正是各国政府面临的窘境，这就意味着，政府为主体提供资金固然重要，但投资主体的多元化以及投资方式的多样化已然成为各国解决公立教育投资问题的一个重要趋势。正因为如此，在美国，一些教育风险投资公司、基金会等市场运作机构将巨额资金源源不断地注入公立教育领域，一些作为非营利性机构或个体的慈善家也纷纷以不同的形式为公立教育出资（见第二章），这种现象在传统的科层制下的公立教育中是比较少见的。

近年来，我国开始形成以国家办学为主，社会广泛参与办学，公办学校与私立学校、民办学校、联办学校、股份合作制学校等多种办学形式并存的态势，逐步呈现出教育投资体制的多元化局面。而随着经济体制改革的深入，资本市场逐步发展，包括股票市场、债券市场、基金市场、资产交易市场等在内的资本市场体系正在逐渐成长，还可以采取多种方式进行公立教育的融资。例如可以采取政策性融资——政府供给资金、发行债券筹资（如发行由政府担保的教育金融债券）、其他可供利用的方式（如设立中小学教育储备金账户或中小学校储备金账户）；随着资本市场的成熟与发展，还可以采用市场融资方式——利用债券市场进行融资、利用基金市场进行融资、发行教育彩票等。需要指出的是，现阶段我国政府仍需要在公立教育领域资金使用方面进行积极干预，这是因为我国目前仍处于由计划经济体制向社会主义市场经济体制转变时期，发展中小学教育所应具备的市场机制还很不规范，如金融资本市场刚刚起步等。因此，政府的主要任务是加快改革、培育市场、健全和完善市场机制发挥作用的基础性条件，为市场机制在公立教育的投资领域实现资源的有效配置提供保障。

3. 资金使用效率的提高

如果说投资主体多元化是"开源"，那么注重资金使用效率的提高则是"节流"，两方面齐头并进才能够真正促进公立教育治理的投资问题的解决。实际上，在美国公立教育解科层治理中，为了提高公立教育治理中公共资金的使用效率，已经出现了公立组织向私立组织运营方式学习的趋势，甚至有的公立学校组织干脆以合同承包的方式承包给私人（市场）进行运作，或者政府采取学券的形式将原来直接拨给公立学校的资金放到家长和学生手里，供他们进行学校选择，这说明：为了解决公立教育治理中提高资金使用效率的问题，同样可以分解出市场能够发挥作用的私益性元素。

值得一提的是，目前，我们所说的提高资金使用效率主要是针对有形资产，实际上，对学校无形资产（也就是前文所分析的社会资本）的投资和使用不容忽视，它在提高资金使用效率中应占有重要地位，因为如果运作合理，学校的声誉、教育技术、学校所特有的学校文化、管理策略等方面的社会资本的投资给学校带来的效益有时会呈几何级数增长，诚如林南所述："社会资本的累积则倾向于指数增加(Exponential)。"①上文已提及，诸如校园文化之类的社会资产的投资实际上要发挥的就是公民社会的作用，因为它既不能依靠政府的强制而形成，也无法依托市场的介入而培育。在这方面，政府的作用不是消极等待，而是应积极作为，例如在教育质量评估方面把学校文化建设列入评估范围，并通过一定方式将其与政府的资金拨付联系起来；此外，正如本书第二章所阐述的美国一些成功运作的特许学校所采取的做法那样，政府在某些方面是"不作为"，政府只是提供资金支持和宏观的质量控制，而具体的运作全权交出代之以给予公民社会发展的足够空间。

4. 投资的制度安排——现代教育产权制度的确立

我国实行市场经济体制以来，办学体制出现了新的局面，学校产权呈现了多元化格局，因此，教育产权问题显得越来越突出。如何在制度安排上保障公立教育的投资以及资金使用效率的提高，这就涉及现代教育产权制度的确立。

（1）现代教育产权制度的涵义。

产权就是拥有财产的权利，即人们围绕财产而结成的权利关系。产权是权责与利益相一致的。直接体现为经济利益的民事权利；谁掌握财产，利益归谁，谁负责。教育产权就是拥有已举办的教育机构财产的权利，即人们围绕特定的教育财产而结成的权利关系，围绕教育产权而产生的权利是一组权利束，包括对教育财产的所有权、占有权、支配权、使用权、处分权，这些权力既可以合一，也可以在一定程度上进行分解。教育产权中一个关键性的概念是学校法人权，学校法人权是指依法成立的学校的法人以独立主体身份对学校的财产或资产所具有的独立的排他性权能，学校法人权的主体是学校法人，而非投资主体，它的对象则是投资人出让的产权集合而成的学校财产，包括学校的有形资产和无形资产。

长期以来，传统的科层制体系下的公立教育制度是"政府大包大揽"，这是一种投资人所有权和学校法人权合一的产权制度，导致基础教育的产权关系界定不清乃至产权缺失。因为教育产权一直归属于国家，实行的是国家包揽办学，单一依靠国家财政投资办学，即办学统一化和单一化公有制模式，学校财产属于全民公有。这种单一的产权制度产生的结果是：国家占有教育产权的所有权，而相关的教育财产的支配权、使用权、处分权等往往又没有明确的相应主体在承担。这与解科层治理中明确公共性与私人性的要求是不相符合的，因为这种产权的单

① 林南.社会资本[M].林祐圣，叶欣怡，译.弘智文化事业有限公司，2005:217.

一性只导致了形式上公共性的达到，而实质上政府的公共性被深深埋没于产权的缺失中，表现为：在公立教育治理实践中没能对教育产权有一个明确的认识，对其中不同权力的分解没有明确的界定，导致了公共性演变为效率低下、公立学校质量"平庸"。现代教育产权制度就是要明确教育投资主体，明确教育资产主体及其责任范围，以便能在实践操作中，把教育产权分解、分散、分离，并真正把不同的权利落实到具体主体身上，使教育投资与使用良性化。因此，真正建立起现代教育产权制度是进一步深化中小学教育投资体制改革过程中一个不可逾越的关键环节①，是从根本上解决教育投入不足、资金使用效率不高的重大举措。

（2）如何确立现代教育产权制度。

现代教育产权制度的核心在于投资人所有权和学校法人权相分离，其基本含义在于：①中小学教育资产所有者财产权利的界定，即谁是中小学教育财产的所有者；②分权结构下产权的界定。在财产所有权主体明确的情况下，判定产权实现过程中不同权利主体之间的责、权、利关系；③只有在投资者与学校法人各自的产权均得到明确界定的前提下，投资者和学校法人才能各自正当行使权力而互不侵扰。这就是要使所有者主体与经营者主体各自的权利边界清晰，使各自受益、受损和补偿的范围得到明确划定。

同时，还要明确教育产权在范围上的广泛性，以及教育投资主体（国家、地方政府、团体、企业、个人）的多样性，这样才能有利于推进教育投资方式上的广泛性及其可能的转换形式，从而为解决国有独资学校一元产权安排所固有的弊端（政企不分）提供可能性和现实性。其中我们要特别关注产权重组制度。也就是改变原有单一投资者所拥有的全部产权的情况，引入新的投资者，使原来的产权格局改变为多个投资者以多种方式共同拥有的形式。产权重组后的形式可以是教育股份制，也可以是教育合作制、教育联营等；可以是多种的教育公有制形式（国有制、社区所有制 、股份合作制、劳动集体所有制、社团所有制、社会基金所有制、股份制、技术所有制、经营资本制、混合所有制等），同时，也可以是教育的非公有制。

此外，要建立产权顺畅流动机制。产权顺畅流动是提高资金使用效率的产权制度的内在要求。即在效益规则作用下，产权所有者不断调整自己所拥有的产权的投向。中小学教育产权流动的基本路径之一是学校购并，如兼并、联合、收购、接管；中小学教育产权流动的基本路径之二是学校资本经营，即学校以提高资本使用效益为目标，主要利用市场机制这一配置资源的基本手段，在学校资本所有权被分解为投资者所有权和法人财产权的基础上，投资者及其代理人从学校

① 张万朋，王千红. 基于非营利组织的中小学教育融资问题[M]. 天津教育出版社，2006.

自身发展战略出发，从不同层次上对学校资本进行运营和有效控制的一种经营活动。这种资本经营主要是指以产权关系和经济利益为纽带，吸引、组合其他学校的资产或社会资产，形成规模经营。采取兼并、参股控股、租赁、承包、托管等方式进行资产经营，使学校内部资源和外部资源都得到合理配置，从而提高学校资产的利用效率。

承上所述，现代教育产权制度确立的核心在于对教育产权进行适当分解，以利于产权的分离、流动以及重新组合。实际上，产权分解是社会分工在产权管理或行使上的具体体现。至于是否分解，如何分解，何时分解，不同权项的具体界限在哪里，受制于多种因素，有多种方式，需要根据具体条件进行安排。在这里，政府的作用得以显现，因为从本质上说，产权的确立是政府提供作为制度的公共物品，从而为公立教育治理的投资领域中能够市场化的元素交由市场来安排提供支撑。在我国，基础教育行政管理改革的一种重要方向就是：将原来一切听命于政府指令的学校从科层制束缚下解放出来，沿着所有权和经营管理权分离的思路，逐渐挖掘并发挥其中市场因素的作用，推进教育治理改革实践。正如经济学家曼昆所宣称的："市场没有有效配置资源，是因为没有很好地建立产权。这就是说，某些有价值的东西并没有在法律上有权控制它的所有者。当缺乏产权引起市场失灵时，政府可以潜在地解决这个问题。解决的方法是政府帮助确定产权，从而重新焕发市场力量。我们需要政府的原因是：只有产权得到保障，市场才能运行。"[①]

总之，公立教育的投资领域是公立教育治理必然涉及的一个重要领域。此领域中政府的作用在于实现其本身的优势——通过投资提高公立教育的整体质量并关注社会的公平；同时为市场和公民社会的进入提供制度安排。上述两个方面都是政府所应提供的公共物品，是政府实现公共性的体现。

（二）经营

1. 经营的含义及表现形式

经营的含义非常广泛，笔者认为公立教育治理领域的经营是指政府介入学校教育工作的方式，它解决的是"政府如何管理学校才能最有效地实现公共性"的问题。传统的政府经营公立教育的方式主要是通过科层制体系中的学校工作人员（校长和教师基本上都是经过严格的培训并得到国家资格认可的，类似于国家公务员的角色）来进行的，即政府自己直接举办学校，由政府直接雇用人员、直接组织生产教育服务，政府与公立学校的关系表现为等级制的管理。因此可以说这种教育经营方式是科层式的，学校受政府直接管理，也是政府公共部门，是政府

---

① 曼昆. 经济学原理[M]. 梁小民，译. 机械工业出版社，2003:197-198.

的延伸，政府拥有对学校的所有权和经营权。而解科层公立教育治理则是要打破政府"独家经营学校"这块坚冰，完全改变政府与学校之间的科层关系，采取经营多样化的方式，真正最大限度地实现政府的公共性。表现在：第一种方式，政府出资，但不直接管理学校，而是采用一定的合同把学校承包给私人公司举办，由政府和私人提供者签约，政府委托私人提供者提供教育服务，或者政府为家长（学生）提供学券（这也是政府投资的一种形式），供学生在公立学校和私立学校之间选择，政府与学校的关系更多表现为一种市场方式；第二种方式，政府出资，但不直接管理学校，而是由公民社会团体经营，学校不再是政府的一部分，例如由特许学校生产教育教学服务，政府提供资金但通过合同来约束学校的行为；第三种方式，政府出资，学校所有权仍归政府，但学校本身拥有相当大的权力，例如财政预算权、人事决策权、课程设置权等，学校要接受政府在教育质量方面的管理和监督，这就出现了政府与学校之间的新的关系类型——校本管理。

2. 经营的制度安排

上文可见，在公立教育解科层治理的不同取向下，出现了不同的权力关系配置，表现为不同的学校类型。就其实质而言，是一种制度安排。这里，笔者借用的是新制度主义经济学关于"交易理论"的分析思路，交易是物质或者服务从一个人或组织到另一个人或组织的转移。交易是人类基本的经济行为和活动之一。任何交易总是通过一定的契约或者合同来完成的，所谓契约是交易双方之间的一项协议。制度则是无数次交易活动进行的结果，交易活动是制度存在的基础。在市场经济条件下，任何组织和制度都是契约选择的结果，一种产品或者服务应通过什么方式提供取决于这种产品和服务及其相应交易的性质，交易的性质、被交易产品或服务的性质决定了契约的选择、交易形式和方式的选择，为了规制交易、节约交易费用，形成了相应的制度和组织。交易需要成本，即交易需要支付交易费用。张五常教授指出："确实存在着各种组织和各种各样的制度安排，因而为了解释他们的存在与变化，必须把它们看作是交易成本约束条件下契约选择的结果。"[①]人们总是选择交易费用低的契约形式来完成交易，因此两种交易形式的交易费用的对比决定了交易方式（契约形式）的选择，决定了学校的规模和边界。为什么一种契约形式优于另一种形式，这是交易成本不同造成的结果。比较不同的组织、不同的制度，主要是看制度或组织为了节约成本，如何对不同的交易选择不同的契约。交易费用决定着组织形式和制度选择，从而决定着组织和制度的变迁，交易费用受具体约束条件的变化而变化。资产的专用性（如学校的人力资本、品牌资本）、交易的频率、交易的不确定性和交易度量的难度是影响交

---

① 张五常. 经济组织与交易成本[M]. 商务印书馆，2001:407.

易的重要因素。

教育制度和组织也不例外。研究公立教育治理中的经营，必须着眼于教育中的交易和契约选择。公立教育从科层制治理向解科层治理的转变的实质是根据具体约束条件的变化，改变政府与学校之间的交易方式和契约选择。从上文我们可以对公立教育解科层治理的契约选择有一个基本理解，然而我们仍然需要弄清楚的一个重要问题是：在何种情况下采用何种交易方式呢？也就是说，如何确定何种交易方式是交易费用最低的契约选择呢？这里涉及契约选择的具体约束条件的问题。

（1）政府——市场形式的交易。

如果存在比较完善的教育教学评价制度，学生或家长能相对及时地获得关于学校情况的准确信息，也就是说，在教育服务（可以被视为一种特殊的产品）的质量容易度量和考核且质量信息发布的成本不高的情况下，让举办者获得剩余索取权（即获得利润），会激励举办者提高办学质量，降低办学成本，提高学校的运作效率，例如美国爱迪生集团与政府签约管理部分公立学校取得了成功。这是因为此教育服务的质量标准明确、易于考核，学生学校不必专门支付成本，交易双方信息不对称问题得到解决，这种情况下市场发挥作用的约束条件得到满足，采取私人提供者介入教育的市场方式就能起到效果。这是公立教育解科层治理市场取向的实质。

（2）政府——公民社会形式的交易。

市场经济条件下的非营利组织把以营利为目的的企业的特点和政府控制的公共部门的特点结合在一起，是一种混合经济制度。例如，美国的特许学校，一方面，由于非营利组织同政府以及公共部门一样，所受的约束是不能把企业或组织的利润或剩余分配给其管理者和控制者，也就是说没有人拥有非营利组织的剩余索取权（获得利润），并能享受多种税收减免，可以接受社会或个人的捐赠。另一方面，非营利组织也是公民签约形成的直接面向服务或产品市场的组织。非营利组织不同于政府控制的部门，它的组织和控制是通过公民的主动性而不是通过政治过程实现的。政府不能直接控制它，而只能通过法规进行规制。这样，就大大降低了校方利用信息方面的优势侵害学生利益的动机，学生或学生家长同学校的交易成本大大降低，学校的运作相对有效率，这是特许学校在美国能够稳健发展的重要原因。然而，并非所有的学校都适合这样的运作形式，它取决于是否具有这样的公民社会团体——他们有这样的意愿和能力能够参与学校的运营，还取决于政府能否创设合理的制度环境促进这样一种交易形式的出现和发展，这是公立教育解科层治理公民社会取向的实质。

（3）政府——学校形式的交易。

政府将学校运作权力下放给学校是因为政府利用科层制交易方式管理学校成本太高，而采用校本管理的目的就是要使资源得到更加有效的利用、学校更加有效地运行。一方面，这种交易选择使政府监督学校的成本大大降低；另一方面，学校是最接近"生产一线"——教学的地方，学校在得到了相当的自主权以后，提供了发挥学校能动性的前提。这样，教育质量的提高并非出自于外部的监督，而是出自内部的责任，提升了学校的主动性。正因为如此，校本管理已经成为美国公立学校极为普遍的教育治理方式。但这种交易方式能否取得成功还在于权力是否真正得到了下放以及学校管理者和教师的能力究竟如何，这是公立教育解科层治理校本取向的实质。

从学校经营的角度看，在某种程度上说，特许学校和校本管理均可归结为发挥公民社会力量的制度安排，因为校本管理也表现为公民社会性质，此公民社会群体即学校原有的管理者、教师和学生，他们摆脱政府传统的科层控制，自愿性、主动性得到极大发挥；只是相对于校本管理而言，特许学校在发挥公民社会的作用方面表现得更为主动、更为积极、更为创新。从这个意义上来说，在公立学校"谁来办（经营）"的制度安排上，可以分解出一些质量易于考核、市场规则清晰的成分交由市场来发挥优势，而更多的成分则需要学校以非营利为出发点，由公民社会来提供。也就是说，学校作为非营利组织存在具有更多的合理性。"耶鲁大学法学院教授Henry Hansmann关注学校作为非营利组织的经济学逻辑并为此做了长达二十多年的研究，他将学校同营利企业的经济逻辑进行比较，最终认识到学校的非营利性实质是为了减少组织运行成本和交易费用的一种制度安排，只是由于企业和非营利组织所提供的产品或服务的性质不同，导致了组织有营利性和非营利性的差异"[①]。

所以，公立教育解科层治理的实质是根据约束条件的变化，例如市场条件是否成熟、公民社会是否有参与性、学校相关人员的意愿和能力强弱等所做的一种交易方式的改变。一方面，在外在约束条件没有得到满足之前，传统的科层制的教育治理方式可能仍然是交易成本最低的，这是我国现行的教育行政体制仍主要采用科层制治理的根本原因。它是我们在一定历史阶段内集中使用社会资源、实现教育规模效益的制度安排。另一方面，随着社会的发展和人们对教育需求的不断增长，科层制所界定的教育利益将日益枯竭，"制度非理性中的限制性方面就会暴露并日益增长，从而增加制度的运行成本，制度生产也会面临收益递减和相对成本递增的问题，清除教育制度的强制性质的努力是现代社会才有的事情。

① 曹淑江. 教育制度和教育组织的经济学分析[M]. 北京师范大学出版社，2004:4—5.

这是伴随自主个人的崛起、价值观的根本转变、谋生手段的多样化、新的教育利益的出现以及捕捉新的教育利益的技术手段的成熟而兴起的。这一过程我们称之为'现代的逆转'"[①]。因此，一旦外在条件成熟，就需要进行大胆改革。教育服务的供求涉及多方面的交易，采用一种全新的交易方式就有可能大大降低交易费用，提高教育治理的效率。比如市场契约形式在教育领域很多交易中是可以采用的，是很多交易的最优契约选择，这也成为教育行政改革的一种重大方向，但市场交易却不是万能的，改革的目标绝不是建立完全依靠价格机制来调节所有教育服务的提供。政府在其中起到重要作用，而且公民社会作用的发挥也是可以大力开发的制度空间，这一点根本不同于其他私人产品的生产提供制度。在我国现阶段，在计划经济体制向市场经济体制过渡的改革进程中，教育领域的每一种交易方式都在发生变化，每一种交易都必须采用适合其特点的交易方式和契约选择。中国的教育行政改革也不能盲目照搬美国的做法，因为从传统的交易方式向新的交易方式转变并非自行发生，而是依赖于相关条件的成熟。但美国的经验提供给我们的启示是：随着约束条件的变化，政府与学校的交易方式还会呈现更为丰富的多样性。可以预见的是，在公立学校为主体的基础上，我国的学校经营也必将走多样化的道路，目前我国正在出现的政府—学校的不同交易形式中已初露端倪，"近年来，我国在公办教育占主体地位的情况下，民办教育的竞争机制也在逐渐形成。各地陆续出现了多样化的办学形式。如公办民助学校、民办公助学校、国有民办学校、公办转制学校、公办学校附设二级机构、公办学校办分校、公办学校办民办机制学校、公办学校与企业联办学校、地方教育部门与社区合办学校等。目前还在试验的教育券制度、股份制学校、教育产业集团投融资学校、租赁经营学校（其中包括地方政府投资新建学校和相关硬件后转由民办机制运作）等，中外合作办学和项目也呈现不同的模式"[②]。这些不同形式的学校组织服务的范围、提供的产品不同，治理机制不同，获得投资的方式、资金来源渠道不同，承担的角色不同，他们相互配合，相互补充，不能相互替代。它们共同提供了有差异的教育服务。

综上所述，政府在公立教育治理的经营领域实现公共性并不意味着政府一定要亲自参与，相反，如果条件许可，政府根据相关条件的变化，灵活地采取合适的方式来对学校进行管理，达到管理效益的最大化才真正实现了公共性，因此政府公共性的实现并不追求政府在形式上的表面参与，而是强调参与的效果。而效果的提高有赖于政府是否发挥了它在此领域公共物品提供方面的作用，例如相关

---

① 康永久. 教育制度的生成与变革——新制度教育学论纲[M]. 教育科学出版社，2003:309-310.

② 国家教育发展研究中心专题组. 围绕教育"产业"争论的十个问题. 国家教育发展研究中心《研究动态》副刊《热点问题快报》，2003(15).

的监督和管理、实施招标承包、审批经营许可证、确定补贴和资助的范围，制定政策法规保护民营进入，实行公平竞争等，从而为公民社会和市场在公立教育的经营中发挥其应有的优势提供条件。

（三）规制

1. 规制的含义及规制的意义

通常意义上的规制是指"依据一定的规则对构成社会特定的个人和构成特定经济的经济主体的活动进行限制的行为，政府规制源于修正市场制度的结构性缺陷，避免市场经济运作可能给社会带来的弊端"[①]。"规制……最终来自政府的传统的角色，即通过制定市场运作的标准和规则提供交易的基础"[②]因为市场决不是一个"自然的"制度，它同时也是由政府规制模式所形成的。就公立教育治理而言，所谓规制是指依据一定的规则对构成有关公立教育的活动进行影响的行为，其目的在于修正科层制治理的结构性缺陷，"这样的政策力图去除科层/民主控制（解科层）并使专家的决策领域最小化"[③]。目前，美国公立学校"最大、最重要的变化也许是在规制领域。政府的最强大的能力在于通过形成整个规制领域的法律来决定政策"[④]。同样，在我国，通过法律等形式提供规制服务也是政府治理公立教育的重要途径。例如，我国于2006年6月审议通过了新修订的《中华人民共和国义务教育法》，该法的意义在于：明确将义务教育全面纳入财政保障范围；将素质教育上升为法律的规定，进一步明确了义务教育的方针和目标，为提高教育教学质量，促进人的全面发展提供了法律保障；将促进义务教育均衡发展作为政府工作方向，为促进教育公平提供了法律保障。可以说，新修订的《中华人民共和国义务教育法》将义务教育的投入（经费）、产出（质量）以及社会效应（公平）明确纳入政府的工作方向和目标，这是政府应该提供而且能够提供的公共物品，无疑具有重要的意义。它不仅有利于政府在基础教育行政改革过程中公共性的实现——它代表了绝大多数人的利益且必将惠及大多数人，而且必将为市场和公民社会在公立教育治理中发挥作用提供良好的交易基础。

2. 规制的制度安排

规制（Regulation）与制度(Institution)既有联系又有区别。区别在于规制是公立教育治理的领域之一，它是相对于上述学校投资、学校经营领域而言的，是借

---

① 宋世明. 美国行政改革研究[M]. 国家行政学院出版社，1999:57-58.

② Roger Dale. The State and the Governance of Education: An Analysis of the Restructuring of the State-Education Relationship . in Education Policy. James Marshall , Cheltenham, UK, Northampton, MA, USA, Edward Elgar Publishing Limited, 1999:291.

③ 同上.

④ 同上.

助有关法律和规章对公立教育进行规范、约束和限制的行为；制度则是相对于整个公立教育治理领域而言的，是调节公立教育领域行为人之间的系列行为规则，制度既包括法律、规章、契约等正式制度，也包括道德、习惯等非正式制度。联系在于当制度表现为法律、规章等正式制度时，更多表现为规制的性质，且规制也要通过制度安排来实现。根据美国解科层治理的经验，规制大致分为两类：一是放松规制与强化后验控制；二是建立解决信息问题的机制。

（1）政府的放松规制与后验控制。

目前，美国在公立教育治理的规制方面所提供的借鉴就是政府主要通过两大新的解科层形式来进行规制改革：第一，放松规制。关于放松规制本书第三章已有所阐述，放松规制的核心在于政府放弃科层制下对于教育事务某些方面的规制。放松规制的实质则在于政府从它不擅长的私益物品和集体物品的提供中"退出"，让市场和公民社会来发挥作用；相反，"当国家开始从事那些本该由民间组织或公民社会来承担的活动时，国家将会给社会资本带来严重的消极影响"[①]。例如，美国在校本取向的公立教育治理中给学校"松绑"，通过政策给予学校在财政预算、学校人事决策、教材选择等方面更多的自主权，这是让公民社会发挥作用的必要手段。第二，强调标准为本运动和新问责制即根据结果来进行管理的后验控制，有人也认为它是新公共管理（New Public Management）的一种形式。例如，美国通过《不让一个孩子落伍法》及2015年出台的《每一个学生成功法》为公立学校的教学制定教育标准，并强制性地提高教学质量和推行学校问责制。这种后验控制的目标就是要为政府保留甚至强化其自身的影响提供活动的空间，并希望以此提高政府规制的效率和回应性。从公立教育治理的科层制历史以及目前解科层公立教育治理的发展方向来看，在公立教育治理中放松规制与后验控制这两大规制类型并行不悖，都与政府在教育规制领域实现公共性密切相关。放松规制的实质在于将公立教育中的集体物品和私益物品（这些交由政府来承担其成本很高）下放给学校基层和市场；与此同时，强调后验控制的后验规制则希望强化政府在公立教育管理的结果方面的影响力，这正是政府应该做而且能够做的地方。两方面的结合无疑为政府公共性的发挥开创了全新局面，这是公立教育解科层治理的政府取向的实质。

（2）建立解决信息问题的机制。

之所以将解决信息问题视为政府规制的必要内容，是因为"在现实世界中，政府规制者必须处理两类垄断，其中信息供应的垄断更为重要。事实上，不完全信息引起了严重的刺激机制问题，它大大增加了政府规制的难度，信息本身是一

① 曹荣湘. 走出囚徒困境——社会资本与制度分析[M]. 上海三联书店，2003:90.

种公共物品，或者具有重要的溢出效应，因此，私营部门不会独自投入足够的资金来收集和传播信息，政府应该把其有限的资源，集中投放到市场最不可能充分解决问题的领域"①。这也就是政府应该发挥公共性的领域。

政府要如何解决信息问题？其根本在于解决信息不对称问题。信息不对称的基本特征是：有关交易的信息在交易者之间的分布是不对称的，即一方比另一方占有较多的相关信息，处于信息优势地位，而另一方则处于信息劣势地位。信息不对称的问题是普遍存在的。造成信息不对称的主要原因是：社会分工和劳动分工造成不同交易者所拥有的知识的不对称性，此外，处于信息劣势方的交易者要获取信息还需要支付信息的搜寻成本。而拥有信息主动权的交易者为了保持交易活动中的主动权，往往会产生垄断某些真实信息的动机。为了缓解交易双方信息不对称的问题，除了市场机制（如学校提供的教育服务具有一定的信誉，或教育服务的消费者主动寻求有关教育服务的信息）外，在政府规制方面可以做的是：通过强制法规（如美国的《不让一个孩子落伍法》及我国新修订的《中华人民共和国义务教育法》），产品质量检查（我国教育行政部门对公立学校的质量检查与督导）、向市场公布产品信息（如美国以网络技术、出版物等为媒介，通过公众报告制及年度进展报告制向社会公开学校的相关信息）等。因此政府应该主动利用公共权力，以法律为基本依据，运用法律、行政等手段对教育质量实行有效规制，促使学校提高产品质量。由于信息的不对称，学校处于信息优势方，而教育服务的消费者处于信息劣势方，政府强制学校通过公开信息，承担有关教育服务质量的责任，是保护信息劣势方（学生、家长、社区公民）权益的重要举措。

总之，公立教育治理的解科层致力于通过投资、经营及规制三个方面的分化来实现政府公共性，而这种分化又与政府、市场、公民社会的主体分化密切相关。这里，通过传统科层制治理与解科层治理的对比有助于进一步阐述这个问题：在公立教育治理的三大领域——投资、经营与规制方面，解科层治理无疑是对传统科层制治理的超越。以投资为例，传统科层制治理中政府无疑是资金提供的主体，而解科层治理中则致力于通过建立现代产权制度来对公立教育的投资体制进行根本创新。初步显示了多主体资金提供的制度安排以及如何通过制度建设真正实现资金使用效率的提高。从学校经营来说，传统的方式是政府为主体"一管到底"，即学校教工按部就班地提供教育服务。公立教育解科层治理的实质在于为降低交易费用，政府摈弃传统的科层制，转而建立与不同的经营主体进行交易的制度，在这种制度下，政府直接提供教育服务的作用已经呈现弱化的趋势，而以公民社会（如特许学校）形式或者市场形式（如教育管理公司），甚至学校

① 世界银行. 1998/1999年世界发展报告：知识与发展. 1999:150.

本身作为教育提供主体的已经开始以前所未有的姿态介入，因此公民社会、市场、学校在学校经营中的主体地位得以真正确认。就规制而言，传统的科层制治理主要是以规则为导向的治理，导致治理的僵化以及被治理的机构（学校）缺乏自主性。而解科层治理的最大的变革在于变规则导向为结果导向，同时辅之以放松规制的形式，对达到结果的过程不加限制，即只要"下级"政府以及学校能够实现理想的结果，其实施过程具有很大的自主性；同时，政府致力于解决信息垄断的问题以发挥政府的规制作用。这种制度提供无疑为政府集中精力做好政府该做的事、发挥政府的公共性奠定了制度性基础。承上所述，从投资、经营与规制三大领域来分析有利于我们进一步分析政府、公民社会和市场在公立教育领域的职能划分与配置，解科层制度下公立教育治理的三大领域的分化及其与政府、市场、公民社会的关系如图2所示。

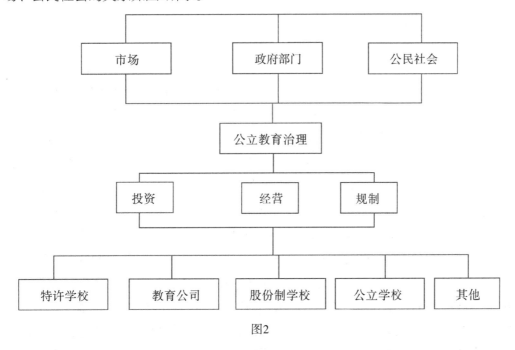

图2

三、公立教育治理中人的主体性

前文所述，公立教育治理改革呈现的虽然是一个纷繁复杂的场景以及多方探索的过程，然而目的是明确的，这就是：在对传统的科层制公立教育治理领域进行解剖分化（解科层）的过程中，剥离出能够让市场发挥作用的私益成分和让公民社会展示优势的准公共成分，从而让政府集中精力于公共性的实现。然而，这种分析还只是主要停留在部门和组织的层面论述公立教育治理的实践问题。实际上，正如前述一节所分析的，公立教育治理要依靠权力的有效运行与制约，而权力的运行与制约又最终落实到具体权力的执掌者——"人"。这里，笔者想进一步阐明的是：若从更高层次说，具体权力执掌者的权力运行和制约的本质不是要限制公共权力的发挥，而是要在保证公共权力正确发挥的基础上，从更积极的意义上促进人的主体性的实现。因为人的主体性的实现不仅事关人的发展的问题，而且公立教育如果能够以对人的主体性的尊重为基础来运行的话，从长远来看，就更有可能获得成功。①所以，只有公立教育治理领域作为个体的"人"才是对科层制进行解构后最值得关注也是最为基础的元素，这种高扬人的主体性的治理实践既是公立教育治理主体分化与领域分化的基础，又是其最终的落脚点。因此，促进权力主体的健康成长、关注公立教育治理领域人的主体性问题便凸显出来。在传统的科层制以理性控制模式压制和束缚了公立教育治理领域"人"的能动性，而解科层则在可能的条件下尽可能释放和激发人的主体性，这正是本书要试图解决的关键问题——公立教育治理中人的主体性及其实现问题。当然，此处的"人"涉及身处教育行政部门、市场、公民社会等社会角色中的方方面面的人，对于这些领域的"人"的主体性问题，有很多专家学者均有较深入的研究。②同时，对人的主体性的关注也正是美国公立教育解科层治理给予我们的最有益的启示，校本取向治理自不必说，它本来就是以发挥学校各层次人员的主体性为主旨的；市场取向的治理则致力于发挥处于市场环境下的个人（家长、企业界人士、私营教育公司的管理者、学券的推行者）在公立教育治理中的主动参与和加盟；公民社会取向的治理主要是以发挥作为公民角色的人（教师、家长、社会机构成员）的主动性、参与性、创新性为优势的；政府取向的治理虽然带有强制性，然而它也不得不关注广大教师及学生在其中的自主性的实现，否则其治理无法推行下去。因此在前述几章的分析中，有两条主线贯穿始终，一条是明线——政府公共性，另一条是暗线——人的主体性，而政府的公共性与人的主体性又存在内在联系。因为人的主体性是政府公共性的基础，政府的公共性又为更多人（而非少数人）的主体性发挥提供条件。如果说科层制下公立教育治理中政府公共性没有很好地发挥，是因为它限制了人的主体性的充分实现（只实现了少数人的主体性）；那么公立教育解科层治理就是要通过更多人的主体性的实现从而在更高层次、更多层面促进政府公共性的实现。周斌指出："教育应该增进公众的利益，但公众利益最终将体现在教育个体身上，不但教育增进个体利益是不可否认的，而且教育增进的公众利益，必须以教育个体为载体，可以说，公众利益是教育个

---

① Janet V. Denhardt, Robert V. Denhardt. 新公共服务——服务，而不是掌舵. 丁煌，译. 中国人民大学出版社，2004:41.

② 郭湛. 主体性哲学：人的存在及其意义[M]. 云南人民出版社，2002.

体追求与实现个人利益的附属品。"①根据笔者在上一节的分析，这里的公众利益可以理解为公共性，个人利益可以理解为个人的主体性，当然，人的主体性不仅限于个人利益，下文还将深入分析。

笔者认为，公立教育治理领域与其他治理领域最为本质的不同，在于公立教育治理的核心对象不可不谓是学校，而学校中的核心主体不可不谓是教师。虽然教师也具备一般人通用的特点，但教师与其他社会组织的成员最为本质的区别就在于教师是"人类灵魂的工程师"，因为他是与人打交道的，是以塑造和提高人的素质为使命的一线工作者，公立教育不论如何治理，最终都要以激发和促进教师的主体性为指向。正因为如此，再者因篇幅有限，本书在作一般性分析的基础上，重点分析公立教育治理中教师的主体性问题。

（一）何为人的主体性

"主体"这个词的最初意义来源于希腊词语"根据"，指眼前现成的东西，作为基础把一切都聚集到自身那里。至于把主体和人联系在一起，发生从一般意义的主体向人及自我意义上的主体的转变，是一种"现代转向"，人成了第一性和真正的一般主体。这种转向意味着人成为一种主体意义上的存在者，人成为存在者本身的关系中心。因此，人们对于主体性的关注也就是对人本身的关注，是对人的存在及其意义的关注，这种深切的自我关注在我们理解现代公立教育的解科层治理具有非同寻常的意义，同时，积极促进人的主体性的发挥也正是公立教育治理改革的终极目标所在。

主体性是主体的本性，真正的主体性即人的本性及其实现的理想状态。从根本上说，人的主体性是一个哲学概念。"人的主体性是人作为活动主体的质的规定性，是在与个体相互作用中得到发展的人的自觉、自主、能动和创造的特性。虽然人的主体性不是作为人的属性的全部，但是人的主体性是人性中最集中体现着人的本质的部分，是人性之精华所在。因此，人的本质和人的主体性是一致的，人的本质的实现即人的主体性的实现。"②要具体理解人的主体性的涵义，还应该对人的主体性问题作进一步的阐释：人的主体性首先关注的是"主体性"问题，它与人的需要密切相关；其次关注"人"的问题，它是我们关注个人发展的个体论的理念表达。

1. 人的主体性与人的需要

人的主体性首先以人的需要为基础，人的合理需要的满足是理解人的主体性的前提。马克思曾明确指出："在现实世界中，个人有许多需要""他们的需要

①　周彬. 决策与执行：制度视野下的学校变革[M]. 教育科学出版社，2005:22-23.
②　郭湛. 主体性哲学：人的存在及其意义[M]. 云南人民出版社，2002:30.

即他们的本性"。①他进一步在探讨现实人性的基础上，提出：现实人的需要即现实人的本性。人的需要是历史变化着的，同时又因人而异，但人的需要也存在着一般的规律性的东西。马斯洛可谓20世纪最具影响力的心理学家之一，对人的需要和人性做了深入研究，他提出的需要层次论至今成为心理学研究和人性研究的重要依据。他认为人的需要可以分为生理需要、安全和社会需要、归属需要、尊重的需要以及自我实现的需要，同时，我们还可以将上述五个层次的需要归结为三个层次：存在需要、关系需要和成长需要，存在需要相当于生理和安全需要，关系需要与归属和自尊需要相似，成长需要则与尊重和自我实现的需要相吻合。具体到公立教育治理中人的主体性，可以更深入地理解人的主体性问题。马斯洛的需要层次论仅仅给我们指出了一个方向，承认教育个体需要的重要性，因为需要是个体生存所必需的，也是个体行为的基本动力。但他没有解释需要是如何得到满足的，实际上，个体的需要必须通过可支配资源的使用来满足。而且，马斯洛列举的需要，对教师来说，都是潜在需要，只用经过一定的条件，才能成为"有效需要"。这就涉及教育可支配资源的有限性与专用性的问题。②

教育个体的可支配资源，是指教育个体在满足自身需求与追求的过程中，可以自己配置或使用的资源。在此，资源是一个宽泛的概念，包括教育个体的人力资源与物质资源两个部分。人力资源包括教育个体的实践能力与教育个体的理论思维能力；物质资源包括教育个体有使用权或者所有权的教材、教具、场地、服务等。可支配资源，是指教育个体可以按照自己的意向予以配置与使用的资源。比如，对教师来说，他的资源并不仅限于他可支配的教材教具等，还包括他的教学能力、教育能力、研究能力与学生的交往和沟通能力。对于教育个体而言，对可支配资源的需求总是大于现在的存有量，由此导致教育资源的有限性。此外，教育资源还具有专用性。专用性指教育个体所掌握的资源只能在特定的领域使用才能发挥功能或创造价值，或者说，教育个体的职业知识与技能和其他行业个体的不同。教育个体使用可支配资源的过程，就是满足自己不断增长的需求的过程，因为教育个体可支配资源的有限性和专用性，导致个体支配资源的过程是遵从"边际配置规律"的。有的需求因为得到满足而消失，是因为个体如果继续满足这种需求，得到的边际效用很低，甚至为负，于是，他会转而寻求新的需要。也就是说，教育个体在追求个体效用最大化时，为了回避"边际效用递减"的困境，不会将自己有限的可支配资源，都用于满足单一的需求，而是在个体的多种有效需求之间，按照边际效用均等的原则来配置自己的可支配资源。教育个体（学校管理者、教师、学生、家长）是否加入学校组织并参与教育决策与学校管理，关键

---

① 马克思恩格斯全集（第三卷）[M]. 人民出版社，1960.
② 周彬. 决策与执行：制度视野下的学校变革[M]. 教育科学出版社，2005:60-70.

在于他们的需要能否得到满足。例如，如果要更为透彻地理解处于公立教育治理情境中的作为个体的教师，并通过激发教师的内在主体性来落实学校管理决策，我们就必须关注教师的需要，此需要既包括教师对生存与改善生活的物质需要，也包括教师的归属、自我实现等更高层次的关系需要和自我实现的需要，此为关注教师主体性的关键，而教师个体也会积极寻找满足其需要的资源并利用它。此外，教师职业特点决定了教师必须注重师德修养，同时正是因为教师的职业特点也使其更容易从此种职业道德中得到自我实现的满足感。因为归根结底，教育面临的对象主要是在各方面均需要得到发展的学生，强调师德修养不仅是引导学生道德发展的必不可少的因素，而且也是教师追求自我发展的重要途径，其主体性因而也得以体现。因此，在公立教育的治理领域，与其说教师作为个体追求"个人利益最大化"，还不如说教师追求的是"个人主体性的最大化"，其所要寻求的满足不仅是物质方面，而是多方面的。毫无疑问，教师这种多层次的需要应该得到公立教育治理者的关怀与重视。鉴于此，公立教育治理的关键点不是漠视而是重视教师多方面层次的需要，而不仅仅是从"个人利益"的低层次来理解教师的行为动机。

2. 人的主体性与个体论

个体论首先关注的是作为个体的人的存在，它是我们理解人的主体性的基本点。正如方法论个体主义的代言人哈耶克所认为的那样："理解社会现象不可能有别的方式，只能通过理解个人的行为，这种个人的行为是指向别人的，同时又可能受到别人预期行为的诱导。"霍布斯同样明确指出："在我们能够认识整个复合物之前，我们必须认识到那些被复合的事物，只有通过它的组成要素，才能更好地了解每一事物。"无独有偶，科尔曼强调的也是："尽管有时通过系统与个人之间某些组织的行动和倾向性来解释社会系统行为，对于预订目标较为恰当，但一般而言，更为令人满意的较为基本的解释是以个人的行动和倾向性为基础。"①

其次，个体论强调了个体的自由，它是人的主体性的保障。人的自由问题从来都是马克思主义哲学的中心问题之一，"一个人的全部特性，种的类特性就在于生命活动的性质，而人类的类特性恰恰就是自由的自觉的活动"②。马克思认为，人的发展不仅应当是全面而且应当是自由的。人的自由发展是指人作为主体的自觉、自愿、自主的发展，是为了自己的发展而发展。因此，理解自由对于个体的意义，是从哲学的角度理解人的主体性的基础。

需要指出的是，个体论并不等同于个人主义，虽然人的主体性与个人主义

① 周彬. 决策与执行：制度视野下的学校变革[M]. 教育科学出版社，2005:34.
② 马克思恩格斯全集（第42卷）[M]. 人民出版社，1979.

231

仍然有一定的关系。可以说，个人主义是片面的、狭隘的、走极端的、不成熟的主体性，它们在一定历史条件下会出现，并需要在一定历史条件下才能够解决。正如海德格尔所说："只有当人本质上已经是主体，人才有可能滑落入个人主义意义上的主观主义的畸形本质之中。但也只有在人保持为主体之际，反对个人主义，才有了某种意义。"①此外，个体论也并非排斥集体和社会的作用，从长远看，社会发展和制度变迁是单一的个体所无法阻挡的，但社会变迁的每一步却是由具体的、特定的个体来推动和落实的。

由此可以得出结论：以作为个体的人为出发点理解公立教育治理的个体论，是我们理解公立教育解科层治理的原点。公立教育治理作为一种典型的社会现象，把它理解为作为个体的教育相关行为人"教育行政人员、校长、教师、学生、家长、社区公民等"参与教育领域的决定、行动、态度的过程和结果，这样的一个角度无疑具有不可代偿的重要性，他们之所以投身公立教育的解科层治理领域，是因为择校、校本管理、特许学校这些革新形式能够给予他们在某个层次或几个层次上的需要的满足（如归属需要、自我实现的需要）。在当前的公立教育治理中，个体论并没有成为关注的重点，教育个体的个人自由也并没有成为理论讨论和实践改革的核心，事实上，如果谁在教育改革中过多探讨教育个体的利益和需要，就会被认为与教育的清高相违背。鉴于公立教育科层制中的前提假设上的"个体漠视"、实践操作上的"个体缺位"，需要恢复与回归教育个体。教育虽然是一个公益性事业，但教育增进教育个体的需要与权力是不可否认的。

（二）如何实现人的主体性

理解何为人的主体性是一方面，而实现人的主体性又是另一方面，两个方面存在不可分割的关系。意大利哲学家葛兰西说得好：人沿着合理的方向，运用特定的手段，在可能的范围内有效地改造外部世界，从而实现自己的意志，就是主体性这种"人的本性"的实现，人是以自己主体性的活动使自己成为主体的。②也就是说，人的主体身份和主体性不是天生的、先验的存在，而是在人的实践和认识活动中生成的本质，是后天获得的人的本质力量。即我们不仅要在观念中，而且要在现实中关注人的存在及其本质的状况，这样才能真正理解人的主体性，真正实现人的主体性。人是如何通过活动实现其主体性的呢？

1. 活动生产性与人的主体性实现的关系

既然有活动，就相应地有活动的对象。人的主体性不是封闭于自身中的某种属性，而是要在对象化的活动中确证自己的主体性，因而人的主体性而是对象化的主体的本质。主体性的实现是主体内在本质通过一定的活动对象化的过程。生

---

① 郭湛.主体性哲学：人的存在及其意义[M].云南人民出版社，2002:290.

② 同上书，第21页。

产性是健康、成熟的人的主体性的基本特征。生产性地运用自己能力的愿望出自人的本性，人的主体性越强，这种愿望就越强烈。"一个人越是意识到自己的能力，并生产性地运用这种能力以增进他的力量、信仰和幸福，他与自身异化的危险就越小；由此我们可以说，他创造了一种'善循环'。欢乐和幸福的体验，不仅是生产性生活的结果，而且也是生产性生活的激励因素。"人之生产性的主体性使其生活欢乐幸福，而这种欢乐幸福又强化着人的生产性的主体性。具有生产性的主体性的人是自我实现的人，他们能够使自己内在的本质力量对象化，同时也使自身获得全面而自由的发展。以这种方式生存的人能够感受到作为主体存在的意义，所以也是幸福的。"幸福象征着人找到了人类存在问题的答案：生产性地实现他的潜能，因此，他既与世界同为一体，但同时又保持着他自身的人格完整性。在生产性地运用他的精力时，他提高了自己的能力，他'燃烧自己，却不化为灰烬。'"[①]

就公立教育治理领域而言，这里以其核心领域的基本个体——教学活动中的教师为分析点，可以深入理解教师的主体性通过其活动对象——学生而实现的本质。教师在与学生的互动过程中，其主体性表现为教师的内在素质对象化为学生的素质（知识、技能、态度）的过程，或者可以说教师的主体性通过"生产性"来表现。这种主体的生产性与占有性不同，它不是对客体的索取，而是对客体的付出。作为主体的教师在本性上希望能够将自己的本质对象化，生产性就是实现这种内在本性的主体趋向。教育行业虽然有与其他行业的相似之处，然而其特殊之处则在于在教育活动中，教师更容易而且更易于发挥其生产性，因为其活动对象是"人"。正如弗洛姆所指出的那样，人本身就存在着"内在之生产性"。他把美德与人的生产性密切联系，提出"社会如果关系人之美德的培养，它必然关系人之生产性的培养，并因此而为人之生产性的发展创造条件。这些条件中首要的是，个人的发展和成长是一切社会和政治活动的目标，人不仅是目的和结果，而且除了自己之外，他不是任何人或任何事的手段……生产性的取向是自由、美德及幸福的基础"[②]。因此，强调教师这种职业的师德修养不仅是教育的职业特点所要求的，而且还因为它能够为教师的主体性发挥提供内在性的条件。师德修养中非常重要的是强调教师对学生主动付出的"爱"，弗洛姆同样认为，"爱是人的一种主动能力，一种突破把人和其同伴分离之围墙的能力，一种使人和他人相联合的能力；爱使他克服了孤独和分离的感觉，但也允许他成为他自己，允许他保持他的完整。"[③]这也就是说，爱是主体的对象性的活动，是人的主体性的表

---

① 郭湛. 主体性哲学：人的存在及其意义[M]. 云南人民出版社，2002:157-164.

② [美]弗洛姆. 为自己的人[M]. 孙依依, 译. 生活·读书·新知三联出版社，1988:208-209.

③ 郭湛. 主体性哲学：人的存在及其意义[M]. 云南人民出版社，2002:165.

现。爱之所以是一种主体性的能力，是因为爱作为人的行动是人的某种能力的实践，它只能在自由的情况下实现，而不可能是强迫的结果。人的情感总是发乎内心而行之于外的。人的爱的情感是主动而不是被动的，它是给予而不是接受，因此是生产性的主体性情感。教师在一种爱的给予过程中，体验到其力量和潜能，因而表示了教师主体生命存在的意义，正是爱的能力要求一种敏感、清醒、增强生命活力的状态，这种状态只能是生活的其他领域内同样具有这种生产性和主动的倾向之结果，它使教师主体性在一个更高层次上得以张扬。教师在爱的给予中得到的是一种关系需要的满足以及自我实现的需要的满足。在公立教育治理中如果对教育教学活动干预和介入过多，势必阻碍教师的生产性在其中的自然发挥，从而剥夺了教师主体性发挥的机会。这正是传统的科层制的弊端所在，也是解科层制所极力避免的方向。

2. 活动的内在利益与人的主体性的实现

内在利益的概念是麦金太尔在其具有重大影响的巨著《德性之后》中提出的关键概念。他认为人们在实践活动中所获利益有内在利益和外在利益的区分。所谓外在利益，是在一定社会条件下，人们通过任何一种形式的实践可获得的权势、地位或金钱。它的特征是某人得到的越多，其他人得到的就越少，是存在竞争性的；内在利益是某种实践活动本身内在具有的，除了这种实践活动，任何其他类型的活动不可能获得。因而这种利益只有依据参加那种特定的实践所取得的经验才可识别和判断。每一种实践活动都有它的内在利益，这种内在利益是在追求这种实践活动本身的卓越的过程中获得的。这种"卓越"就是一种德性或德性品质，这种德性的拥有和践行，使人能够获得对实践而言的内在利益，缺乏这种德性，就无从获得这些利益。[①]

从内在利益的角度理解教育相关行为人主体性的实现具有重要的理论意义。例如，我们以此可以进一步深化那种认为教师个体在教育活动中以追求"个体利益最大化"为目的的观点，虽然最初这只是一个经济学观点，但不止于此。首先，此观点以个体为分析单位来理解教育个体的行为抉择，是对"只见组织不见人"的片面性的补充，有利于对人的主体性实现的关注；同时，又不局限于把个体与简单的经济利益动机联系，把个体的需要与利益压缩至所谓"个人偏好"的层面，而是深入到教师主体性的全面实现。因为教师个体在教育活动中所获得的不仅有外在利益——金钱、地位、某种程度的权力；而更重要的是其间的内在利益为教师提供了更多的满足——如受到学生的热爱，对于教材钻研的求知欲的满足等。内在利益不像外在利益存在竞争性，内在利益对于教师来说，是其在教育

---

① [美]麦金太尔. 德性之后[M]. 龚群,等译. 社会科学出版社，1995:18–19.

活动中能够主动寻求的，因此主体性在其中体现得更为充分。从某种程度上说，教育活动的生产性与活动的内在利益是有直接关联的，均涉及了教师作为个体的主体性实现的根本途径，只是角度不同而已。如果说公立教育的科层制时代是对组织的崇拜与迷信的时代，认为组织能够创造效率，在无序社会中建立有序，那么公立教育的解科层时代的趋势则是将个体从组织中解放出来，承认个体对自己行为的决策权，从而让教育个体能够通过生产性的活动有效获得外在利益和内在利益，实现教育个体的主体性。这种赋予并尊重教育个体的主体性，从个体的更高层次、更多层面的需要、更完备的利益体系来激发教育个体行为动机的理念，应成为指导公立教育解科层治理之实践的基础。

然而，需要指出的是，科层制对于人的主体性的束缚固然是科层制本身所无法解决的。但正如本书第一章所言，它曾经是作为工业文明的重要构成部门顺应当时的历史而产生的。科层制之所以成为社会领域（也包括教育领域）的支配力量的根源，还在于人类社会组织深受生产力，尤其是科学技术所决定的社会劳动分工（也包括教育领域的分工）的制约，其性质和本质深受劳动分工的不完善所规定。①以此为逻辑，解科层时代人的主体性的发挥将是一个历史的过程，它需要以生产力的提高和科学技术的发展为前提。但未来的方向是明确的——人的主体性的实现是一切事物发展的指向。对此，康德指出："人类物种从长远看来，就在其中表现为他们怎样努力使自己终于上升到这样一种状态，那时候大自然所布置在他们身上的全部萌芽可以充分地发展出来，而他们的使命也就可以在大地之上得到实现。"②

四、基础教育行政管理改革未来的研究方向

前文从理念与实践两个方面分析了美国的公立教育解科层治理对我国基础教育行政改革的启示。本书要解决的最后一个问题是，美国公立教育解科层治理是否也向我们预示了教育行政改革未来的研究方向，这也是我国教育行政改革所密切关注的前瞻性问题。以前文为基础，本部分试图说明：今后我国基础教育行政改革研究的重点依然是：政府、市场、公民社会等部门在公立教育三大治理领域如何发挥各自的优势，人的主体性又如何在三大部门三个领域中得以实现，以此为指导，我国未来研究的方向应至少涉及以下几个方面：

（一）对公立教育中公共物品和私益物品的划分与研究

目前无论是美国的公立教育解科层治理，还是我国的基础教育行政改革，均

---

① 马克思恩格斯全集（第一卷）[M]. 人民出版社，1956.
② [德]康德. 历史理性批判文集[M]. 何兆武，译. 商务印书馆，1990:20.

涉及公共物品和私益物品的划分问题，以及介于两者之间的集体物品问题，这几类物品的界定是关系政府、市场及公民社会如何在公立教育治理中发挥作用的问题。前文所述，三类物品本身的划分虽然比较清楚，然而具体到公立教育本身则出现了众说纷纭的观点。有的认为义务教育是集体物品，有的人为义务教育是公共物品，还有的干脆否认教育具有公共产品的性质。[①]笔者认为，笼统地界定义务教育属于何种性质的产品并无多大意义，因为义务教育不同的方面所涉及的物品性质是不一样的。例如，义务教育涉及的法律和制度是一种消费不具有竞争性和排他性的典型的公共物品，理应由政府提供，这点比较明确。然而正如美国解科层公立教育治理所显示的，制度确立是一项具有相当大的发展空间的领域，是政府应该积极"补位"之处，为了实现政府在公共物品提供方面的优势从而真正实现公共性，研究义务教育发展的制度供给仍然是政府面临的严峻挑战。至于义务教育中的集体物品，其实质就是如何发挥不以营利为目的的公民社会的优势，此优势不能靠政府的强硬操作，也不能靠市场的简单介入，而是公民群体之间相互信任、相互合作的结果。如何提供这样一种集体物品，依然是我们需要研究的方面。尤其是伴随着互联网的兴起，为社会资本的发展提供了一种全新的介质，如何利用现代信息技术促进公民社会在提供公立教育中集体物品的作用也是亟待研究的问题。

对于义务教育中的私益物品，例如私立学校提供的教育服务，这是一种可以明确的私益物品，然而，义务教育中的私益物品和公共物品的界定和划分是一个动态的过程，也是一个历史的过程，它会随着约束条件和划分技术的变化而变化。例如，在义务教育领域，鉴于目前办学主体多元化的出现，如何进一步关注产权多元化的制度确立是政府必将面临的重要问题，只有密切关注和研究义务教育领域内在和外在条件的变化才能在产权明晰的基础上划分义务教育的私益成分、公共成分和集体成分。

（二）公立教育治理领域实现人的主体性的研究

本书将公立教育治理领域划分为投资、经营与规制是目前笔者所认为的比较合适的划分方式，对于我们从更深层次分析公立教育治理具有重要的理论和实践意义。它们既是政府、市场、公民社会三部门在公立教育领域展示优势的具体领域，又是人的主体性得以实现的重要阵地。但人的主体性是一个复杂且牵涉面无所不在的方面，正如前述四章所论述的那样，不论解科层治理的市场取向还是校本取向，不论是解科层治理的公民社会取向还是政府取向，人的主体性问题都贯穿其中。因此，人的主体性问题仍然是我们需要进一步研究的领域，一方面需

---

① 转引自http://www.unirule.org.cn/SecondWeb/Article.asp?ArticleID=210.

要我们从公立教育治理的历史纵深的脉络中去进一步寻找答案，另一方面还需要我们从组织理论、管理理论、人性理论等方面进行深入研究。在此，本书的意义只是在一个比较肤浅的程度上对这样一个也许是永恒的深层次问题进行了初步解答：在公立教育治理中人的主体性是什么？应该如何发挥人的主体性？而满意的答案目前还没有得到，可以肯定的一点是，此问题的答案值得我们终生追问，而追问答案的过程无疑也是我们发挥自身主体性的过程。

综上所述，美国公立教育解科层治理的实践和理论为我国教育行政管理改革提供了有益启示，也为我们未来研究奠定了基础。它提出的新课题与问题，预示了教育行政改革是个重要、复杂而颇具挑战性的研究领域，同时也预示了我国基础教育行政管理实践即将面临根本性的、前所未有的改革。

参考文献

中文参考文献（含译著）

阿尔温·托夫勒. 第三次浪潮[M]. 上海：上海三联书店，1984.

安文铸. 现代教育管理学引论[M]. 北京：北京师范大学出版社，1995.

曹荣湘编选. 走出囚徒困境：社会资本与制度分析[M]. 上海：上海三联书店，2003.

曹淑江. 教育制度和教育组织的经济学分析[M]. 北京：北京师范大学出版社，2004.

曾晓洁. 美国的"择校制度"与基础教育改革[J]. 比较教育研究，1997（6）：48-52.

常士訚. 政治现代性的解构：后现代多元主义政治思想分析[M]. 天津：天津人民出版社，2001.

陈立鹏，罗娟. 我国基础教育行政管理体制改革60年评析[J]. 中国教育学刊，2009（7）：1-4.

陈孝彬. 教育管理学（修订版）[M]. 北京：北京师范大学出版社，1999.

陈孝彬. 外国教育管理史[M]. 北京：人民教育出版社，1996.

陈振明. 公共管理学：一种不同于传统行政学的研究途径[M]. 北京：中国人民大学出版社，2003.

程晋宽. 没有完成的使命：美国八十年代教育改革的历史分析[J]. 外国教育研究，1994（2）：37-41.

程晋宽. 美国重建教育结构过程中的困境和经验[J]. 外

国中小学教育，1996（2）：4-7.

迟恩莲，曲恒昌. 中外教育改革的指导思想与对策[M]. 北京：北京师范大学出版社，1996.

崔相录，方正淑. 迎接21世纪的发达国家教育改革探索[M]. 长沙：湖南教育出版社，1990.

丹尼尔·贝尔. 后工业社会的来临：对社会预测的一项探索[M]. 北京：商务印书馆，1984.

丹尼尔·布尔斯廷. 美国人民主历程：美国文化丛书[M]. 上海：上海三联书店，1993.

杜威. 民主主义与教育[M]. 北京：人民教育出版社，2001.

范传伟. 美国教育改革新趋向[J]. 外国中小学教育，1996（2）：23-27.

方福前. 公共选择理论：政治的经济学[M]. 北京：中国人民大学出版社，2000.

冯大鸣. 美、英、澳教育管理前沿图景[M]. 北京：教育科学出版社，2004.

高金岭. 教育产权制度研究[M]. 桂林：广西师范大学出版社，2004.

顾丽梅. 信息社会的政府治理[M]. 天津：天津人民出版社，2003.

郭咸纲. 西方管理思想史[M]. 北京：经济管理出版社，1999.

郭湛. 主体性哲学：人的存在及其意义[M]. 昆明：云南人民出版社，2002.

国家高级教育行政学院. 新中国教育行政管理五十年[M]. 北京：人民教育出版社，1999.

国家行政学院国际学术交流部. 西方国家行政改革述评[M]. 北京：国家行政学院出版社，1998.

国家教委教育管理信息中心. 美国传统教学的末日：对利用鼓励措施，重建公立学校的建议[J]. 教育参考资料，1991.

国家教育发展研究中心. 发达国家教育改革的动向和趋势：美国、英国、德国、日本教育改革文件和报告选编（第六集）[M]. 北京：人民教育出版社，1999.

国家教育发展研究中心. 发达国家教育改革的动向和趋势[M]. 北京：人民教育出版社，1987.

韩娟，周琴. 美国政治生态环境中的择校政策演变：从老布什到奥巴马[J]. 上海教育科研，2011（6）：21-24.

何传启. 第二次现代化：人类文明进程的启示[M]. 北京：高等教育出版社，1999.

何增科. 公民社会与第三部门[M]. 北京：社会科学文献出版社，2000.

贺武华. "中国式"教育券：政策新生及其实践再推进——基于对长兴教育券的新近考察[J]. 教育学术月刊，2010（11）：37-42.

黄小丹. 美国全国统一教育总目标的建立和实行[J]. 教育导刊，1996（11）：15-18.

黄永军. 自组织管理原理：通往秩序与活力之路[M]. 北京：新华出版社，2006.

纪晓林. 美国公共教育的管理和政策[M]. 北京：北京师范大学出版社，1982.

江山野. 普通教育的改革：一个世界性的难题[J]. 教育研究，1994（12）：3-11.

金生鈜. 规训与教化[M]. 北京：教育科学出版社，2004.

金世柏. 发达国家中小学教育改革的现状与趋势[M]. 北京：北京教育出版社，1990.

靳希斌. 教育经济学[M]. 北京：人民教育出版社，2005.

康永久. 教育制度的生成与变革：新制度教育学论纲[M]. 北京：教育科学出版社，2003.

柯森. 美国90年代中小学教育改革策略述评[J]. 外国教育研究，1997（4）：29-33.

李战鹰. 美国学券制理论争议探析[D]. 北京：北京师范大学国际与比较教育研究所，1999.

连进军. 美国教育的地方管理：学校董事会的过去、现在和将来[J]. 外国中小学教育，1997（1）：25-29.

联合国教科文组织国际教育发展委员会. 学会生存：教育世界的今天和明天[M]. 北京：教育学出版社，1996.

林南. 社会资本[M]. 上海：上海人民出版社，2005.

刘宝存. 校本管理：当代西方学校管理的新模式[J]. 比较教育研究，2001（12）：16-19.

刘杭玲. 美国教育改革的新动向：公立学校私营管理[J]. 教育研究与实验，1997（1）：27-29.

刘少杰. 经济社会学的新视野：理性选择与感性选择[M]. 北京：社会科学文献出版社，2005.

卢海弘. 当代美国学校模式重建[M]. 广州：中山大学出版社，2004.

陆江兵. 技术·理性·制度与社会发展[M]. 南京：南京大学出版社，2000.

吕普生. 重塑政府与学校、市场及社会的关系：中国义务教育治理变革[J]. 人文杂志，2015（8）：107-113.

马健生，孟雅君. 九十年代美国教育改革的一个新动向：特许学校运动述评[J]. 比较教育研究，1997（6）：53-55.

马健生. 教育改革动力研究：新制度主义的视角[M]. 长春：吉林人民出版社，2005.

曼昆. 经济学原理[M]. 北京：机械工业出版社，2003.

毛寿龙. 西方政府的治道变革[M]. 北京：中国人民大学出版社，1998.

毛寿龙. 有限政府的经济分析[M]. 上海：上海三联书店，2000.

毛寿龙. 政治社会学[M]. 北京：中国社会科学出版社，2001.

闵维方. 探索教育变革：经济学和管理政策的视角[M]. 北京：教育科学出版社，2005.

秦惠民. 走入教育法制深处：论教育权的演变[M]. 北京：中国人民公安大学出版社，1998.

邱白莉. 当代美国中小学教育绩效责任探析[M]. 广州：中山大学出版社，2003.

瞿葆奎. 教育学文集：美国教育改革[M]. 北京：人民教育出版社，1990.

桑玉成. 政府角色：关于市场经济条件下政府行为与不作为的探讨[M]. 上海：上海社会科学院出版社，2000.

施雪华. 政府权能理论[M]. 杭州：浙江人民出版社，1998.

史静寰. 当代美国教育[M]. 北京：社会科学文献出版社，2001.

宋世明. 美国行政改革研究[M]. 北京：国家行政学院出版社，1999.

孙成城. 中国教育行政概论[M]. 合肥：安徽教育出版社，1999.

孙霄兵，孟庆瑜. 教育的公正与利益：中外教育经济政策研究[M]. 上海：华东师范大学出版社，2005.

泰麟征. 后工业社会理论和信息社会[M]. 沈阳：辽宁人民出版社，1986.

滕大春. 美国教育史[M]. 北京：人民教育出版社，1994.

王桂. 当代外国教育：教育改革的浪潮与趋势[M]. 北京：人民教育出版社，1995.

王海明. 公正平等人道：社会治理的道德原则体系[M]. 北京：北京大学出版社，2000.

王俊豪. 政府管制经济学导论：基本理论及其在政府管制实践中的应用[M]. 北京：商务印书馆，2001.

王善迈. 教育投入与产出研究[M]. 石家庄：河北教育出版社，1996.

王绍光. 多元与统一：第三部门国际比较研究[M]. 杭州：浙江人民出版社，1999.

王义高. 当代世界教育思潮与各国教改趋势[M]. 北京：北京师范大学出版社，1998.

王振华，陈志瑞. 挑战与选择：中外学者论"第三条道路"[M]. 北京：中国社会科学出版社，2001.

王宗敏. 教育改革论[M]. 郑州：河南教育出版社，1991.

吴志宏，冯大鸣. 新编教育管理学[M]. 上海：华东师范大学出版社，2000.

萧宗六，贺乐凡. 中国教育行政学[M]. 北京：人民教育出版社，1996.

徐大同. 当代西方政治思潮[M]. 天津：天津人民出版社，2001.

241

许明. 美国中小学评价与绩效制度改革的最新进展[J]. 比较教育研究，2001（11）：30-31.

许明. 世纪之交中小学教育改革与发展的国际展望[J]. 外国中小学教育，1997（5）：6-11.

杨冠琼. 政府治理体系创新[M]. 北京：经济管理出版社，2000.

杨祖功. 国家与市场[M]. 北京：社会科学文献出版社，1999.

俞可平. 权利政治与公益政治：当代西方政治哲学评析[M]. 北京：社会科学文献出版社，2000.

俞可平. 治理与善治[M]. 北京：社会科学文献出版社，2000.

袁振国. 教育改革论[M]. 南京：江苏教育出版社，1992.

张成福，党秀云. 公共管理学[M]. 北京：中国人民大学出版社，2001.

张定河. 美国政治制度的起源与演变[M]. 北京：中国社会科学出版社，1998.

张复荃. 现代教育管理学[M]. 哈尔滨：黑龙江教育出版社，1989.

张今声. 政府行为与效能：政府改革的深层次透视[M]. 北京：中国计划出版社，2001.

张康之. 公共行政中的哲学与伦理[M]. 北京：中国人民大学出版社，2004.

张万朋，王千红. 基于非营利组织的中小学教育融资问题[M]. 天津：天津教育出版社，2006.

赵曙明. 西方国家教育新进展[M]. 武汉：湖北教育出版社，1991.

赵中建. 教育的使命：面向21世纪的教育宣言和行动纲领[M]. 北京：教育科学出版社，1996.

周彬. 决策与执行：制度视野下的学校变革[M]. 北京：教育科学出版社，2005.

周满生. 简析美国基础教育的"重建教育结构运动"[J]. 外国中小学教育，1993（3）：1-4.

周志忍. 当代国外行政改革比较研究[M]. 北京：国家行政学院出版社，1999.

朱旭东. 八九十年代美国教育改革的目标及其取向[J]. 比较教育研究，1997（6）：43-47.

[澳] 欧文·E.休斯. 公共管理导论[M]. 彭和平，等译. 北京：中国人民大学出版社，2001.

[法] 米歇尔·克罗齐埃. 科层现象[M]. 刘汉全，译. 上海：上海人民出版社，2002.

[美] Christopher A. Simon. 学校运营：从行政型与学习型组织视角分析[M]. 徐玲，等译. 北京：中国轻工业出版社，2005.

[美] 彼得·布劳. 现代社会中的科层制[M]. 马戎，等译. 上海：学林出版社，

2015.

[美] 戴维·奥斯本, 彼德·普拉斯特里克. 摒弃官僚制: 政府再造的五项策略[M]. 北京: 中国人民大学出版社, 2002.

[美] 戴维·约翰·法默尔. 公共行政的语言: 官僚制、现代性和后现代性[M]. 吴琼, 译. 北京: 中国人民大学出版社, 2005.

[美] 丹尼尔·耶金, 等. 制高点: 重建现代世界的政府与市场之争[M]. 北京: 外文出版社, 2001.

[美] 丹尼斯·朗. 权力论[M]. 陆震纶, 等译. 北京: 中国社会科学出版社, 2001.

[美] 弗·斯卡皮蒂. 美国社会问题[M]. 刘泰生, 等译. 北京: 中国社会科学出版社, 1986.

[美] 弗雷得·赫钦格. 美国教育的演进[M]. 北京: 美国驻华大使馆文化处, 1984.

[美] 盖伊·彼得斯. 政府未来的治理模式[M]. 北京: 中国人民大学出版社. 2001.

[美] 加里·活塞曼. 美国政治基础[M]. 陆震纶, 等译. 北京: 中国社会科学出版社, 1994.

[美] 罗纳德·H. 奇尔科特. 比较政治经济学理论[M]. 高铦, 译. 北京: 社会科学文献出版社, 2001.

[美] 迈克尔·迈金尼斯. 多中心治道与发展[M]. 上海: 上海三联书店, 2000.

[美] 麦金太尔. 德性之后[M]. 龚群, 等译. 北京: 中国社会科学出版社, 1995.

[美] 史蒂文·科恩. 新有效公共管理者[M]. 北京: 中国人民大学出版社, 2001.

[美] 特里·库珀. 行政伦理学: 实现行政责任的途径 (第四版) [M]. 北京: 中国人民大学出版社, 2001.

[美] 托克维尔. 论美国的民主[M]. 北京: 商务印书馆, 1991.

[美] 文森特·奥斯特罗姆. 美国公共行政的思想危机[M]. 毛寿龙, 译. 上海: 上海三联书店, 1999.

[美] 约翰·雷, 沃尔特·哈克, 卡尔·坎道里. 学校经营管理: 一种规划的倾向[M]. 张新平, 译. 重庆: 重庆大学出版社, 2003.

[美] 詹姆斯·Q. 威尔逊. 美国官僚政治: 政府机构的行为及其动因[M]. 北京: 中国社会科学出版社, 1995.

[美] 詹姆斯·威尔逊. 科层机构: 政府机构的作为及其原因[M]. 孙艳, 等译. 上海: 上海三联书店, 2006.

[美] 珍妮特·V. 登哈特等. 新公共服务: 服务, 而不是掌舵[M]. 丁煌, 译. 北京: 中国人民大学出版社, 2004.

[英] 邓正来, J. C. 亚历山大. 国家与市民社会: 一种社会理论的研究路径[M]. 北京: 中央编译出版社, 2002.

英文参考文献

[1]Amy Gutmann. Democratic Education. Princeton University Press[J]. American Political Science Review, 1987.

[2]Arthur G. Wirth. Education and Work for the Year 2000[M]. San Franciso: Jossey-bass Inc, 1992.

[3]Banks M G. Restructuring Schools for Equity: What We Have Learned in Two Decades[J]. Phi Delta Kappan, 1993, 75(1): 42-48.

[4]Barnett B G, Whitaker K S. Restructuring for Student Learning. The School Leader's Library: Leading for Learning Series[J]. 1996: 187.

[5]Bauman P C. Governing Education: Public Sector Reform or Privatization[M].1996: 184.

[6]Bernard Michael. Volunteers in Public Schools[J]. Annotated Bibliographies, 1990: 159.

[7]Bernauer J A, Cress K. How School Communities Can Help Redefine Accountability Assessment[J]. Phi Delta Kappan, 1997, 79(1): 71-75.

[8]Blase J, Blase J R. Empowering Teachers: What Successful Principals Do[J]. 2001: 192.

[9]Bomotti S. Pondering the Complexities of School Choice[J]. Phi Delta Kappan, 1998, 80(4): 313-325.

[10]Borman K M. Implementing Educational Reform: Sociological Perspectives on Educational Policy[M]. Ablex Pub, 1996.

[11]Borman Kathryn M. Contemporary Issues in U.S. Education[J]. Century Policy Review, 1991: 97-102.

[12]Bullard P, Taylor B O. Making School Reform Happen[J]. Administrator Effectiveness, 1993: 445.

[13]Caverly D C, Peterson C L, Mandeville T F. A Generational Model for Professional Development[J]. Educational Leadership, 1997, 55(3): 56-59.

[14]Chapman J D. The Reconstruction of Education: Quality, Equality and Control[J]. British Journal of Educational Studies, 1997.

[15]Chubb J E, Moe T M. America's Public Schools: Choice Is a Panacea[J]. Brookings Review, 1990, 8(3): 4.

[16]Cooley V E. Empower Teachers, Power up Technology[J]. Education Digest,

1997.

[17]Dale T. Snauwaert. Democracy, Education, and Governance: A Developmental Conception[M]. Albany: State University of New York Press. 1993.

[18]Dan D G. School Choice as Education Reform[J]. Phi Delta Kappan, 1997, 79(2): 143-147.

[19]Danzberger J P. Governing the Nation's Schools: The Case for Restructuring Local School Boards[J]. Phi Delta Kappan, 1994, 75(5): 367-373.

[20]Darling-Hammond L, Mclaughlin M W. Policies That Support Professional Development in an Era of Reform[J]. Phi Delta Kappan, 1995, 76(8): 597-604.

[21]David J L. The Who, What, and Why of Site-Based Management[J]. Educational Leadership, 1996, 53(4): 4-9.

[22]David W. Chapman, Lars O. Mahlck & Anna E. M. Smulders. From Planning to Action: Government Initiatives for Improving School-level Practice[M]. UNESCO, 1997: 317.

[23]Dimmock C A J, O'Donoghue T A. Innovative School Principals and Restructuring[J]. International Journal of Educational Development, 1996, 17(4): 473.

[24]Earthman G I. School Renovation Handbook: Investing in Education.[M]. Technomic Publishing Company, Inc, 1994.

[25]Elizabeth G. Cohen. Restructruing the Classroom: Conditions for Productive Small Groups[J]. Review of Educational Research. Spring 1994, 64(1): 1-35.

[26]Finn C E J, Manno B V, Vanourek G. Charter Schools in Action: Renewing Public Education[J]. American Journal of Education, 2000(4): 290.

[27]Finn C E J, Theodor Rebaiber. Education Reform in the 90s[M]. New York: Macmillian Publishing Company, 1992.

[28]Foriska T J. Restructuring Around Standards: A Practitioner's Guide to Design and Implementation[M]. Corwin Press, 1998: 147.

[29]Friedman V J. Making Schools Safe for Uncertainty: Teams, Teaching, and School Reform[J]. Teachers College Record, 1997, 99(2): 335-370.

[30]Gamoran A, Weinstein M. Differentiation and Opportunity in Restructured Schools[J]. American Journal of Education, 1998, 106(3): 385-415.

[31]Geoff Whitty, Sally Power & David Halpin. Devolution and Choice in Education: the School, the State and the Market[J]. Buckingham & Philadelphia:

Open University Press, 1998.

[32]Glickman C D. Renewing America's Schools: A Guide for School-Based Action[J]. San Francisco: Jossey-Bass Publishers, 1993: 187.

[33]Good, Thomas L. Braden, Jennifer S. The Great School Debate: Choice, Vouchers, and Charters[J]. 2000: 273.

[34]Greene M. Dialectic of Freedom[J]. Teachers College Pr, 1988.

[35]Hakim B S, Ryan D J, Stull J C. Restructuring Education: Innovations and Evaluations of Alternative Systems[M]. Praeger, 2000.

[36]Handler J F. Down from Bureaucracy: The Ambiguity of Privatization and Empowerment[M]. Princeton University Press, 1996.

[37]Hatry H, Morley E, Ashford B, and Wyatt T. Implementing School-Based Management: Insights into Decentralization From Science and Mathematics Departments[J]. Washington, D.C.: Urban Institution Press, 1993.

[38]Hess G A J. School Restructuring, Chicago Style[J]. Case Studies, 1991: 247.

[39]Jennings J F. Why National Standards and Tests?: Politics and the Quest for Better Schools[M]. Sage Publications, 1998.

[40]John E. Chubb, Terry M. Moe. Politics, Markets, and America's Schools[M]. Washington, DC: Brookings, 1991.

[41]Johnson P E, Short P M. Principa's Leader Power, Teacher Empowerment, Teacher Compliance and Conflict[J]. Educational Management Administration & Leadership, 1998, 26(2): 147-159.

[42]Jones B L, Maloy R W. Schools for an Information Age. Reconstructing Foundations for Learning and Teaching[M]. Westport: Greenwood Publishing, Inc, 1996.

[43]Kelnert T M M, Silva C D C. Reinventing Government: How the Entrepreneurial Spirit is Transforming the Public Sector[J]. Revista De Administração De Empresas, 1993, 33(6): 59-60.

[44]Kretovics J, Nussel E. Transforming Urban Education[J]. Bold Visions in Educational Research, 2014.

[45]Louis K S, Marks H M. Does Professional Community Affect the Classroom? Teachers'Work and Student Experiences in Restructuring Schools[J]. American Journal of Education, 1998, 106(4): 532-575.

[46]Carnoy M, Levin H. Schooling and Work in the Democratic State[J].

American Political Science Association, 1986, 80(3): 329-336.

[47]Mantle-Bromley C. "A Day in the Life" at a Professional Development School[J]. Educational Leadership, 1998, 55(5).

[48]Marshall, James. Education Policy[M]. Edward Elgar, 1999.

[49]Mehlinger H D. School Reform in the Information Age[J]. Phi Delta Kappan, 1996, 77(6): 400-407.

[50]Katz M B. Reconstructing American Education[J]. American Journal of Education, 1988, 93(5).

[51]Michael E. James. Social Reconstrution Through Education: The Philosophy, History & Curricula of a Radical Need[J]. New Jersey: Ablex Publishing Corporation, 1995.

[52]Midgley C, Wood S. Beyond Site-Based Management: Empowering Teachers to Reform Schools[J]. Phi Delta Kappan, 1993, 75(3): 245-252.

[53]Moureen T. Hallinan. Restructuring Schools: Promising Practices and Policies[J]. New York: Plenum Press, 1995.

[54]Murnane R J, Levy F. What General Motors Can Teach U. S. Schools About the Proper Role of Markets in Education Reform[J]. Phi Delta Kappan, 1996, 78(2): 108-114.

[55]Murray C E, Grant G, Swaminathan R. Rochester's Reforms: The Right Prescription?[J]. Phi Delta Kappan, 1997, 79(2): 148-155.

[56]Myron Lieberman. Beyond Public Education[J]. New York: Educational and Professional Publishing, A Division of CBS, Inc, 1986.

[57]Nancy C. Roberts, Paula J. King. Transforming Public Policy: Dynamics of Policy Entrepreneurship and Innovation[J]. San Francisco: Jossey-bass Publishers, 1996.

[58]National Center For Education Statistics. Digest Of Education Statistics[M]. Washing, D. C.: U. S. Departmen Of Education, 1995.

[59]Neubert G A, Binko J B. Professional Development Schools—The Proof Is in Performance[J]. Educational Leadership, 1998, 55(5): 44-46.

[60]Newmann F M. Accountability and School Performance: Implications from Restructuring Schools[J]. Harvard Educational Review, 1997, 67(1): 41-75.

[61]Osborne D. Reinventing Government[J]. Public Productivity & Management Review, 1993, 16(4): 349-356.

[62]Paul J L, Rosselli H C, Evans D. Integrating School Restructuring and

Special Education Reform[J]. Florida: Harcourt Brace & Company, 1995.

[63]Pennell J R, Firestone W A. Teacher-to-Teacher Professional Development through State-Sponsored Networks[J]. Phi Delta Kappan, 1998, 79(5): 354-357.

[64]Peter W. Cookson, Jr. Barbara Schneidar. Transforming Schools[M]. New York: Garland Publishing, Inc. 1995.

[65]Peters B G. The future of Governing: Four Emerging Models[M]. University Press of Kansas, 1996.

[66]Ramirez A. Assessment-Driven Reform: The Emperor Still Has No Clothes[J]. Phi Delta Kappan, 1999, 81(3): 204-208.

[67]Ravitch D. Brookings Papers on Education Policy: 1999[J]. Brookings Papers on Education Policy, 2004, 2(7): 229-263.

[68]Rich J M. Competition in Education[J]. Educational Theory, 2010, 38(2): 183-189.

[69]Robert G. Owens. Organizational Behavior in Education: Instructional Leadership and School Reform (seventh edition) [M]. Needham Heights, MA: Allyn and Bacon A Pearson Educational Company, 2001.

[70]Robert L. Crowson.The Politics of Education and the New Institutionalism: Reinventing the American School[M]. London: Falmer Press, 1996.

[71]RPP International. A Study of Charter Schools: Second-year Report[M]. Washington, D. C.: U. S. Department of Education. 1998.

[72]Saeid Moradi, Aliakbar Amin, Kourosh Fathi. Comparative Comparison of Implementing School-Based Management in Developed Countries in the Historical Context: From Theory to Practice[J]. International Education Studies, 2016, 9(9): 191.

[73]Samuel B. Bacharach. Education Reform: Making Sense of It All[J]. Massachusetts: Allyn and Bacon A Division of Simon & Schuster, Inc. 1993.

[74]Schachter H L. Reinventing Government or Reinventing Ourselves: the Role of Citizen Owners in Making a Better Government[J]. Albany: State University of New York Press, 1997.

[75]Scheetz M. Structuring Schools for Success: A View from the Inside[J]. Total Quality Education for the Worlds Best Schools, 1994.

[76]Schrag F. Teacher Accountability: A Philosophical View[J]. Phi Delta Kappan, 1995, 76(8): 642-644.

[77]Shris Gallagher. Teachers Reclaiming Assessment Through Rethinking

Accountability[J]. Phi delta Kappan, 2000: 3.

[78]Sihono T, Yusof R. Implementation of School Based Management in Creating Effective Schools[J]. International Journal of Independent Research and Studies, 2012, 1(4): 142-152.

[79]Silcock P. New Progressivism[M]. London: Falmer Press, 1999.

[80]Sirotnik K A, Kimball K. Standards for Standards-Based Accountability Systems[J]. Phi Delta Kappan, 1999, 81(3): 209-214.

[81]Smith S. The Democratizing Potential of Charter Schools[J]. Educational Leadership, 1998, 56(2): 55-58.

[82]Spring J. The American School 1642—1993 Third Edition[M]. New York: McGrawHill Inc. , 1994.

[83]Stiggins R J. Assessment, Student Confidence, and School Success[J]. Phi Delta Kappan, 1999, 81(3): 191-198.

[84]Sykes G. Reform of and as Professional Development[J]. Phi Delta Kappan, 1996, 77(7): 464-467.

[85]Tony Townsend. Restructuring and Quality: Issues for Tomorrow's Schools[M]. London: Routledge, 1997.

[86]U. S. Department of Education. America 2000: An Education Strategy[J]. Washington, DC: 1991.

[87]Van Wagenen L, Hibbard K M. Building Teacher Portfolios[J]. Educational Leadership, 1998, 55(5): 26-29.

[88]Wagner T. Change as Collaborative Inquiry: A "Constructivist" Methodology for Reinventing Schools[J]. Phi Delta Kappan, 1998, 79(7): 512-517.

[89]Wagner W C. Democracy and Capitalism: Property, Community, and the Contradictions of Modern Social Thought[J]. Journal of Economic Issues, 1987(1): 91-92.

[90]Witte J F. The Market Approach to Education: An Analysis of America's First Voucher Program[M]. Princeton University Press, 2001.

[91]Young T W, Clinchy E. Choice in Public Education[M] // Choice in public education. Teachers College Press, 1992: 177.